CB067508

A HISTÓRIA DO MUNDO

A HISTÓRIA DO MUNDO

HISTÓRIA PARA A CRIANÇA CLÁSSICA

SUSAN WISE BAUER

EDIÇÃO REVISADA COM NOVOS MAPAS, ILUSTRAÇÕES E CRONOLOGIAS

VOLUME 2

A IDADE MÉDIA

FILOCALIA

Da Queda de Roma ao Início da Renascença

ILUSTRAÇÕES JEFF WEST
TRADUÇÃO RODRIGO MALTEZ NOVAES

Copyright © 2003, 2007 by Susan Wise Bauer
Copyright da edição brasileira © 2021 Editora Filocalia
Título original: *The Story of the World: History for the Classical Child – Volume 2: The Middle Ages from the Fall of Rome to the Rise of the Renaissance*

EDITOR Edson Manoel de Oliveira Filho
PRODUÇÃO EDITORIAL Editora Filocalia
CAPA E PROJETO GRÁFICO Daniel Justi
ILUSTRAÇÃO DE CAPA André Stefanini
DIAGRAMAÇÃO Mauricio Nisi Gonçalves | Nine Design
PREPARAÇÃO DE TEXTO Nestor Turano Jr.
REVISÃO Mariana Cardoso

Reservados todos os direitos desta obra. Proibida toda e qualquer reprodução desta edição por qualquer meio ou forma, seja ela eletrônica ou mecânica, fotocópia, gravação ou qualquer outro meio de reprodução, sem permissão expressa do editor.

Dados Internacionais de Catalogação na Publicação (CIP) de acordo com ISBD

B344h   Bauer, Susan Wise

       A história do Mundo – vol. 2: A idade Média: da queda de Roma ao Início da Renascença / Susan Wise Bauer ; traduzido por Rodrigo Maltez Novaes ; ilustrado por Jeff West. - São Paulo : Filocalia, 2021.
       472 p. : il. ; 17cm x 21cm. – (História do Mundo)

       Inclui índice, anexo e apêndice.
       ISBN: 978-65-88143-02-5

       1. História. 2. História do mundo. I. Novaes, Rodrigo Maltez. II. West, Jeff. III. Título. III. Série.

2021-895   CDD 909
                                                                                                     CDU 94(100)

Elaborado por Vagner Rodolfo da Silva - CRB-8/9410
Índice para catálogo sistemático:
1. História do mundo 909
2. História do mundo 94(100)

2ª impressão

Editora Filocalia Ltda.
Rua França Pinto, 509 • São Paulo • SP • 04016-032 • Telefone: (5511) 5572 5363
atendimento@filocalia.com.br • www.editorafilocalia.com.br

Este livro foi impresso pela Gráfica Pancrom em outubro de 2023. Os tipos são da família Caonopee, Magneta e Verlag. O papel do miolo é o Pólen Soft 80 g., e o da capa, cuchê fosco 150 g.

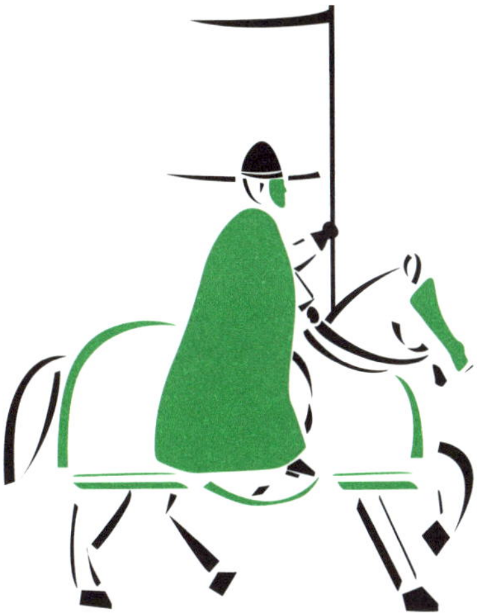

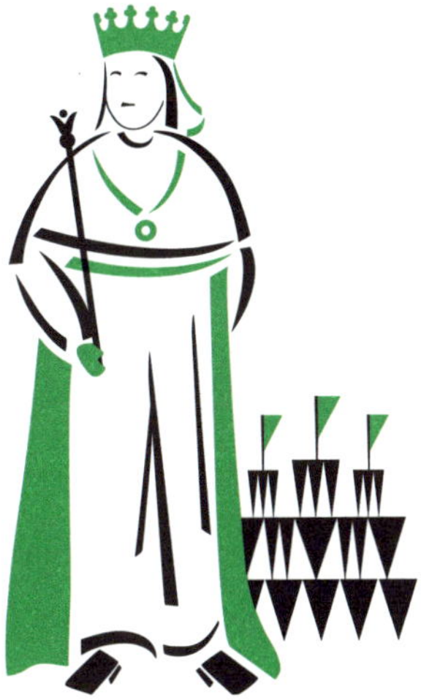

PREFÁCIO 15

CAPÍTULO 1 A GLÓRIA QUE ERA ROMA
Vagando pelo Império Romano   19
A Queda de Roma   24

CAPÍTULO 2 OS PRIMEIROS DIAS DA GRÃ-BRETANHA
Os Celtas da Grã-Bretanha   27
Os Bárbaros Chegam na Grã-Bretanha   31
Beowulf, o Herói   33

CAPÍTULO 3 O CRISTIANISMO CHEGA À GRÃ-BRETANHA
Agostinho Chega à Inglaterra   39
Mosteiros Medievais   43
Escrevendo Livros à Mão   46

CAPÍTULO 4 O IMPÉRIO BIZANTINO
A Beleza de Constantinopla   49
Justiniano, o Imperador Justo   52
A Imperatriz Teodora   55
A Igreja no Oriente   58

CAPÍTULO 5 O IMPÉRIO INDIANO MEDIEVAL
Um Rei Chamado Scandagupta   63
Monges em Grutas   67

CAPÍTULO 6 A ASCENSÃO DO ISLÃ
A Visão de Maomé   71
Maomé Foge para Medina   74
O Alcorão: o Livro Sagrado do Islã   78

CAPÍTULO 7 O ISLÃ TORNA-SE UM IMPÉRIO
A Luta por Meca   81
A Propagação do Islã   84
A Cidade de Bagdá   86
Simbad no Vale das Serpentes   91

CAPÍTULO 8 AS GRANDES DINASTIAS DA CHINA
Yang Chien Une Norte e Sul   95
A Dinastia Tang   99

CAPÍTULO 9 AO LESTE DA CHINA
A Dinastia Yamato do Japão   103
Um Conto Sobre Três Países: Coreia, China e Japão   108

CAPÍTULO 10 O ANTÍPODA DO MUNDO
O Primeiro Povo da Austrália   113
A Longa Jornada dos Maoris   117

CAPÍTULO 11 O REINO DOS FRANCOS
Clóvis, o Ex-Bárbaro   121
Quatro Tribos, um Império   126

CAPÍTULO 12 A INVASÃO ISLÂMICA
O Islã na Espanha e na África   129

CAPÍTULO 13 OS GRANDES REIS DA FRANÇA
Carlos, o Martelo   133
O Maior Rei: Carlos Magno   136

CAPÍTULO 14 A CHEGADA DOS NÓRDICOS
A Invasão Viking   141
Érico, o Vermelho e o *Filho de Érico*   145
Os Deuses Nórdicos   149
Thor e o Rei Gigante   150

CAPÍTULO 15 OS PRIMEIROS REIS DA INGLATERRA
Os Vikings Invadem a Inglaterra   157
Alfredo, o Grande   160
A Batalha de Hastings   164

CAPÍTULO 16 A INGLATERRA APÓS A CONQUISTA
A Língua Inglesa   169
Servos e Nobres   174
Castelos de Pedra   177

CAPÍTULO 17 CAVALEIROS E SAMURAIS
O Código Inglês da Cavalaria   183
Os Samurais: Cavaleiros Japoneses   187

CAPÍTULO 18 A ERA DAS CRUZADAS
Um Comando do Papa   193
Recapturando Jerusalém   197
Saladino de Jerusalém   200
El Cid e a *Reconquista da Espanha*   204

CAPÍTULO 19 UM NOVO TIPO DE REI
Ricardo Coração de Leão   209
João Sem-Terra e a Magna Carta   213
Robin Hood   216
Robin Hood e o Açougueiro   217

CAPÍTULO 20 A DIÁSPORA
A Dispersão dos Judeus   221
Um Conto da Diáspora   224
O Rabino Esperto de Córdoba   225

CAPÍTULO 21 OS MONGÓIS DEVASTAM O ORIENTE
Gengis Khan, Imperador de Todos os Homens   229
A Conquista Mongol da China   233

CAPÍTULO 22 EXPLORANDO O ORIENTE MISTERIOSO
Marco Polo Vai à China   237
A Cidade Proibida de Ming   241

CAPÍTULO 23 OS PRIMEIROS RUSSOS
Os Rus Chegam em Constantinopla   245
Ivan, o Grande, e Ivan, o Terrível   249

CAPÍTULO 24 O IMPÉRIO OTOMANO
O Ataque dos Turco-Otomanos   253
As Rochas-Ovelhas   254
A Captura de Constantinopla   257
Solimão, o Legislador   261

CAPÍTULO 25 O FIM DO MUNDO
A Peste   265
Uma Nova Maneira de Viver   269

CAPÍTULO 26 FRANÇA E INGLATERRA EM GUERRA
Henrique V e a Batalha de Agincourt   275
Joana d'Arc   280

CAPÍTULO 27 GUERRA PELO TRONO INGLÊS
A Guerra das Rosas   285
Os Príncipes da Torre   290

CAPÍTULO 28 OS REINOS DA ESPANHA E PORTUGAL
Fernando e Isabel Unem a Espanha   295
Henrique, o Navegador, Príncipe de Portugal   299

CAPÍTULO 29 REINOS AFRICANOS
Ouro, Sal e Gana   **305**
Mansa Musa do Mali   **310**
O Império Songai   **312**

CAPÍTULO 30 A ÍNDIA SOB OS MOGOIS
A Dinastia Mogol   **317**
Akbar da Índia   **322**
O Criado Azarado   **323**

CAPÍTULO 31 EXPLORANDO NOVOS MUNDOS
Cristóvão Colombo   **327**
Vespúcio e Magalhães   **333**

CAPÍTULO 32 OS REINOS AMERICANOS
Os Maias da América Central   **337**
A Cidade Maravilhosa de Tenochtitlán   **341**
Os Incas   **345**

CAPÍTULO 33 ESPANHA, PORTUGAL E O NOVO MUNDO
O Comércio de Escravos   **349**
Cortés e Montezuma   **353**

CAPÍTULO 34 AS NOVAS IDEIAS DE MARTINHO LUTERO
A Lista de Martinho Lutero   **359**
O Problema de Henrique VIII   **364**

CAPÍTULO 35 A RENASCENÇA
Uma Nova Maneira de Pensar   369
A Grande Invenção de Gutenberg   374

CAPÍTULO 36 REFORMA E CONTRARREFORMA
A Propagação da Reforma   379
O Concílio de Trento   382

CAPÍTULO 37 O NOVO UNIVERSO
A Revolução de Copérnico   387
As Estranhas Noções de Galileu   391

CAPÍTULO 38 A MAIOR RAINHA DA INGLATERRA
A Rainha que Quase Não Foi   395
A Boa Rainha Bess   399

CAPÍTULO 39 O MELHOR DRAMATURGO DA INGLATERRA
William Shakespeare   405
Macbeth   407
A Decisão de Macbeth   411

CAPÍTULO 40 NOVOS EMPREENDIMENTOS PARA AS AMÉRICAS
Walter Raleigh e o Novo Mundo   417
A Colônia Perdida   421

CAPÍTULO 41 EXPLORAÇÕES NO NORTE
A Terra Nova   427
As Descobertas de Jacques Cartier   431

CAPÍTULO 42 IMPÉRIOS COLIDEM
A Guerra entre Espanha e Inglaterra   437
O Mundo no Final do Século XVI   443

APÊNDICE 1
Uma Cronologia da Idade Média   448

APÊNDICE 2
A Geografia da Idade Média   454

APÊNDICE 3
A Pronúncia dos Nomes da Idade Média   456

ÍNDICE
A História do Mundo: Volume 2   460

O Mundo

14

PREFÁCIO

A parte mais difícil de escrever uma história mundial é decidir o que deixar de fora. Em *A História do Mundo*, tentei manter a história simples e direta, destacando os principais eventos, personalidades e histórias nacionais das culturas do mundo, em (mais ou menos) ordem cronológica. Não há como simplificar a história sem deixar de lado *algo* importante, por isso incentivo os leitores a usar *A História do Mundo* como um ponto de salto – um local de partida que pode levar a investigações posteriores da arte maia, da monarquia francesa e da guerra inglesa, ou culturas nativas da América.

Ao escrever essa história, tentei manter meu público principal – crianças jovens – em mente. Portanto, embora eu descreva os principais movimentos religiosos (a Reforma, a Contrarreforma, etc.), devido a sua importância histórica, tentei contar essas histórias de uma forma que permita aos pais e professores explicar seu significado religioso. Eu sei, por exemplo, que católicos e protestantes provavelmente escolherão destacar diferentes aspectos da Reforma e Contrarreforma, que são eventos complexos nos quais católicos e protestantes se comportam com coragem e crueldade.

Eu também escolhi ignorar alguns eventos por completo. A Inquisição, por exemplo, tem importância histórica, mas sua violência é impossível de tratar de uma maneira que faria sentido para uma criança de oito anos, e seus efeitos na história ocidental não são tão difundidos quanto os da Reforma.

Fiz um esforço aqui para não tratar o Oriente como uma ilha; são contadas aqui as histórias do Japão, China, Coreia, África, Índia e Arábia, juntamente com as histórias de povos nativos que viviam nas Américas, na Austrália e na Nova Zelândia. Ao selecionar quais episódios incluir, tentei me concentrar no que prepararia uma criança para entender o mundo de hoje, em vez de nos meandros da história passada. Por isso dei prioridade aos eventos e nomes que uma criança deveria saber para ser alfabetizada culturalmente, e também àqueles eventos que lançaram as bases para os dias atuais. Por essa razão, dediquei bastante espaço ao imperador Justiniano e seu estabelecimento de leis que ainda hoje são fundamentais, mas dei muito pouco espaço aos últimos imperadores bizantinos.

Embora mapas estejam incluídos, a Renascença foi uma época de exploração, e o leitor precisará de um globo para traçar os caminhos dos aventureiros que viajaram pelo mundo.

Os capítulos de *A História do Mundo* seguem um padrão cronológico. No entanto, tentei evitar confundir os jovens leitores saltando de país para país com muita rapidez. Por exemplo, o *Capítulo Dois* fala sobre a invasão anglo-saxã da Grã-Bretanha em 449. Continuo, então, a contar (no *Capítulo Três*) a história da missão de Agostinho na Inglaterra em 597, antes de partir para o leste no *Capítulo Quatro* e voltar alguns anos para descrever o governo de Justiniano do Império Bizantino (527-565) e os eventos que se seguiram ao seu reinado. Datas importantes são dadas no texto; mais datas são incluídas em um apêndice, para que pais, professores e leitores mais velhos possam localizar os eventos em uma linha do tempo.

✣

CAPÍTULO

1

A GLÓRIA QUE ERA ROMA

VAGANDO PELO IMPÉRIO ROMANO

E se você tivesse um tapete mágico? Você poderia usá-lo para voar pelo mundo e voltar no tempo.

Imaginemos que você voe de volta passando da época em que nasceu, de volta aos dias em que as pessoas usavam cavalos para se locomover. Você voa de volta para a Idade Média, de volta aos dias dos cavaleiros e castelos. E você voa ainda mais longe, para o tempo dos romanos.

Seu tapete mágico para. Você está pairando no ar, acima do Mar Mediterrâneo. De seu assento no tapete, você pode olhar para baixo e ver o Mediterrâneo. Parece um pouco como um pato voando.

Você percebe que a terra ao redor do Mediterrâneo tem um brilho amarelado! Esta é a terra que pertence ao Império Romano, o maior e mais poderoso império do mundo. Por centenas de anos, soldados romanos vêm atacando e conquistando os países ao redor do Mar Mediterrâneo. Agora, o imperador de Roma governa todos esses países conquistados. Eles obedecem às leis de Roma, falam a língua de Roma e servem ao imperador de Roma.

O Império Romano dividido

Seu tapete mágico desce em direção ao Mar Mediterrâneo, em direção a um pedaço de terra que parece uma bota saindo no meio da água. Esta é a Itália, o centro do Império Romano. E a cidade mais importante da Itália é a própria Roma, bem no meio da bota.

Seu tapete mergulha no meio da cidade. Você é levado por ruas pavimentadas, entre multidões de pessoas. Elas estão vestindo túnicas brancas, colocadas sobre os ombros e presas em torno da cintura com cintos de couro; elas usam capas em vermelho, azul e outras cores brilhantes. Prédios altos se erguem de ambos os lados – antigos prédios de apartamentos, feitos de concreto. À sua direita, você vê uma enorme parede circular curvando-se para longe; ela se eleva acima de sua cabeça. Do outro lado da parede, você ouve o choque de metal contra metal e o rugido de uma multidão excitada. Esse deve ser o Coliseu, o enorme anfiteatro onde os gladiadores lutam até a morte, corredores de bigas correm pela pista e leões batalham com soldados romanos para entreter os espectadores romanos.

Enquanto seu tapete leva você pela parte mais rica da cidade, você vê colunas de mármore com as estátuas de grandes generais e imperadores romanos em cima delas. Escravos passam por você, cambaleando sob o peso das liteiras – leitos sobre os quais importantes cidadãos romanos se deitam para serem carregados pela cidade. Você ouve o som de música e uma voz alta gritando:

– Abra caminho! Abra caminho para o imperador!

Uma liteira aparece, envolta em púrpura e cercada por guardas. Na liteira, encontra-se um homem gordo com uma linda capa roxa e anéis de ouro nos dedos. Uma grinalda de louros verde coroa sua cabeça. Ele é o governante de toda a Roma!

Você decide sair do seu caminho, e seu tapete se eleva por sobre a cidade e o transporta para o norte, para o interior. Você viaja para o norte através da Itália. O tapete segue uma estrada larga e lisa, cheia de viajantes e animais de carga. Você cruza uma ponte, construída de altos arcos de pedra, acima de um rio que corre por baixo.

A estrada vai e vai. Os romanos construíram centenas dessas estradas para unir as diferentes partes do seu império. Nenhum dos viajantes nas estradas parece preocupado com bandidos ou ladrões de estradas. Afinal, os romanos têm o cuidado de manter a paz em todo o seu reino. Esta *Pax Romana*, ou *paz romana*, significa que todas as partes do Império Romano obedecem às leis romanas. E as leis romanas são muito rigorosas quando se trata de roubo em estradas. Alguns bandidos são pegos e executados ou forçados a lutar nos jogos de gladiadores!

Depois de percorrer centenas de quilômetros, montanhas aparecem à sua frente. Seu tapete se eleva acima deles. O ar fica muito frio. Lá embaixo, você pode ver neve no topo das montanhas. Esses são os Alpes. Quando você desce do outro lado dos Alpes, você está na Gália – uma das províncias de Roma, ou países conquistados. Por toda a Gália, você vê cidades romanas. E fora de cada cidade romana há uma guarnição ou acampamento militar. Soldados preparam refeições em fogueiras, praticam lutas com espada e exercitam seus cavalos, esperando por problemas. Se as pessoas que vivem na Gália se revoltarem, os soldados irão imediatamente para a guerra contra eles.

Seu tapete voa sobre uma grande extensão de água para uma enorme ilha e paira acima do solo. Você espera que o tapete não caia – porque abaixo de você estão multidões de guerreiros ferozes, planejando atacar o exército romano encolhido na praia. Agora você está na Grã-Bretanha.

Os ferozes guerreiros abaixo de você são os celtas. Eles estão pintados de azul; seus cabelos estão untados com gordura animal, de modo que ficam armados em pontas por toda a cabeça, e eles carregam grandes machados de duas cabeças e lanças afiadas como navalhas. A *Pax Romana* não parece estar funcionando muito bem aqui na Grã-Bretanha!

– Vamos sair daqui! – você diz ao tapete.

Instantaneamente ele leva você de volta ao céu. Você voa pelo Oceano Atlântico, pela Espanha, até a parte norte da África. Ao sobrevoar a costa do norte da África, você vê grandes cidades comerciais lá embaixo: cidades construídas pelos romanos, com portos movimentados onde os navios entram e saem, carregando especiarias, sedas, sal, madeira e outros bens. É uma cena pacífica. A *Pax Romana* deve estar de volta em ação.

À frente, você vê o pico de uma pirâmide, projetando-se da areia de um deserto. Você voa sobre as pirâmides, meio cegado por seus lados brancos brilhando ao Sol. Adiante você vê um rio enorme, desembocando no Mar Mediterrâneo. É o Rio Nilo. Até mesmo o Egito, a terra dos faraós, pirâmides e múmias, está sob controle romano.

O Sol está começando a afundar em direção ao horizonte, mas você só passou por metade do Império Romano.

– Mais rápido! – você diz ao tapete.

Em apenas alguns momentos, você passa pela Arábia, Síria até a Ásia Menor. Assim que você voar pela Grécia, você estará de volta a Roma.

Graças ao seu tapete voador, às estradas romanas e à *Pax Romana*, você viajou pelo Império Romano em menos de um dia. Mas nos dias do poder romano, levaria meses para percorrer Roma. Não é de admirar que Roma fosse chamada de *A Governante do Mundo Inteiro*!

A QUEDA DE ROMA

Os imperadores de Roma eram chamados de *Os Governantes do Mundo Inteiro*. Mas eles tinham um problema: o mundo era grande demais para governar!

O Império Romano era tão grande que o exército não protegia suas fronteiras. E havia muitas pessoas fora do Império que queriam entrar e tomar partes dele.

Imagine que você está em um pomar cheio de macieiras. Maçãs maduras e suculentas pendem de todos os galhos e os animais famintos andam em bandos pelo perímetro. Três veados famintos correm e começam a comer as maçãs de um lado. Você corre até eles, balançando os braços e gritando. Os veados saem correndo – mas enquanto você os persegue, duas enormes vacas começam a pegar maçãs do outro lado do pomar. Você se vira e corre até elas, gritando:

– Não comam minhas maçãs!

As vacas recuam devagar, mas agora cinco esquilos estão bem no meio do pomar, e cada esquilo tem uma maçã na boca e outra nas patas.

Sozinho, você nunca manterá todos esses animais fora do pomar. E é assim que os governantes romanos se sentiram em relação ao seu império. Tribos nômades de outras partes do mundo queriam entrar em Roma, conquistar aldeias romanas, usar as estradas romanas, comer as colheitas romanas e compartilhar a riqueza romana. Os romanos chamavam as pessoas dessas tribos nômades de *bárbaros*. Eles não viviam em casas como os romanos, ou tomavam banhos como os romanos, ou cozinhavam sua comida. Em vez disso, eles viviam em tendas, lutavam a cavalo e comiam sua comida crua. Os romanos achavam que esses bárbaros não eram melhores do que animais.

Milhares desses invasores bárbaros – chamados hunos, vândalos, godos, visigodos e ostrogodos – invadiram as fronteiras de Roma. Os imperadores enviaram seus exércitos para proteger as fronteiras, mas não havia soldados suficientes para proteger todos os lados do Império Romano. E Roma também teve outros problemas. Em alguns lugares, a comida estava acabando e os cidadãos romanos passavam fome. Uma terrível doença chamada *peste* matou muitos dos guerreiros fortes do Império. E muitos dos imperadores que herdaram a função de governar Roma não eram muito bons em administrar um império. Um deles enlouqueceu e tentou transformar seu cavalo em um oficial do governo!

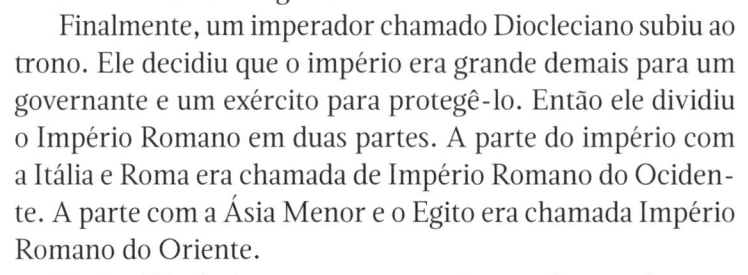

Um bárbaro

Finalmente, um imperador chamado Diocleciano subiu ao trono. Ele decidiu que o império era grande demais para um governante e um exército para protegê-lo. Então ele dividiu o Império Romano em duas partes. A parte do império com a Itália e Roma era chamada de Império Romano do Ocidente. A parte com a Ásia Menor e o Egito era chamada Império Romano do Oriente.

Então, Diocleciano nomeou outro imperador, um homem chamado Maximiano, para governar com ele. Ele também escolheu mais dois homens para serem *imperadores menores*. Esses *imperadores menores* eram chamados de *Césares*. Eles eram como vice-presidentes; um ajudava Diocleciano com a tarefa de governar, e o outro ajudava Maximiano. A partir de agora, haveria dois impérios romanos, dois imperadores romanos e dois césares.

Diocleciano decidiu dividir o Império Romano no ano 286. Chamamos esse ano de *286 AD* ou *286 EC*. Ambas as abreviaturas significam que a decisão de Diocleciano aconteceu 286 anos após o nascimento de Jesus. *AD* significa *anno Domini*, que significa *o ano de nosso Senhor*. Para os cristãos, todos os anos após o nascimento de Cristo era *Seu ano*. Muitas pessoas preferem usar a abreviação *EC*, que significa *Era Cristã*, ou *Era Comum*. Quando você está lendo, você pode notar que alguns autores usam AD, enquanto outros usam EC. Mas ambas as abreviações dizem a mesma coisa – que a data vem depois do nascimento de Jesus.

Diocleciano esperava que o Império Romano fosse mais fácil de proteger, agora que quatro homens estavam trabalhando para mantê-lo seguro. Mas ele estava errado. Duzentos anos após a morte de Diocleciano, o Império Romano do Ocidente foi finalmente conquistado por tribos bárbaras. Em 410 AD (ou EC), os bárbaros queimaram Roma e levaram todos os seus tesouros. Não sobrou nada além das estradas e pontes romanas. E, lentamente, mesmo estas começaram a ruir em pó.

✧

CAPÍTULO

2

OS PRIMEIROS DIAS DA GRÃ-BRETANHA

OS CELTAS DA GRÃ-BRETANHA

Depois que o Império Romano do Ocidente caiu, todos os países que pertenceram a Roma estavam livres do domínio romano. Um desses países foi a Grã-Bretanha. Você se lembra de voar sobre a Grã-Bretanha em seu tapete mágico? Os soldados romanos na Grã-Bretanha lutavam contra ferozes e perigosos guerreiros pintados de azul.

  Esses guerreiros eram chamados de celtas. Os celtas viviam na Grã-Bretanha antes de os romanos invadirem a ilha. Eles não ficaram felizes em ver os romanos chegarem! E, embora os romanos montassem acampamentos e cidades na parte sul da Grã-Bretanha, nunca conseguiram conquistar todos os celtas. Quando o Império Romano do Ocidente caiu, os celtas expulsaram os últimos soldados romanos de seu país. Agora a Grã-Bretanha era deles novamente.

Os celtas tinham orgulho de seu poder de luta. Eles elogiavam homens que tinham coragem em batalha. Cantavam músicas e contavam histórias sobre grandes guerreiros. Cantores especialmente treinados, chamados bardos, aprenderam histórias sobre os chefes e os heróis de batalha de muito tempo atrás. As histórias não foram escritas; em vez disso, os bardos as aprendiam uns com os outros e as memorizavam para que pudessem ser contadas diversas vezes. Essas histórias diziam às crianças celtas que era bom ser forte e guerreiro.

Uma história contada ao redor das fogueiras dos celtas era de Craith e seus companheiros, três guerreiros com poderes especiais. A história pode ter soado mais ou menos assim...

Um dia, o guerreiro Craith disse para si mesmo:
— Eu sou um grande guerreiro e nunca perdi uma batalha, mas estou sozinho. Quero me casar com uma mulher com cabelos negros como as asas de um corvo, pele branca como a neve e bochechas vermelhas como sangue. Mas a única mulher tão bonita assim é prisioneira do Gigante Fovor dos Poderosos Golpes, no fim do mundo.

Então Craith partiu para lutar contra o Gigante Fovor e resgatar a bela mulher que era prisioneira dele. Enquanto caminhava, ele viu um guerreiro parado na beira da estrada com uma pedra na mão.

— O que você está fazendo com essa pedra? — perguntou Craith.

– Você vê aquele pássaro, sentado no galho mais alto da árvore no fim do mundo? – o guerreiro disse, apontando. – Vou jogar essa pedra e matá-lo para o meu jantar.

Craith apertou os olhos, mas não conseguiu ver nada.

– É melhor você vir comigo – disse ele ao guerreiro. – Eu preciso de um companheiro com olhos tão bons quanto os seus.

E assim os dois homens caminharam. Logo, os dois viram um guerreiro deitado no chão com o ouvido pressionado na terra.

– O que você está fazendo? – Craith perguntou.

– Ah – disse o guerreiro –, estou ouvindo a grama crescer, no fim do mundo.

– É melhor você vir com a gente – disse Craith. – Sua audição pode nos ajudar em nossa busca.

E então, os três homens caminharam. Logo, ouviram um barulho atrás deles... *pam, pam, pam*. Eles se viraram e viram um guerreiro vindo rapidamente atrás deles. Ele estava pulando em um pé, e seu joelho estava dobrado de modo que a outra perna estava amarrada atrás dele.

– Por que você não desata a outra perna? – Craith perguntou.

– Oh – o guerreiro saltitante disse –, se eu fizesse isso, eu correria tão rápido que logo estaria no fim do mundo; e então para onde eu iria?

– Venha conosco – os três disseram. E eles caminharam em direção ao fim do mundo.

Logo, o castelo do Gigante Fovor dos Poderosos Golpes apareceu. O guerreiro Craith e seus três companheiros estavam embaixo das muralhas e gritavam:

– Gigante! Gigante Fovor! Nós viemos para resgatar a mulher com cabelos como as asas de um corvo, a pele como a neve e as bochechas como sangue. Liberte-a!

Quando o gigante os ouviu chamando, ele riu.

– Traga-me três garrafas de água do poço do outro lado do mundo! – gritou ele pela janela. – Então ela estará livre, eu juro!

– Vá e pegue a água! – Craith disse para o guerreiro pulando. O guerreiro desamarrou a perna e pôs o pé no chão. Instantaneamente ele se foi. Não mais que um momento se passou; e ele estava no poço, do outro lado do mundo. Ele encheu as garrafas e começou a retornar.

Porém, na metade do caminho, ele pensou: *Estou indo tão rápido que voltarei antes que pisquem! Eu poderia muito bem sentar e descansar um momento.*

Ele sentou-se debaixo de uma árvore para descansar com as garrafas de água ao seu lado. Mas o Sol estava quente, a relva abaixo dele era macia e logo ele caiu no sono.

De volta ao castelo do gigante, Craith estava ficando inquieto.

– Onde ele está? – perguntou aos outros companheiros.

O guerreiro com as orelhas afiadas deitou e pressionou o ouvido contra o chão.

– Eu consigo ouvi-lo roncando, do outro lado do mundo! – ele disse. – Então, você com os olhos afiados; jogue uma pedra para acordá-lo!

Então o guerreiro com os olhos afiados olhou ao redor do mundo e viu seu amigo cochilando à beira da estrada. Ele pegou uma pedra e jogou. A rocha voou pelo ar por centenas de quilômetros até atingir o homem adormecido – *ping!* – bem entre os olhos. Ele acordou com um susto.

– Eu dormi! – exclamou ele. – É melhor eu voltar com essa água! – E ele pegou suas garrafas e começou a correr. Um momento depois, ele estava no castelo do Gigante Fovor, com a água do poço do outro lado do mundo.

O Gigante Fovor ficou furioso ao ver que sua tarefa havia sido cumprida. Mas ele tinha dado sua palavra, e então ele teve de libertar a linda mulher com o cabelo preto como a asa do corvo, a pele como a neve e as bochechas como sangue. Craith se casou com ela e eles viveram felizes para sempre. E, depois disso, os três guerreiros com os olhos aguçados, as orelhas afiadas e os pés rápidos foram morar com Craith e iam sempre com ele para a batalha; e juntos nunca foram derrotados.

OS BÁRBAROS CHEGAM NA GRÃ-BRETANHA

Os celtas que viviam na Grã-Bretanha não pertenciam ao mesmo reino e nem todos obedeciam ao mesmo rei. A Grã--Bretanha estava cheia de diferentes tribos de celtas. E cada tribo seguia um rei diferente.

Histórias muito antigas nos dizem que um desses reis se chamava Vortigerno. Ele governou uma rica e poderosa tribo de celtas no meio da Grã-Bretanha. Seu povo lhe obedecia, e os guerreiros que lutavam por ele seguiam seus comandos. Mas Vortigerno ainda não estava feliz. Outras tribos de celtas do norte continuavam atacando seu reino, e o rei estava cansado de combatê-las! Ele queria ajuda.

Vortigerno enviou uma mensagem, através do Mar do Norte, para as tribos bárbaras chamadas anglos e saxões.

– Venham e me ajudem a lutar contra meus inimigos! – ele disse. – Se fizerem isso, lhes darei terras para que possam viver aqui na Grã-Bretanha.

Os Sete Reinos Anglo-Saxônicos

Os anglos e os saxões então atravessaram o Mar do Norte, entraram na Grã-Bretanha e ajudaram Vortigerno a combater seus inimigos. Eles gostaram da Grã-Bretanha, então se instalaram e ficaram lá. Eles enviaram uma mensagem de volta para seus amigos:

– Venham morar na Grã-Bretanha conosco! Há muito espaço aqui. – E então cada vez mais anglos e saxões navegaram pelo Mar do Norte até a Grã-Bretanha. Toda a parte do meio da Grã-Bretanha ficou cheia de anglos e saxões.

Os celtas não gostaram de ter todos esses bárbaros em seu país. Mas havia tantos anglos e saxões que eles não podiam expulsar todos eles. Logo, a parte sul e leste da Grã-Bretanha foi completamente ocupada. Eles dividiram a terra em sete reinos. Hoje, chamamos essa parte da Grã-Bretanha de *Inglaterra*, um nome que vem da palavra *anglo*. Nós chamamos as pessoas que viviam lá de *anglo-saxões*.

Pobres celtas! Primeiro os romanos os atacaram. Agora os anglo-saxões os expulsaram de sua própria terra. Alguns dos celtas decidiram fazer o melhor possível. Eles se casaram com os anglo-saxões e viveram com eles em paz. Mas outros celtas recuaram para o norte e oeste da Grã-Bretanha, para viver sozinhos. Hoje, chamamos os países onde os celtas viviam de Escócia, Irlanda e País de Gales.

Você lembra que os celtas contavam histórias um para o outro, em vez de escrevê-las? Os anglos e os saxões também não escreveram muito. Não escreveram sua história. Não escreveram suas memórias. E eles não mantinham registros do que faziam todos os dias. Então, embora saibamos que os anglos e saxões viveram na Inglaterra por muito tempo, não sabemos o que fizeram durante todos esses anos!

Esse período da Inglaterra é chamado a *Idade Média*, ou a *Idade das Trevas*. Foi um tempo *sombrio* para nós porque não podemos ler sobre o que aconteceu nos sete reinos anglo-saxões. As únicas histórias que temos daquela época são histórias que foram passadas de um bardo para outro de boca em boca.

BEOWULF, O HERÓI

Os anglo-saxões contavam histórias sobre seus heróis, assim como os celtas. Uma dessas histórias era sobre um monstro chamado Grendel e o grande guerreiro que o derrotou – Beowulf. A história de Beowulf é uma das histórias mais antigas do idioma inglês. Pode ter sido contada e recontada por anos antes de ser finalmente escrita. A história foi escrita como poesia, porque a poesia era mais fácil de lembrar e recitar para outras pessoas.

A história completa de Beowulf é longa e complicada. Mas aqui está uma versão mais curta da história para você ouvir.

R odogário era o rei de toda uma hoste de homens
que sempre lutava pelo rei segundo suas ordens.
Todos sabiam de sua força e coragem.
O rei então construiu um salão em sua homenagem.
Coberto de ardósia e decorado com lindas bandeiras,
O salão era aquecido por enormes lareiras.
Todas as noites seus homens se reuniam nesse salão,
Para comer, cantar e festejar sem preocupação.
Os homens dormiam, sobre suas mantas ao som de uma flauta,
Enquanto a luz do salão vazava da torre mais alta.
O salão do rei ficava em terreno alto e protegido,
Com campos suaves ao redor, era bem defendido.
Mas longe, bem longe, além do pantanal e dos prados,
Vivia um monstro chamado Grendel, com garras e dentes afiados.
Ele era peludo e hediondo, alto como dois pinheiros velhos,
O mais alto dos homens chegava só até seus joelhos!
Ele chegou no salão enquanto os homens cansados dormiam,

E pela porta entrou enquanto as lareiras ardiam.
Grendel pegou um guerreiro e comeu-lhe a cabeça,
Então pegou outros quinze e saiu correndo depressa.
Os homens tentaram seguir seus rastros no chão,
Mas logo chegaram a um rio onde as pegadas se esvão.
De manhã, os guerreiros lamentaram a morte do amigo,
E juraram acabar com os ataques do monstro inimigo.
Mas embora durante o dia eles quisessem lutar,
À noite sua coragem não conseguia aguentar!
Toda noite Grendel à porta batia, pulava na multidão e engolia
Mais dos homens reunidos ali, e novamente saía.
E dia após dia, os guerreiros de Rodogário não conseguiam
Mantê-lo afastado, mas sempre o seguiam.
Eles estavam cansados, aterrorizados, e sem orgulho,
Pois a notícia de sua tragédia havia se espalhado, como as chuvas de julho.

Então Beowulf, o homem mais poderoso da terra,
Um feroz guerreiro, tão forte quanto uma fera,
Ouviu dizer que todas as noites Grendel atacava o salão,
E que os fortes guerreiros tinham medo de lutar para salvar um irmão.
Ele reuniu seu clã, com suas afiadas espadas e lanças,
E partiu para o salão onde os homens haviam perdido as esperanças.
Rodogário ficou feliz em ver todos aqueles homens fortes!
Ele os agradeceu por terem vindo para vingar todas as mortes.
Ele lhes disse:
– Bem-vindos, Beowulf e todos que vieram!

Beowulf lutando com o monstro Grendel

Essa noite todos *vocês* podem dormir no meu salão.
Quando o monstro vier intento ao pecado,
Ele vai lhes encontrar com os meus, lado a lado.
Vocês podem lutar com ele então. Precisam de algo?
Espadas mais afiadas?
Mas Beowulf disse logo:
– Não se preocupe! Ficaremos aqui tranquilos.
De fato, não seria justo lutarmos
Com espadas contra essa fera dos prados,
Pois não tem armas, apenas garras e dentes afiados.
– Por isso vou tirar minha espada, armadura e escudo,
E lutar com as mãos nuas. Caso contrário, ficaria entediado!
Beowulf e seus homens então no chão se deitaram,
Apagaram as luzes e a grande porta trancaram.
Esperaram por Grendel, fingindo dormir.
Então, da escuridão profunda, de onde estava por vir,
Ouviu-se o som do monstro, perto do salão.
Seu uivar encheu de medo o coração.
A porta, feita de ferro, estava fechada, trancada e barricada.
Mas o monstro a destruiu sem dificuldade com apenas uma empurrada.
Ele agarrou um guerreiro e se preparou para a festa,
Mas Beowulf agarrou o braço da besta,
E começou a torcer,
com todo o seu poder.
Então Grendel deu-se a girar,
pronto para lutar,
Mas Beowulf torcia seu braço sem dó,

Enquanto Grendel uivava de dor de seu braço em nó.
Ele gritou e uivou, mas não conseguiu correr,
Os músculos de Beowulf eram algo de se ver!
Então Beowulf puxou o braço mais uma vez,
e com o braço arrancado, Grendel se desfez!
Gritando, ele correu pela porta como um cão,
Deixando seu braço jogado no chão.
Os guerreiros gritaram quando seu líder venceu.
Então seguiram Grendel para onde correu.
As grandes pegadas do monstro os levaram a uma represa,
onde uma névoa pesada os impediam de enxergar com clareza,
Sobre a superfície da água, que ali estava emaranhado,
O corpo de Grendel, que sem um braço havia se afogado.
"Grendel está morto! Teremos uma grande festa!
Para celebrar a morte da besta!"
Alegremente prepararam a comida para a celebração,
E penduraram o braço de Grendel bem alto no salão,
E eles comeram, beberam e cantaram até o dia vindouro,
Então Rodogário deu a Beowulf uma armadura de ouro,
E um bardo elogiou Beowulf e sua mão poderosa,
E sua fama foi eternamente contada em forma de prosa.

✣

CAPÍTULO

3

O CRISTIANISMO CHEGA À GRÃ-BRETANHA

AGOSTINHO CHEGA À INGLATERRA

Nos últimos dias do Império Romano, uma religião – o cristianismo – espalhou-se por todos os países controlados por Roma. O próprio imperador romano tornou-se cristão. Ele disse aos seus súditos que eles deveriam ser cristãos. O cristianismo tornou-se muito popular!

Então o Império Romano foi destruído. A era após a queda do Império Romano ficou conhecida como Idade Média. Durante a Idade Média, embora o Império Romano tivesse desaparecido, o cristianismo sobreviveu. Muitas pessoas ainda eram cristãs, em todas as diferentes terras que haviam sido governadas por Roma. E muitos desses cristãos no antigo Império Romano seguiam um homem chamado papa. O papa era o líder da igreja cristã na cidade de Roma. Muitas pessoas acreditavam que Deus havia lhe dado a tarefa de cuidar dos cristãos em todo o mundo.

    Um dia, o papa estava andando pelo mercado perto de sua casa quando viu escravos à venda. Homens e mulheres estavam sendo vendidos por grandes quantias de dinheiro, para que pudessem trabalhar para seus senhores pelo resto de suas vidas! O papa balançou a cabeça por causa desse mal. Ele se aproximou para olhar mais de perto os escravos. Três dos escravos – apenas meninos, não muito mais velhos que você – tinham cabelos muito loiros. E suas peles eram brancas como papel. O papa estava acostumado a ver apenas pessoas de cabelos escuros ao seu redor; naqueles dias, cabelos louros eram incomuns e estranhos.

    – De onde vieram esses meninos? – perguntou a um dos negociantes de escravos.

Três meninos à venda como escravos

40

– Da Ilha da Grã-Bretanha – respondeu o negociante de escravos. – Nós navegamos até lá e os sequestramos. Todos os britânicos são assim.

Bom, o papa nunca tinha ouvido falar da Ilha da Grã-Bretanha.

– O povo da Grã-Bretanha é cristão? – perguntou ele.

– Ah, não – disse o negociante de escravos. – Eles nunca ouviram falar do cristianismo.

O papa se inclinou para falar com os garotos loiros.

– Qual é o nome do seu povo? – ele perguntou.

– Somos anglos – disse o menino mais velho. – Queremos voltar para nossa casa!

– Anglos? Vocês se parecem mais com anjos! – o papa exclamou. E ele comprou os meninos para que eles não precisassem ser escravos. Ele os levou de volta para sua casa, os alimentou, os enviou para a escola e os ensinou sobre o cristianismo.

Então ele chamou outro cristão, de nome Agostinho, e contou-lhe sobre a Grã-Bretanha e sobre os belos anglos que moravam lá.

– Agostinho – ele disse –, quero que você vá para a Grã-Bretanha. Leve esses meninos de volta para suas casas, para que eles possam contar às suas famílias sobre o cristianismo. E eu quero que você fique na Inglaterra e ensine a essas pessoas mais sobre nossa fé. Construa igrejas na Grã-Bretanha. Eu vou fazer de você o arcebispo da Inglaterra, e você poderá cuidar de todos os cristãos do país.

Agostinho concordou em ir para a Grã-Bretanha. Ele levou quarenta homens com ele e partiram para a ilha.

Chegaram à costa da Inglaterra no ano 597 EC. Lá, foram recebidos pelo rei mais poderoso da Grã-Bretanha – Etelberto, que governava toda a parte sul do país. Etelberto ouvira dizer que estranhos estavam vindo para fazer mágica em seu reino. Ele foi ao encontro de Agostinho e seus companheiros na praia.

– Que poderes estranhos você tem? – Etelberto exclamou. – Eu não vou deixar você entrar no meu palácio até que eu possa ter certeza que você não tentará colocar um feitiço em mim.

– Nós não estamos aqui para lançar feitiços em você! – disse Agostinho. – Estamos aqui para falar sobre o cristianismo. – E então ele e seus companheiros contaram a Etelberto tudo sobre a fé cristã.

De Roma à Cantuária

– Humm – disse Etelberto. – Isso parece interessante, mas é tudo muito novo para mim, e eu não quero desistir dos meus velhos hábitos. Mas você percorreu um longo caminho, e parece ser bastante educado e inofensivo, então lhe darei permissão para dizer às pessoas do meu reino tudo sobre seu Deus. Você pode morar em Cantuária, e ninguém vai incomodá-lo enquanto você se comportar.

Então, Agostinho e seus companheiros se estabeleceram na cidade de Cantuária. Eles construíram uma igreja e pregaram para os anglo-saxões. Com o passar do tempo, muitos dos anglo-saxões se tornaram cristãos. Eles aprenderam a ler e a escrever. Eles construíram igrejas e mosteiros, onde os homens podiam viver e orar a Deus. E o próprio Agostinho tornou-se o primeiro arcebispo de Cantuária – o líder de todos os cristãos que viviam na Inglaterra.[1]

MOSTEIROS MEDIEVAIS

Agostinho e os homens que foram com ele para a Grã-Bretanha eram monges – homens que haviam prometido passar o

---

[1] Existem três possíveis áreas de confusão quando se trata da missão de Agostinho na Grã-Bretanha. **Primeira:** Existem várias versões diferentes desta história, incluindo uma em que Etelberto se converte imediatamente; esta versão é de São Beda. **Segunda:** Há dois Agostinhos famosos na história. O primeiro, geralmente conhecido como Santo Agostinho, viveu de 354 a 430 e foi o bispo de Hipona na África. Este Santo Agostinho é o autor das famosas *Confissões e do Cidade de Deus*. O segundo Agostinho, Santo Agostinho de Cantuária, é o que discutimos nesta história. Ele viveu no século VI e dirigiu um mosteiro em Roma antes de ser enviado à Inglaterra pelo papa Gregório. Ele se tornou arcebispo de Cantuária em 601. **Terceira:** Há algumas evidências de que o cristianismo chegou à Grã-Bretanha séculos antes de Agostinho, mas a missão de Agostinho foi, no entanto, o primeiro esforço *organizado* para incluir a Grã-Bretanha no rebanho da Igreja.

resto da vida rezando, trabalhando e estudando a Bíblia, em vez de casar e ter filhos. Os monges viviam juntos em edifícios especiais chamados *mosteiros*. Eles iam à igreja oito vezes por dia para orar e venerar a Deus. Durante o dia, eles trabalhavam no jardim do mosteiro, ajudavam na cozinha, na limpeza e na lavanderia, e faziam outros trabalhos que o abade, o monge-chefe, lhes dava para fazer.

Havia mosteiros em todas as antigas terras do Império Romano – na Itália, na Espanha, na África e em todos os outros países que pertenceram a Roma. Quando os anglo-saxões aprenderam sobre o cristianismo, alguns deles também queriam ser monges. Então construíram mosteiros na Inglaterra e na Irlanda, onde puderam viver como outros monges.

O irmão André é um monge em um mosteiro irlandês. Seu trabalho é construir móveis na oficina do mosteiro; os monges fazem todas as suas próprias cadeiras, mesas e camas. Esta manhã, o irmão André está trabalhando na construção de uma nova mesa para o refeitório (a grande sala onde os monges comem juntos). Ele está esfregando óleo no topo da mesa para terminar, mas ele interrompe várias vezes para soprar nos dedos. Ele está com frio! A oficina fica em um galpão de pedra, e há uma lareira na parede. Mas o vento de dezembro sopra em torno das janelas e sob a porta. E ainda está muito escuro lá fora, porque o Sol ainda não se levantou. Está trabalhando à luz de velas e seus olhos doem.

O irmão André espera que o sino toque logo para convocá-lo ao refeitório. Ele acordou às duas horas da manhã para o culto matinal e depois foi para sua oficina para começar as tarefas do dia. Ele acredita que já deve ser quase cinco horas agora. Quase a hora do café da manhã!

Finalmente o sino toca. O irmão André veste um manto e capuz pesados e caminha em direção ao refeitório. No caminho, passa por uma fila de pessoas doentes e famintas que já se formou do lado de fora dos portões do mosteiro. O irmão James sabe muito sobre ervas e sobre curar doenças; ele é o único médico a três dias de viagem, e aldeões de várias pequenas aldeias vizinhas sobem ao mosteiro sempre que adoecem. Os monges cozinham comida para os famintos também, e servem a estes antes mesmo de comerem.

O Sol está começando a surgir quando o irmão André entra no refeitório. Ele pode sentir o cheiro do pão de trigo fresco que foi assado no café da manhã. Os monges não podem comer manteiga no pão, a menos que seja Natal ou outro dia especial. E as regras do mosteiro dizem que ninguém pode comer a carne de um animal de quatro patas, de modo que linguiça, *bacon* e carne bovina nunca estão à mesa no café da manhã. Mas ele gosta do pão marrom espesso e crocante, e nesta manhã, há feijões cozidos e ervilhas e algumas maçãs doces e murchas – da última colheita do outono, mantida em uma adega suja e fresca até agora.

Os monges não podem falar nas refeições. Em vez disso, o irmão João lê para eles a Bíblia enquanto eles comem em silêncio. Mas o irmão André sussurra ao monge ao lado dele:

– Como seus alunos se comportaram ontem?

– Terrivelmente! – o monge sussurra de volta. Ele ensina na escola do mosteiro, onde as crianças da aldeia são enviadas para serem educadas. – Eles não querem aprender a escrever. Toda vez que eu viro as costas, eles sussurram e riem entre si. Eles não prestam atenção em nada! E fizeram um desenho rude de mim na lousa quando tive que sair por alguns minutos.

O irmão João ouve o sussurro e olha para eles. O irmão André termina seu café da manhã e espera até que o abade, o monge que dirige o mosteiro inteiro, reze. Ele volta para sua oficina para terminar sua mesa. É uma bela peça de mobília! Ele sabe que não deveria se orgulhar disso, mas ele esculpe *Obra de André* na parte de baixo da mesa, em letras minúsculas. Talvez um dia alguém veja as letras e saiba que o irmão André fez essa mesa com as próprias mãos.

ESCREVENDO LIVROS À MÃO

Algumas lições atrás, aprendemos que os anos após a queda de Roma são chamados de Idade Média, e que na Inglaterra esses anos também são conhecidos como Idade das Trevas. Você se lembra por que chamamos essa época de Idade das Trevas? A maioria das pessoas na Inglaterra não lia nem escrevia, então eles não escreviam contos e histórias.

Quando Agostinho e seus companheiros chegaram na Inglaterra, contaram aos anglo-saxões sobre o cristianismo. Mas eles também os ensinaram a ler e escrever. Eles queriam que esses novos cristãos pudessem ler a Bíblia.

Os monges nos mosteiros também achavam que ler e escrever era importante. Afinal, eles passavam grande parte do dia lendo a Bíblia e livros escritos por religiosos. Mas, durante a Idade das Trevas, não era tão fácil produzir livros como é hoje! A manufatura de livros era um processo lento e complicado. E só os monges eram habilidosos o suficiente para fazer belos livros.

Na Idade das Trevas, você não podia simplesmente ir a uma loja e comprar papel. Por isso, os monges começaram a produzir um papel especial, chamado *pergaminho*, usando pele de animais. Eles colocavam peles de vaca ou ovelha em água corrente, como um riacho ou rio, por vários dias. Em seguida, eles as colocavam de molho novamente, em um barril cheio de água e cal (um produto químico que solta o pelo da pele) por vários dias. Finalmente, estendiam a pele, raspavam o pelo com uma faca e, em seguida, prendiam-na a uma armação para que pudesse secar. Mas isso não era tudo. Uma vez que a pele estivesse seca, os monges a tiravam da moldura, molhavam novamente e a esfregavam com uma pedra áspera. Um livro medieval nos diz que a melhor maneira de molhar a pele era tomar um gole de cerveja e depois cuspir a cerveja por toda a pele.

Quando a pele estava seca de novo, era hora de fazer a tinta misturando fuligem com água e a seiva das árvores. O monge tinha que preparar canetas de penas arrancando as penas de um ganso ou de uma asa de cisne, encharcando as penas na água e raspando as pontas. Então, o pergaminho tinha que ser cortado em retângulos, dobrado para fazer páginas e costurado, criando cadernos.

Finalmente, era a hora de escrever as palavras. Todos os livros eram escritos à mão. Os monges trabalhavam o dia todo em salas especiais chamadas *scriptoria*. Eles faziam cópias da Bíblia e de outros livros importantes, copiando-os, um de cada vez. Cada letra era cuidadosamente escrita com a melhor caligrafia do monge.

Os livros copiados pelos monges não tinham apenas letras pretas em páginas brancas. Os monges decoravam as páginas de seus livros com lindas cores. Eles faziam tintas misturando suas cores com claras de ovo. Frequentemente ouro e prata verdadeiros, achatados em folhas tão finas que podiam flutuar no ar, eram fixados à página como parte da imagem. Às vezes, uma imagem ocupava uma página inteira. Às vezes, havia um pintura apenas na margem ou no topo de uma página. E, às vezes, apenas a primeira letra de uma página era pintada e folheada a ouro.

Escrever longos livros à mão era um trabalho árduo e lento. Um monge especialista podia copiar dois ou três livros por ano, trabalhando oito horas todos os dias. Por isso não havia muitos livros na Idade Média. E os livros eram valiosos. Afinal, eles levavam meses de trabalho! Muitas vezes, os livros eram acorrentados nas prateleiras da biblioteca, para que as pessoas só pudessem lê-los em pé. E você certamente não poderia emprestá-los.

Os monges não deviam falar no *scriptorium*. Eles deviam prestar muita atenção ao que estavam fazendo. Mas os monges ficavam entediados. Ainda podemos ler alguns dos livros escritos à mão na Idade Média – e podemos ver que, às vezes, os monges escreveram mensagens uns para os outros e até mesmo desenharam imagens bobas à margem de seus livros.

"Estou com frio", escreveu um monge. "Gostaria que tivéssemos uma lareira maior, mas o irmão João não permitiu."

Outro monge escreveu:

"Eu gostaria de já ter terminado. Tenho de ir ao banheiro!"

"Maldito seja aquele rato!"

Talvez um camundongo tivesse roubado parte de seu jantar!

❖

CAPÍTULO

4

O IMPÉRIO BIZANTINO

A BELEZA DE CONSTANTINOPLA

Alguns capítulos atrás, vimos que o Império Romano ficou grande demais para que um imperador governasse sozinho. Então o Império Romano foi dividido em duas partes. A parte do Império Romano que ainda tinha Roma era chamada de Império Romano do Ocidente, e o resto do império ficou conhecido como Império Romano do Oriente. Sua capital era chamada Constantinopla.

Quando os bárbaros invadiram o Império Romano, o Império Romano do Ocidente se desfez. E o Império Romano do Oriente também perdeu terras para os bárbaros. O império se encolheu até que o imperador romano oriental governasse apenas os territórios ao redor de Constantinopla.

Mas o Império Romano do Oriente sobreviveu.

Hoje, chamamos esta última parte sobrevivente do Império Romano de *Império Bizantino*. Chamamos seu povo de *bizantinos* e seu imperador de *imperador bizantino*. O Império Bizantino era pequeno no início, porque os invasores haviam tomado grande parte de seu território. Mas então, imperadores fortes e guerreiros começaram a reconquistar as terras que pertenceram a Roma. Logo, o Império Bizantino espalhou-se por todo o Mar Mediterrâneo. Constantinopla, a capital do Império Bizantino, tornou-se a maior cidade do mundo. Ficou maior e mais rica do que Roma jamais fora!

Imagine que você está andando pelas ruas de Constantinopla. A estrada sob seus pés é suavemente pavimentada; os bizantinos conhecem a arte romana de fazer boas estradas com pedras e cimento. As pessoas o empurram e esbarram em você de todos os lados. Há quase 1 milhão de pessoas nesta cidade. Muitas delas se vestem como romanos, com togas (túnicas brancas penduradas em um dos ombros e presas na cintura). Você passa por belas lojas que vendem sedas, joias e todo tipo de comida – pêssegos, amêndoas, amendoins, uvas, peixes, tigelas de sopa de lentilha quente e cumbucas de feijão branco cozido com sálvia e cebola. Os cheiros de frutas, carne e sopa se misturam e flutuam até a rua. De repente, você está com muita fome.

Você não vê muitas crianças nas ruas.

– Onde estão todas as crianças? – você pergunta a uma mulher que passa. Ela está vestindo um belo manto de lã azul, com bordas de fio de ouro.

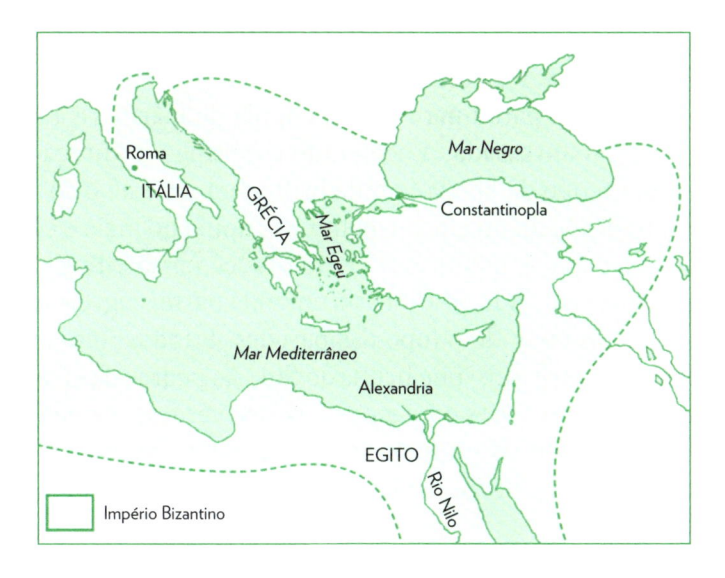

O Império Bizantino durante a época de Justiniano

– Elas estão na escola, é claro – responde a mulher. – Temos escolas para todas as crianças, até para as pobres. As pequenas estão praticando leitura e escrita, e os alunos mais velhos estão lendo os grandes livros escritos pelos gregos e romanos. Nossos filhos têm coisas melhores para fazer do que correr pelas ruas! Com licença, eu tenho de ir. Sou uma dama de companhia da imperatriz, e eu tenho de chegar ao seu palácio imediatamente.

– Onde fica o palácio? – você pergunta.

A mulher ri.

– O que você quer dizer com *o* palácio? Temos catorze palácios em Constantinopla. O imperador e sua corte têm cinco. As senhoras da corte têm mais seis. E nós ainda temos três palácios para pessoas que trabalham para o imperador! Mas você não pode entrar neles porque você é apenas um plebeu.

Se você quiser ver um belo edifício, visite nossa maior igreja, a Hagia Sophia. Fica lá em cima.

Ela aponta para uma enorme cúpula de mármore à sua frente e sai apressada. Você então caminha em direção à cúpula. O topo da Hagia Sophia brilha branco e alvo ao Sol e as paredes brilham em vermelho. A cúpula no meio é cercada por cúpulas menores ao redor. Você passa através da porta principal. A luz do Sol está em toda parte; a igreja tem janelas altas em todo o topo das paredes. E todo o teto está coberto de ouro puro que brilha ao Sol. As pedras das paredes são todas de cores diferentes – roxas, verdes, vermelhas e brancas. Colunas erguem-se ao seu redor. Nem mesmo Roma teve um edifício tão bonito como este!

JUSTINIANO, O IMPERADOR JUSTO

Governantes poderosos tornaram Constantinopla poderosa. E um dos governantes mais poderosos de todos os bizantinos foi Justiniano, o Imperador Justo.

Os pais de Justiniano não eram pessoas importantes – eles eram apenas camponeses, que viviam a centenas de quilômetros de distância da grande cidade de Constantinopla. Eles cultivavam e cuidavam dos animais para ganhar a vida. Mas Justiniano não queria ser agricultor. Ele queria ser um homem esclarecido e educado. Ele aprendeu a ler e passou todo minuto livre estudando direito, música, poesia e livros religiosos. Ele implorou a sua família para mandá-lo para Constantinopla para que ele pudesse ir para a escola.

Finalmente, os pais de Justiniano concordaram. Eles empacotaram suas roupas e livros. Sua mãe lhe preparar pão e carne para comer na jornada. E Justiniano começou a distante e longa jornada até a cidade de Constantinopla.

Quando ele chegou à cidade, ficou impressionado. Os edifícios eram os maiores que ele já tinha visto. As pessoas se agrupavam por toda parte. E seus estudos eram difíceis. Ele tinha de memorizar cinquenta linhas de poesia grega todos os dias. Teve de aprender a fazer discursos convincentes em público. Os professores da escola davam-lhe horas de lição de casa todos os dias, de matemática, música e astronomia (o estudo das estrelas).

Quando terminou a escola, o jovem Justiniano se alistou no exército. Ele era corajoso e cheio de energia, e passava horas ajudando os oficiais a manter registros, pedir suprimentos e planejar suas campanhas. Logo, cada vez mais pessoas concordaram: Justiniano seria um bom imperador. Quando o imperador morreu, Justiniano foi nomeado governante do Império Bizantino.

Quando Justiniano foi nomeado imperador, no ano 527 EC, Bizâncio ainda não era muito grande. Mas Justiniano decidiu mudar isso. Ele lera muitos livros sobre a grandeza e a glória do antigo Império Romano. E ele queria esse império de volta.

Então Justiniano recrutou cada vez mais homens para o seu exército. Ele partiu em campanhas para reconquistar os países que costumavam pertencer a Roma – Itália, norte da África, Espanha e os países ao redor das margens do Mediterrâneo. Ele até tomou Roma de volta dos bárbaros que moravam lá, mas a guerra para recapturar Roma destruiu o que restava da cidade antiga. Justiniano ficou com nada além de ruínas.

Justiniano recapturou *todo* o território que pertencia a Roma? Não, mas ele tornou o Império Bizantino maior do que jamais fora. E agora que ele governava todos esses países diferentes, Justiniano tinha um problema.

Cada país tinha suas próprias leis. Algo ilegal em um país poderia ser perfeitamente legal em outro. Um ladrão poderia ser condenado a morte em uma parte do império – mas só deveria pagar uma multa em outra parte. Era muito confuso governar um império cheio de leis diferentes. Então Justiniano decidiu criar um conjunto de leis para *todos* em seu império.

Foi um trabalho enorme. Centenas de estudiosos ajudaram-no a coletar todas as leis dos antigos romanos e gregos, para que uma nova lei pudesse ser escrita. Finalmente, o novo conjunto de leis, o Código de Justiniano, foi concluído. Todos no Império Bizantino deveriam seguir essas leis.

Aqui estão algumas das leis do Código de Justiniano:

- O mar e a praia pertencem a todos. Todas as pessoas do meu império podem ir à praia. Ninguém pode dizer--lhes: *Eu possuo esta parte da praia! Saia daqui!*
- Os rios pertencem a todos. Todos no meu império podem pescar nos rios, sem restrições.
- Se você encontrar uma joia ou outro tesouro na praia, pode guardá-la para si mesmo.
- Você tem permissão para possuir escravos e fazê-los trabalhar para você sem receber salário. Mas não pode bater em seus escravos ou maltratá-los, a menos que sejam desobedientes.
- Um ladrão que rouba algo valioso deve pagar ao proprietário quatro vezes o valor do objeto roubado.
- Se você estiver aparando uma árvore perto de uma estrada, não deixe de alertar alguém que esteja passando:

Cuidado! Galhos podem cair em você! Se você não alertar, e um galho cair sobre um viajante e machucá-lo, a culpa é sua. Mas se você alertar e o viajante passar debaixo da sua árvore de qualquer maneira, não é sua culpa se um galho cair sobre ele e o machucar. Ele deveria ter prestado atenção em seu aviso.
- Quando um bispo, padre ou pastor estiver orando ou pregando, ele precisa falar alto o suficiente para que todos ouçam. Se ele não o fizer, Deus irá puni-lo – e assim deseja o imperador!

Você acha que estas são leis justas? Você as mudaria?

A IMPERATRIZ TEODORA

Justiniano foi um imperador poderoso, mas ele não governou o Império Bizantino sozinho. Sua esposa, a imperatriz Teodora, era uma mulher brilhante e enérgica que o ajudou a tomar suas decisões.

Teodora nem sempre foi uma imperatriz. Seus pais tinham um circo no Hipódromo, uma arena enorme em Constantinopla. Seu pai era o treinador de ursos de circo. A pequena Teodora costumava se sentar na areia quente da arena e vê-lo trabalhar com seus ursos. Às vezes, ela os alimentava com maçãs e mel para recompensá-los por fazerem seus shows!

Quando ficou um pouco mais velha, Teodora começou a trabalhar como palhaça no circo. Ela pintava o rosto de branco e fingia que não podia falar. O público adorava o ato de Teodora. Logo ela estava atuando em peças teatrais e atraindo centenas de fãs. Eles vinham para ver seus shows, jogavam flores para ela e aplaudiam suas encenações. Teodora era um

Teodora e um dos ursos de seu pai

sucesso! Ela viajou por todo o Império Bizantino, hospedando-se nas melhores pousadas, comendo a melhor comida e bebendo o melhor vinho.

Mas um dia Teodora ouviu sobre o cristianismo e decidiu se tornar uma cristã. *Eu não posso continuar sendo atriz, indo a festas todas as noites e fazendo o que me agrada,* ela pensou. *Eu preciso ter um tipo diferente de vida. Uma vida tranquila e pacífica.*

Então, Teodora deixou seu emprego como atriz, mudou-se para Constantinopla e tornou-se uma fiandeira de lã. Ela passava seus dias tranquilamente fazendo fios com lã de ovelha e vendendo aos mercadores de Constantinopla.

Um dia, Teodora estava indo ao mercado com uma cesta cheia de fios quando ouviu:

– Abram caminho! Abram caminho para os soldados do exército real!

Ela saiu da rua e esticou o pescoço para ver os soldados. Justiniano ainda não se tornara o imperador; ele ainda estava servindo no exército. Ele estava andando com os outros soldados, vestindo um manto vermelho sobre sua armadura brilhante, com sua espada pendurada ao seu lado. Teodora o achou o homem mais bonito que já tinha visto.

Justiniano viu Teodora parada ao lado da estrada.

– Quem é aquela mulher bonita? – ele perguntou ao soldado ao lado dele. Os outros soldados apenas deram de ombros. *Eu preciso descobrir*, falou Justiniano para si mesmo. *Eu quero saber quem ela é agora mesmo!*

Depois de uma longa busca, Justiniano encontrou a casa de Teodora. Ele ficou tomado por sua beleza e encantado por sua inteligência. Ele se apaixonou por ela e se casou com a moça.

E quando ele se tornou o imperador, Teodora se tornou a imperatriz. Os dois governaram lado a lado, e Justiniano raramente tomava uma decisão sem consultar sua esposa.

Cinco anos depois de Justiniano se tornar imperador, o povo de Constantinopla se revoltou. Eles queriam que Justiniano se livrasse de dois homens que trabalhavam para ele – dois homens que eram muito impopulares. Quando Justiniano recusou, a multidão ficou cada vez mais irritada. Eles correram pelas ruas da cidade, derrubando barracas de mercadores, destruindo muros e queimando prédios. Até incendiaram a Hagia Sophia. Eles mataram policiais e se reuniram em volta do palácio do imperador, gritando:

– Vitória! Vitória!

Justiniano estava apavorado.

– Se eles invadirem o palácio, eles nos matarão! – exclamou ele. – Vamos sair de Constantinopla imediatamente.

– Se você fugir, eles vão tomar seu trono – Teodora o avisou. – Você nunca será imperador novamente.

– É melhor do que morrer! – retrucou Justiniano.

– Você pode correr se quiser – disse Teodora. – Você tem muito dinheiro e pode sempre fugir nos navios reais. Mas eu nunca vou desistir do meu manto real roxo e da minha coroa. Como pode alguém que uma vez foi o imperador concordar em se tornar um refugiado errante? Se você fugir, logo desejará ter morrido em vez disso.

Finalmente, Teodora convenceu Justiniano a ficar. Ele ordenou que seus generais liderassem o exército contra os rebeldes. A luta foi longa e difícil, mas os homens de Justiniano venceram. Justiniano manteve seu trono e reconstruiu a cidade danificada. Ele tornou a Hagia Sophia ainda maior e mais bonita do que nunca. E pelo resto de sua vida, ele ficou grato a Teodora por mantê-lo em Constantinopla. A imperatriz salvou o trono do imperador.

A IGREJA NO ORIENTE

Depois dos distúrbios que quase o expulsaram de Constantinopla, Justiniano ordenou que os edifícios queimados fossem reconstruídos. A Hagia Sophia, a maior igreja de Constantinopla, foi quase destruída por completo. Então, Justiniano decidiu contratar dois arquitetos famosos para projetar e construir uma nova igreja. Esta nova Hagia Sophia tinha grandes cúpulas e janelas, e enormes espaços abertos. No interior, foi decorada com pinturas e *mosaicos*.

Mosaicos eram imagens feitas organizando pedrinhas coloridas em um padrão. Essas pedrinhas eram chamadas de *tesselas*. As tesselas podiam ser feitas de pedra, mármore, vidro, madeira, barro ou mesmo ouro e prata! Ao colocar as tesselas juntas, os artistas conseguiam criar belos padrões. E eles conseguiam até criar imagens de pessoas e animais. Alguns mosaicos eram cenas inteiras, como um homem alimentando um burro, ou um imperador e toda a sua corte.[1]

Fazer um mosaico era um trabalho lento e cuidadoso. Primeiro, o artista cobria a parede ou o teto com uma camada de gesso, que era grossa, branca e grudenta como cola. Então, o artista cuidadosa e lentamente começava a colocar tesselas no lugar certo. Em uma loja ou casa, as

---

[1] O mosaico de um homem alimentando um burro é encontrado no chão do Grande Palácio de Istambul; a Basílica de San Vitale, em Ravenna, tem um mosaico retratando o imperador com toda a sua corte.

tesselas podiam ser pequenos pedaços de vidro colorido, pedra, argila ou madeira pintada de cores diferentes. Mas em uma bela igreja ou palácio, era mais comum as tesselas serem pedaços de mármore ou de prata. Os mosaicos da Hagia Sophia são especialmente alvos e brilhantes, pois os artistas que os fizeram cobriram cubos de vidro com ouro e criaram os fundos das imagens no mosaico com essas tesselas brilhantes. Cada cubo de vidro foi colocado no gesso em um ângulo ligeiramente diferente. Então, quando o Sol brilha nos mosaicos dourados da Hagia Sophia, a luz é refletida pelas imagens em todas as direções. As imagens parecem brilhar na luz!

Muitas pessoas viram os mosaicos na Hagia Sophia, porque esta igreja se tornou o centro de todo um grupo de cristãos. Lembre-se: após a queda de Roma, muitos cristãos nas terras que pertenceram ao Império Romano acreditavam que o papa era seu líder. Eles acreditavam que Deus havia lhe dado a tarefa de cuidar de todos os cristãos.

Mas nem todos os cristãos concordavam. Aqueles cristãos que viviam em Constantinopla (assim como muitos cristãos que viviam na África, Ásia e na parte oriental do continente da Europa) não acreditavam que o papa deveria ser capaz de tomar decisões para toda a Igreja. Em vez disso, eles achavam que os líderes das igrejas em Jerusalém, Roma, Constantinopla e outras duas cidades importantes deveriam se unir para tomar decisões – e que os cristãos em todos os lugares se uniriam dizendo:

– Sim, essas decisões estão certas.

Essa era uma maneira muito diferente de pensar sobre a Igreja Cristã! E, com o passar do tempo, o papa (que estava no oeste da Europa) e os líderes da Igreja cristã no leste discordaram cada vez mais sobre como a Igreja deveria ser liderada. Finalmente, a Igreja cristã se dividiu em dois grupos. Aqueles que continuaram a acreditar na autoridade do papa ficaram conhecidos como *católicos romanos*. Os cristãos mais a leste, incluindo os do Império Bizantino, ficaram conhecidos como *ortodoxos* ou *ortodoxos orientais*. Os cristãos ortodoxos chamavam seus líderes de *patriarcas*. Eles tinham suas próprias orações e seus próprios *ritos* (maneiras de venerar a Deus).[2]

Os cristãos orientais gostavam de contar histórias sobre cristãos do passado que haviam sido fiéis a Deus. Um desses se chamava Nicolau. Aqui está uma história que os cristãos do Império Bizantino contavam sobre Nicolau:

> Nicolau viveu na Ásia Menor. Seus pais eram cristãos, mas eles morreram quando Nicolau era muito jovem, deixando-lhe muito dinheiro.
> Bom, naqueles dias uma garota não podia se casar a menos que seu pai desse um dote de dinheiro ao marido. Na aldeia onde Nicolau viveu, havia uma família muito pobre, com três filhas. Cada garota estava apaixonada por um jovem e queria se casar. Mas o pai delas não tinha dinheiro para lhes dar.
> Numa noite fria e nevada, Nicolau passeava pela casa da pobre família quando ouviu uma menina chorando. Ele

---

[2] A ruptura formal entre as Igrejas Ortodoxa Oriental e Católica Romana ocorreu em 1054, quando o patriarca de Constantinopla desafiou o papa; isto é conhecido como o Grande Cisma do Oriente.

parou e chegou mais perto. Lá na janela estava sentada uma das filhas, chorando e chorando. Ele chegou ainda mais perto, até que pudesse ouvir o que ela dizia.

– Ah – a garota chorava –, nunca poderei me casar com o homem que amo. Minhas irmãs e eu vamos viver aqui na pobreza pelo resto de nossas vidas, e tudo porque meu pai não tem dinheiro!

Nicolau não aguentou ouvir tanta tristeza. Ele correu para casa rapidamente e juntou em uma sacola o maior número de moedas de ouro que encontrou. Então ele correu de volta pela neve até a casa onde a garota estava chorando. Ele não queria que ninguém soubesse quem havia trazido o ouro, então ele jogou o braço para trás, mirou com cuidado e atirou a bolsa no topo da chaminé.

Um momento depois ele ouviu a garota exclamar:

– Olhe! Algo caiu na lareira! O que é isso?

E ele rastejou para longe, satisfeito por ter dado à menina e ao pai dinheiro suficiente para providenciar seu casamento.

Mais tarde naquela noite, ele pensou:

E as duas irmãs dela? Suponha que elas desejem se casar também. Quem vai pagar o dote por elas?

Então, na noite seguinte, Nicolau voltou com outra bolsa de ouro. Mais uma vez, ele jogou a bolsa pela chaminé, na lareira. E na noite seguinte, ele voltou com uma terceira bolsa de ouro e fez a mesma coisa.

Na primavera seguinte, todas as três filhas se casaram. Elas usavam lindos vestidos costurados com ouro e coroas de flores brancas em suas cabeças. Seu pai e sua mãe dançaram

> juntos, com alegria, na festa de casamento. E Nicolau observou, feliz por seu presente, dado em segredo, ter trazido tanta felicidade.

Com o passar do tempo, a história de Nicolau foi contada e recontada pelos cristãos do Império Bizantino. Logo, Nicolau foi chamado de santo – uma pessoa que tem um relacionamento especial com Deus. O imperador Justiniano construiu uma catedral para honrar São Nicolau, em Constantinopla. E sua história se espalhou por todo o mundo. Em muitos países, as crianças recebem presentes no dia especial de São Nicolau, dia 6 de dezembro. Às vezes, elas colocam seus sapatos ao lado da porta. De manhã, os sapatos estão cheios de moedas de chocolate embrulhadas em papel dourado – para lembrá-los do ouro que São Nicolau deu às três pobres moças.

Você sabia que São Nicolau tem outro nome? Às vezes ele é chamado de Papai Noel! A história do Papai Noel vem da história de São Nicolau, um cristão do Império Bizantino.

✣

CAPÍTULO

5

O IMPÉRIO INDIANO MEDIEVAL

UM REI CHAMADO SCANDAGUPTA

Se você estivesse viajando durante a Idade Média, poderia encontrar-se vagando ou cavalgando por terras muito perigosas. Tribos bárbaras haviam se estabelecido em muitos dos países que costumavam pertencer a Roma. Não havia rei ou imperador para manter a paz. Em vez disso, muitos líderes de guerra diferentes governavam seus próprios reinos – e esses líderes de guerra estavam sempre lutando uns contra os outros. Você poderia estar andando inocentemente, indo visitar seus primos distantes, e ser pego no meio de uma batalha entre bandos de guerra. Ou bandidos poderiam atacar você e roubar seu cavalo e todos os seus pertences.

Mas viajar no Império Bizantino era muito mais seguro. Você poderia montar seu cavalo pelas estradas em paz. Justiniano e os outros imperadores asseguravam que seus súditos obedecessem às leis. E os soldados do exército bizantino ajudavam a proteger o povo de ladrões e invasores.

Você também poderia se sentir seguro viajando para a Índia. Como Bizâncio, a Índia tinha um rei que governava um grande e pacífico império.

Imagine que você decide deixar Bizâncio e ir para o sul (lembre-se, o sul fica na parte inferior do seu mapa). Você cavalga por dias e dias. Lentamente, você começa a ver uma fileira de montanhas à sua frente – montanhas que parecem tocar o céu. Estes são os Himalaias, as montanhas mais altas do mundo. O Monte Everest, o pico mais alto do Himalaia, se projeta quase até o espaço. No topo do Monte Everest, o ar é muito fino para respirar! E neve e gelo permanecem nas montanhas o ano todo.

Quando você começa a descer o outro lado da cordilheira, vê aldeias escondidas nas encostas rochosas. As pessoas que moram ali são resistentes e fortes. Elas criam ovelhas da montanha e fazem roupas quentes com sua lã.

Você segue mais para o sul, desviando um pouco para o oeste (oeste fica à *esquerda* no seu mapa). O ar fica cada vez mais quente. O chão se torna arenoso e plano. Seu cavalo tropeça na areia profunda. O suor escorre pelo seu rosto. Quando o vento sopra, a areia rodopia do chão; ela entra em sua boca, seus olhos e suas roupas. Esse é o Deserto do Thar, onde quase nunca chove! Você decide que é melhor sair do deserto, então você vai para o leste novamente (leste fica à *direita* no seu mapa). Lentamente, você começa a ver árvores e grama. A areia dá lugar à terra seca e depois a um solo negro e fértil. À sua frente, você pode ver o brilho azul de um rio. Você chegou no Ganges, o rio mais importante da Índia. Todos os anos, o Ganges transborda e espalha um lodo úmido e preto por todo o solo. Esse lodo é como fertilizante – faz crescer as plantas. Há casas ao seu redor. Milhares de pessoas vivem aqui perto do rio.

Em sua jornada, você viu montanhas, desertos e aldeias ribeirinhas. Mas esta é apenas uma pequena parte da Índia. Se você continuasse indo para o sul, atravessaria mais montanhas e rios. E, então, você chegaria na costa da Índia, onde palmeiras crescem em selvas tropicais ao longo da beira do mar, e onde os aldeões caçam tigres e andam de elefantes.

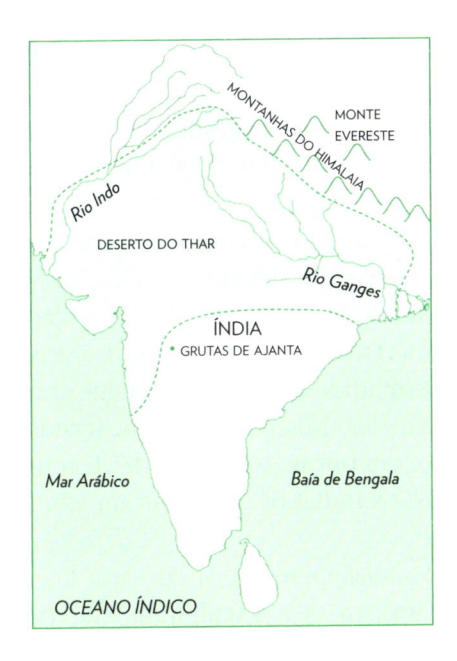

O Império Gupta sob Chandragupta II

A Índia tem muitas partes diferentes. Assim, por centenas de anos, o povo indiano viveu em muitos reinos pequenos e diversos. Mas um homem chamado Chandragupta queria transformar todos esses reinos em um grande império indiano. No início, ele governava apenas um pequeno reino perto do Rio Ganges. Mas conseguiu conquistar alguns dos pequenos reinos próximos. Seu filho conquistou mais alguns. E seu neto conquistou ainda mais. Por fim, os descendentes de Chandragupta dominaram toda a parte superior da Índia. Ele fundou uma *dinastia* (uma família que governa uma área do mundo durante muitos anos). Olhe os nomes de alguns dos reis desta dinastia: Chandragupta, Samudragupta, Cumaragupta e Scandagupta. Todos esses reis faziam parte da Dinastia *Gupta*.

Sob os Guptas, a Índia tornou-se pacífica e rica. Poetas e dramaturgos indianos escreveram grandes obras na língua indiana, o sânscrito. Artistas pintaram e esculpiram em cobre e ferro. Os estudiosos escreveram livros eruditos sobre matemática e astronomia. Os médicos indianos até aprenderam a recolocar orelhas e narizes que haviam sido cortados! Essa época é muitas vezes chamada de Idade de Ouro da Índia.

Mas os bárbaros chegaram.

As tribos bárbaras, dos hunos, já haviam atacado Roma e Bizâncio. Agora estavam indo para a Índia. Se o povo da Índia ainda estivesse dividido em muitos pequenos reinos, os hunos poderiam destruí-los. Mas o rei da Índia, Scandagupta, reuniu todo o seu povo em um só exército forte. E com Scandagupta para liderá-los, os indianos conseguiram expulsar os hunos de seu império.

O povo de Scandagupta o elogiou por salvá-los. Eles cunharam moedas com a imagem dele. Esculpiram seu retrato em rocha.

A face de Scandagupta em uma moeda antiga

– Scandagupta foi acolhido pela deusa da riqueza e esplendor! – exclamaram.

A Índia sobreviveu aos ataques dos bárbaros. Mas lutar contra os hunos tornara a Índia mais pobre – e mais fraca. Lentamente, as diferentes partes do império começaram a se dividir em pequenos reinos separados novamente. Por volta do ano 550, a Dinastia Gupta da Índia chegou ao fim. A Era de Ouro da Índia acabara.

MONGES EM GRUTAS

Você se lembra dos monges da Inglaterra? Em vez de ter famílias, eles viviam juntos em mosteiros e passavam a vida trabalhando e orando. A Índia também teve monges. Esses monges eram seguidores de um homem chamado Buda. O Buda era um príncipe indiano que havia deixado seu palácio, muitos anos antes, para viver a vida de um mendigo. Ele ensinou que qualquer pessoa, não importa o quão pobre, doente ou miserável, poderia encontrar a felicidade ao levar uma vida boa.[1] Na Inglaterra, os monges viviam em construções feitas de madeira ou pedra. Mas os monges indianos, os que viviam perto das montanhas, esculpiram seu mosteiro na face dos penhascos! Eles tinham grandes cavernas onde se encontravam e comiam juntos, em torno de mesas feitas de pedra. Grutas pequenas e vazias, chamadas *celas*, rodeavam essas grandes cavernas. Em suas celas, os monges poderiam ficar sozinhos, dormir ou pensar nos ensinamentos do Buda. Corredores e pontes de pedra conectavam as grutas.

---

[1] As origens históricas do hinduísmo, do budismo e do sistema de castas na Índia são abordadas no Volume 1 desta série.

Os monges trabalharam durante anos para construir seu mosteiro. Eles não tinham dinamite ou explosivos para cavar as grutas. Em vez disso, eles cortaram longas trincheiras na rocha com ferramentas de ferro. Depois, colocaram troncos nas trincheiras e as encheram com água. Os troncos sugaram a água e começaram a inchar. Quando eles incharam, empurraram as laterais da rocha, e a quebraram em pedaços.

Quando as cavernas ficaram prontas, os monges começaram a decorá-las. Eles esculpiram nas paredes com minúsculos cinzeis afiados, apenas um pouco mais largos que um polegar. Pouco a pouco, belas esculturas emergiram das paredes de pedra. Algumas das figuras de pedra retratam cenas da vida do Buda. Outras figuras parecem representar histórias que o Buda contou. Os elefantes de pedra, grandes como na vida real, ficam nas entradas de várias cavernas. Em uma das cavernas, o teto de pedra é esculpido para se parecer com as vigas de madeira de um antigo templo. Uma enorme estátua do Buda fica sob as vigas, em um enorme trono de pedra.

Em outras cavernas, os monges pintaram *afrescos*. Eles cobriram as paredes de pedra e tetos com gesso fresco, depois pintaram no gesso enquanto ainda estava molhado. Quando o gesso secou, a pintura secou junto e tornou-se parte da parede. Os afrescos permanecem brilhantes e coloridos durante anos, mas pintar em gesso fresco é como pintar em pudim. Se o pintor cometer um erro, ele não consegue corrigi-lo. Portanto, ele tem que pintar perfeitamente na primeira tentativa.

Essas cavernas são chamadas de *Grutas de Ajanta*. Os monges viveram nelas por muitos anos.

Aos poucos, eles se mudaram para outros mosteiros. As cavernas foram usadas cada vez menos. Por volta do ano 650, cem anos após o fim da Era de Ouro da Índia, a maioria das pessoas na Índia havia se esquecido das Grutas de Ajanta. Apenas alguns peregrinos se lembravam delas.

Centenas de anos depois, dois soldados estavam caçando. Eles estavam no rastro de um tigre em um vale deserto, cheio de árvores e arbustos. Enquanto procuravam no mato por rastros do tigre, encontraram a entrada das Grutas de Ajanta. Dentro das cavernas, os elefantes de pedra, o Buda esculpido e as pinturas coloridas permaneciam intactas, exatamente como estavam quando os monges partiram.

Os oficiais contaram a todos o que eles conheciam sobre as cavernas. Cada vez mais pessoas foram ver as esculturas e os afrescos. Logo, centenas de pessoas visitavam as cavernas todos os dias. Alguns dos visitantes começaram a tirar partes das esculturas para colocar em museus. Eles até cortaram as cabeças de algumas das pinturas. Contudo, antes que as esculturas e pinturas pudessem ser todas destruídas, o governo da Índia ordenou que telas de arame fossem colocadas ao redor delas. Agora, as Grutas de Ajanta estão seguras e os visitantes ainda podem ver a arte criada pelos monges da Índia, há mais de mil anos.

❖

CAPÍTULO

6

A ASCENSÃO DO ISLÃ

A VISÃO DE MAOMÉ

Longe, bem longe de Roma e de Constantinopla, há um deserto quente e seco sob o Sol escaldante. Esse deserto, na *Península Arábica*, tem água em três lados. Mas, mesmo cercado por água, a Península Arábica é ressecada e arenosa. Durante o dia, o Sol bate no deserto e gera um calor escaldante. A areia sopra no ar; às vezes, a areia que sopra é tão espessa que você mal consegue respirar. Pequenos montes de palmeiras pontilham a areia ardente. Os aglomerados são chamados de *oásis*. Se você cavar fundo o suficiente, é possível encontrar água em um oásis – mas não muita!

Um deserto é um lugar difícil e perigoso para se viver! Mas tribos resistentes e determinadas de povos chamados *beduínos* conseguiram viver na Península Arábica e até construir cidades lá. Uma dessas cidades foi chamada de Meca.

Mais de mil anos atrás, um menino órfão chamado Maomé[1] morava em Meca. Ele morava com seu avô e tio. Embora tivessem pouco dinheiro, Maomé aprendeu que um beduíno deveria sempre ajudar os pobres, dar comida e alojamento a estranhos caso precisassem, e cuidar dos doentes. Ele ajudou seu tio a cuidar de seus rebanhos de ovelhas. Ele trabalhou duro. Logo, ficou conhecido como *Al-Amin*, que significa *O Confiável*.

O local do início do islã

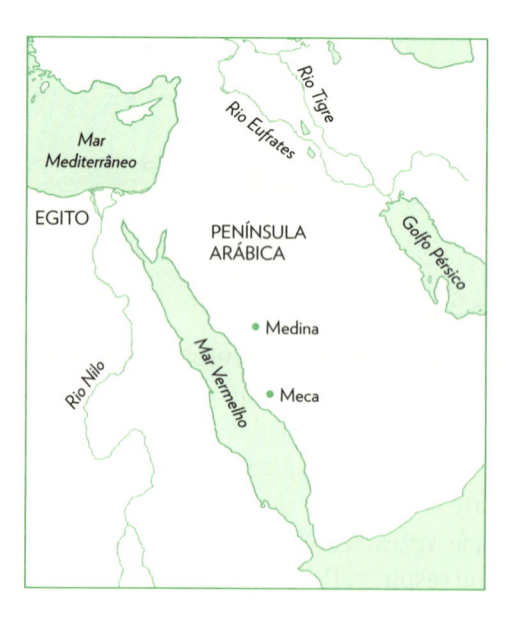

---

[1] O nome Maomé também pode ser escrito como Mohammed. Há muitas variações da ortografia desse nome.

Mas, quando Maomé olhou em volta, viu outros beduínos tratando mal os pobres e enfermos. Os homens ao redor dele bebiam demais. Eles apostavam seu dinheiro em vez de comprar comida para seus filhos. E eles veneravam muitos ídolos diferentes.

Maomé começou a passar cada vez mais tempo sozinho. Ele gostava de entrar no deserto, longe da cidade barulhenta e apinhada de Meca, para pensar e rezar em uma caverna escura e silenciosa. Ele se perguntou:

O que faria os homens mudarem seus modos? Como eles poderiam se melhorar?

Um dia, algo estranho aconteceu com Maomé em sua caverna silenciosa. Aqui está a história como os seguidores de Maomé a contam:

Maomé estava sozinho em sua caverna. O Sol se pôs e a areia quente do deserto estava esfriando no ar da noite. Uma brisa soprava suavemente na caverna. Ele fechou os olhos. O silêncio o envolvia.

De repente, ele ouviu um leve som musical que ficou cada vez mais alto, como se sinos estivessem tocando ao redor dele. Ele abriu os olhos, mas não conseguiu ver nada além de rocha e areia.

Então uma voz veio da escuridão.

– Recite! – ordenou.

Maomé sabia que a voz lhe pedia para receber e repetir palavras divinas, e ele estava com medo.

– Eu não sou um recitador! – gritou.

De repente, ele sentiu-se esmagado no abraço apertado de um anjo, que exigiu novamente:

– Recite!

Aterrorizado, Maomé correu para o deserto. Mas a voz falou com ele novamente.

– Maomé! – disse a voz. – Maomé, você é o mensageiro de Alá, o único Deus verdadeiro! E eu sou o anjo Gabriel!

Maomé olhou para cima. Acima dele, avistou o anjo Gabriel, como um homem enorme e brilhante, com os pés na beira do céu. Raios de luz brilhavam forte de Gabriel. E enquanto Maomé observava, Gabriel desapareceu no céu.

O que você acha que Maomé fez a seguir?

MAOMÉ FOGE PARA MEDINA

Depois de sua visão, Maomé correu para casa. Ele contou para sua esposa e sua família o que havia acontecido com ele.

– A coisa mais importante que aprendi – ele disse –, é que todos esses ídolos que os beduínos veneram são falsos. Existe apenas um Deus e ele se chama Alá.

– Você é um profeta! – exclamou a esposa de Maomé. Ela acreditou na história de Maomé. O mesmo fez o primo de Maomé, seu criado e três outros. Essas seis pessoas foram os primeiros muçulmanos. Os ensinamentos de Maomé ficaram conhecidos como islamismo, e aqueles que seguiram seus ensinamentos foram chamados de muçulmanos.

No início, Maomé só falou sobre Alá para esses seis seguidores. Mas depois de vários anos, ele começou a pregar para outros em Meca. Ele caminhou pela cidade, proclamando:

– Existe apenas um Deus verdadeiro, e seu nome é Alá! Ele criou o universo e o governa! No dia do julgamento, Alá olhará para sua vida e recompensará ou punirá você. Então, compartilhe com os pobres. Não seja ganancioso ou gaste todo o seu tempo tentando ganhar dinheiro. Pare de venerar ídolos! Apenas venere Alá.

Muitas pessoas pobres em Meca gostaram do que Maomé estava dizendo. Mas os ricos ficaram preocupados quando ouviram seus ensinamentos.

– Compartilhar nosso dinheiro com os pobres? – disseram uns aos outros. – Não queremos fazer isso! E o que acontecerá se as pessoas pararem de acreditar nos ídolos de Meca? Elas não virão aqui para a cidade para venerar mais. Elas não comprarão comida e bebida, nem roupas especiais para usar no templo. Não vamos ganhar mais dinheiro vendendo essas coisas!

Então, os ricos e poderosos de Meca começaram a perseguir os pobres escravos e trabalhadores que se converteram ao islamismo. Eles atiraram pedras neles, os forçaram a deixar a cidade e os colocaram na cadeia. E ninguém vendia comida para Maomé e sua família. Ele teve de enviar amigos para comprar comida secretamente. Seus amigos traziam a comida para sua casa no meio da noite, para que ninguém os visse.

A situação em Meca ficou cada vez pior para os muçulmanos. Logo, cada vez mais muçulmanos começaram a deixar a cidade. Eles foram para uma cidade próxima,

Medina, que os acolheu. Os líderes de Medina convidaram Maomé a vir e pregar para eles.

– Venha para Medina – disseram eles – e nós prometemos venerar somente a Alá. Não vamos mais roubar ou mentir. Faremos tudo o que você nos disser!

Maomé preferia ter ficado em Meca. Ele não queria deixar sua casa! Mas a maioria de seus seguidores tinha ido embora. Logo, ele e um amigo, Abubacar, eram os únicos muçulmanos que restaram na cidade.

Uma noite, os dois amigos estavam sentados na casa de Maomé, comendo seu jantar, quando alguém bateu freneticamente na porta.

– Maomé! – o visitante sussurrou. – Maomé, você deve me deixar entrar!

Maomé foi até a porta. Ele olhou para fora, mas não reconheceu o homem que estava lá.

– Quem é você? – perguntou ele.

– Um amigo – o estranho respondeu. – Há um plano para matar você! Neste momento os líderes da cidade estão enviando soldados para matá-lo em sua casa. Se você quiser viver, deixe Meca imediatamente.

E então ele fugiu pela noite.

Maomé e Abubacar deixaram seus pratos e copos na mesa e correram. Eles correram pelas ruas escuras e vazias de Meca até os portões da cidade. Enquanto corriam, ouviram gritos atrás deles. Os soldados encontraram a casa de Maomé vazia!

– Rápido! – Maomé disse. – Para as montanhas! Nós vamos nos esconder em uma caverna lá. Eles correram pela estrada, ouvindo os soldados atrás deles. Logo, encontraram uma caverna pequena e escura. Eles esperaram lá, onde mal conseguiam respirar, esperando que os soldados passassem por eles.

Os muçulmanos dizem que, quando os soldados chegaram à caverna, fizeram uma pausa para decidir se deveriam revistá-la ou não. Então, um deles notou uma teia de aranha, estendendo-se por toda a frente da caverna. Ele cutucou a teia. Os fios eram grossos e velhos, cobertos de poeira, e moscas estavam presas nela.

– Olhe – ele disse –, esta teia de aranha está aqui há dias. Se Maomé e Abubacar tivessem entrado nesta caverna, eles teriam quebrado a teia. Eles não devem estar aqui.

Então os soldados seguiram em frente. Quando Maomé e Abubacar finalmente saíram da caverna, os soldados já haviam ido.

Eles viajaram para Medina, a duzentos quilômetros de distância. Quando os muçulmanos de Medina ouviram que Maomé, o Profeta, estava chegando, eles saíram da cidade para cumprimentá-lo, aplaudindo e louvando Alá.

A jornada de Maomé de Meca a Medina tem um nome especial – *Hégira*. A Hégira é tão importante para os muçulmanos que eles contam seus anos a partir dela.

Lembre-se, para os cristãos, o ano do nascimento de Jesus é o primeiro ano do novo calendário. Assim, o ano de 2000 AD (ou 2000 EC) aconteceu 2 mil anos após o nascimento de Jesus. Mas os muçulmanos não contam seus anos a partir do nascimento de Jesus. Eles contam os anos a partir da Hégira. Assim, o ano em que Maomé foi de Meca a Medina é chamado de 1 DH, ou *O primeiro ano depois da Hégira*.

O ALCORÃO: O LIVRO SAGRADO DO ISLÃ

Maomé ficou em Medina por muitos anos. Ele continuou ensinando seus seguidores sobre Alá. Ele ensinou-os a serem leais uns aos outros, a serem generosos com aqueles com menos dinheiro e a tratar bem suas esposas e famílias. Ele também lhes disse que não deveriam beber álcool, apostar ou maltratar seus escravos.

Nem todos os seguidores de Maomé sabiam ler. Então, eles memorizavam cuidadosamente seus ensinamentos, palavra por palavra. Outros muçulmanos escreveram esses ditados sobre o que pudessem encontrar – pedaços de papel, pedaços de couro, até mesmo folhas de palmeira! Finalmente, Abubacar, decidiu que todas as palavras de Maomé deveriam ser reunidas em um só lugar. Ele ordenou aos seguidores de Maomé que lhe trouxessem todas as palavras ditas pelo profeta.

– Tragam todas as palavras – disse ele –, mesmo que estejam escritas em folhas, pedaços de couro, ossos, pedaços de pedra ou simplesmente escritas em sua mente.

Todos esses ensinamentos dispersos foram reescritos em um único livro. Então, os rabiscos e anotações foram destruídos e todos os ensinamentos de Maomé podiam ser encontrados em um só lugar. Hoje, chamamos esse livro de Alcorão. É o livro sagrado dos muçulmanos em todo o mundo.

Os muçulmanos que seguem o Alcorão também acreditam que suas vidas se baseiam nos *Cinco Pilares*. Os Cinco Pilares são os cinco deveres que todo muçulmano deve cumprir. Para os muçulmanos, uma vida construída sobre cinco pilares é uma vida boa e digna.

Aqui estão os Cinco Pilares do islã. Cada pilar tem um nome especial:

- **Primeiro Pilar:** *Chacado*, **ou Fé**
  Cada muçulmano deve acreditar que Alá é o único Deus verdadeiro. Os muçulmanos dizem: *Não há deus senão Alá, e Maomé é seu profeta.* Eles dizem isso a cada bebê recém-nascido, antes de orar e em outros momentos especiais, todos os dias.

- **Segundo Pilar:** *Salá*, **ou Oração**
  Os muçulmanos oram para Alá cinco vezes por dia. Antes da oração, eles devem se lavar, vestir roupas limpas e se voltar à cidade de Meca. Espera-se que as crianças muçulmanas comecem a orar quando tiverem sete anos. Quando tiverem dez anos, elas também devem orar cinco vezes por dia!

- **Terceiro Pilar:** *Zakat*, **ou Caridade**
  Os muçulmanos devem doar parte de seu dinheiro todo ano para aqueles que precisam de ajuda.

- **Quarto Pilar:** *Saum*, **ou Jejum**
  Durante um mês do ano, chamado Ramadã, os muçulmanos não comem nem bebem nada durante todo o dia! Eles só podem comer e beber antes de o Sol nascer e depois de o Sol se pôr à noite. As crianças pequenas não precisam jejuar, mas, quando as crianças muçulmanas têm dez anos, elas começam jejuar durante o Ramadã, assim como os adultos. Ficar sem comida serve para lembrar os muçulmanos daqueles que são pobres e sofrem de fome o tempo todo.

- **Quinto Pilar:** *Hajj*, **ou Peregrinação**
 Todo muçulmano tenta ir a Meca pelo menos uma vez durante sua vida. Meca é uma cidade muito importante para os muçulmanos, porque Maomé teve sua primeira visão lá.

Você acha que os Cinco Pilares são difíceis? Eles ajudam as pessoas a viver bem?

❖

CAPÍTULO 7

O ISLÃ TORNA-SE UM IMPÉRIO

A LUTA POR MECA

Maomé viveu em Medina por dois anos. Os muçulmanos que foram de Meca a Medina obedeceram aos ensinamentos de Maomé e fizeram o que ele mandou. Logo depois, as pessoas que já viviam em Medina fizeram o mesmo! Elas iam a Maomé com suas dificuldades e suas perguntas.

– Maomé – alguém poderia lhe perguntar. – Eu prometi pagar ao meu vizinho duas moedas de ouro pelo seu camelo. Dei-lhe o ouro e ele me deu o camelo. Levei o camelo para casa, mas na manhã seguinte, estava morto! Ele me vendeu um camelo doente. Não devo receber meu dinheiro de volta?

Então Maomé decidia se o homem receberia seu dinheiro de volta ou não.

Logo, Maomé se tornou mais do que apenas um profeta. Ele também se tornou o governante de uma cidade. Ele tinha que ser um juiz e um rei, assim como um pastor. E o povo de Medina seguia as leis que Maomé criou.

– Sejam gentis com seus pais – ele ordenou aos seus seguidores.

– Sejam leais a outros muçulmanos. Sempre atentem a eles. Não bebam vinho nem comam carne de porco, essas coisas são ruins para vocês. Cuidem de suas famílias.

As novas leis de Maomé tornaram a vida em Medina pacífica. Mas a cidade tinha outros problemas. Mal havia comida e água suficientes para cuidar das pessoas que já viviam ali. E agora os seguidores de Maomé – todos os muçulmanos que haviam fugido de Meca – precisavam de comida e água também. Logo, as pessoas em Medina começaram a passar fome.

Então, vários dos líderes da cidade foram visitar Maomé.

– Profeta – disseram eles –, nossos filhos estão com fome. Não há água suficiente para nos manter vivos. O que faremos?

Maomé pensou por um longo tempo. Finalmente disse:

– Vão para a estrada mais alta e esperem até avistarem uma caravana de camelos levando comida e suprimentos para a cidade de Meca. Então, ataquem as caravanas e peguem a comida e a água! Tragam de volta para Medina e compartilhem com aqueles que estão famintos.

Então, os seguidores de Maomé foram até a estrada e se esconderam até que as caravanas passassem. Eles roubaram a comida e a água dos mercadores a caminho de Meca, assim como Maomé havia ordenado.

Durante semanas, os muçulmanos saquearam as caravanas com destino a Meca. Logo, os líderes de Meca ficaram com raiva.

– O que vai acontecer com a gente aqui em Meca? – eles reclamaram. – As caravanas estão vazias quando chegam às nossas muralhas! Se não pararmos Maomé e seus seguidores, nós começaremos a passar fome.

Então, o exército de Meca marchou em direção a Medina. Quando Maomé soube que o exército de Meca estava a caminho, reuniu seu próprio exército e marchou para encontrá-los. Ele disse a seus seguidores que era certo lutar, porque Medina estava sendo atacada. Suas palavras estão no Alcorão. Ele disse:

– Lutem pela causa de Alá contra aqueles que lutam contra você.

Os dois exércitos se reuniram em um lugar chamado Poços de Badr, onde caravanas de Meca costumavam parar por água na jornada. Eles lutaram até que os habitantes de Meca admitissem a derrota. O exército de Meca recuou e Maomé declarou a vitória. A luta ficou conhecida como a Batalha de Badr.

Mas a briga entre Meca e Medina não terminou. As duas cidades lutaram entre si por mais sete anos! Enquanto isso, Maomé e seus homens convenceram cada vez mais tribos da Arábia a se tornarem muçulmanas. Agora, Maomé tinha muitos aliados, dispostos a lutar com ele. Maomé declarou que Meca era um lugar sagrado.

– De agora em diante – disse ele aos seus seguidores –, vocês devem sempre orar, voltados para a cidade de Meca. Isso demonstrará que vocês se voltam apenas para o próprio Alá quando oram.

Os muçulmanos queriam conquistar Meca mais do que nunca. Finalmente, Maomé e 10 mil seguidores muçulmanos marcharam em direção a Meca. Quando os moradores de Meca, cansados e com cicatrizes de batalha, viram a imensa força de Maomé, eles se renderam. Os muçulmanos entraram na cidade triunfantemente. Queimaram todos os ídolos da cidade e declararam Meca a cidade sagrada do islã.

– Somente os muçulmanos poderão entrar em Meca a partir desse dia – declarou Maomé. – Nenhum infiel poderá entrar!

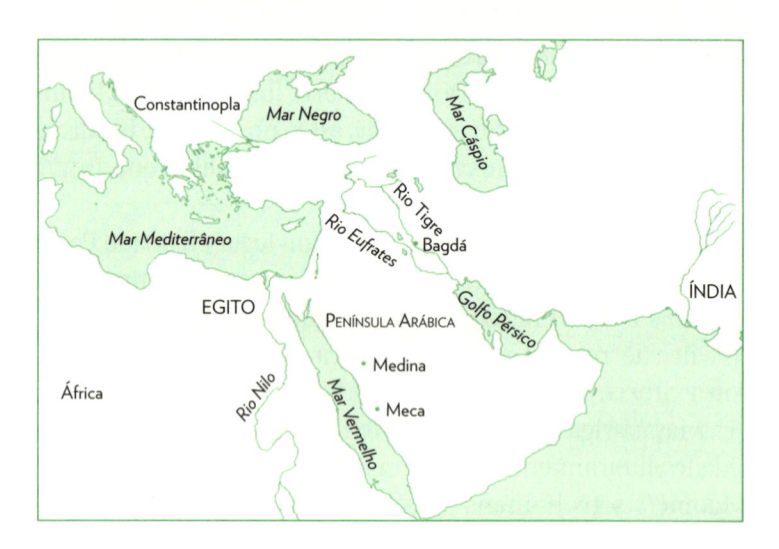

A propagação do islã

Meca ainda é a cidade sagrada do islã hoje. Você se lembra do quinto pilar do islã? Todo muçulmano fiel tenta visitar Meca pelo menos uma vez durante sua vida.

A PROPAGAÇÃO DO ISLÃ

Agora Maomé governava Meca. Logo, Maomé e seus seguidores passaram a governar a maior parte da Península Arábica também. Cada vez mais tribos arábicas se tornaram muçulmanas. E Maomé continuou pregando o que Alá queria que elas fizessem. Então, o islã não era apenas uma religião seguida por algumas tribos no deserto da Arábia. O islã tinha seu próprio império – um império tão grande quanto a Arábia!

Maomé era o líder desse império. Mas um dia, Maomé reclamou que ele estava com dor de cabeça. Deitou-se para descansar e nunca mais se levantou. O profeta estava morto!

E agora, o que aconteceria com o império do islã? Maomé era o profeta de Alá! Quem mais poderia pregar ao povo o que Alá requeria? Os muçulmanos de Meca se reuniram para perguntar ente si o que deveriam fazer em seguida. E muitos deles começaram a entrar em pânico.

– Alguém mais poderia nos liderar? – perguntaram. – E se o islã desaparecer, agora que Maomé está morto? E se toda a nossa nação desmoronar?

Mas o amigo de Maomé, Abubacar, levantou-se. Você se lembra dele? Ele estava com o amigo em Meca, quando os líderes da cidade estavam tentando matar Maomé.

– Amigos – disse Abubacar –, Maomé era apenas o mensageiro de Alá. Nós seguimos somente Alá! Maomé pode estar morto, mas o islã vive!

Quando os muçulmanos ouviram as palavras de Abubacar, ficaram mais calmos. Mas eles ainda precisavam de um líder forte para governar o império que Maomé havia construído. Então, escolheram Abubacar para ser seu novo líder, ou *califa*. O califa do Império Islâmico governava sobre todas as pessoas que acreditavam em Alá.

Abubacar não era um homem grande e poderoso. Ele era pequeno, magro e vestido com roupas surradas. Ele era gentil e de fala mansa. Mas Abubacar, o primeiro califa islâmico, manteve firmemente o domínio islâmico sobre a Arábia. Ele ordenou que soldados muçulmanos atacassem e dominassem quaisquer tribos beduínas que se rebelassem contra as leis islâmicas.

Este foi apenas o começo do Império Islâmico. Os califas que vieram depois de Abubacar atacaram o Império Bizantino e tomaram parte de suas terras. Eles espalharam o islã até o Mar Cáspio. Conquistaram o território a leste deles, quase até a Índia. E dominaram o norte da África – a parte da África mais próxima do Mar Mediterrâneo.

O islã começou como a religião de um homem só, Maomé. Mas agora havia se tornado muito mais. Centenas de milhares de pessoas agora veneravam Alá. E o islamismo não era mais apenas uma religião. Se tornou um império.

Os califas do Império Islâmico construíram uma nova capital às margens do Rio Tigre. A cidade era redonda, com três muralhas ao redor. Os califas a chamaram Bagdá.

Meca ainda era a cidade sagrada do islã. Mas Bagdá, a Cidade Redonda, se tornou o centro do império. O califa morava ali, num esplêndido palácio. Navios navegavam para longe de Bagdá para comprar sedas da China, especiarias da Índia e ouro e pedras preciosas de todo o mundo. Bagdá se tornou uma das cidades mais movimentadas e bonitas do mundo.

A CIDADE DE BAGDÁ

A cidade de Bagdá era conhecida por seus belos edifícios, sua água corrente, suas bibliotecas públicas e seus pensadores. Filósofos, cientistas, astrônomos e escritores iam a Bagdá para estudar, aprender e escrever livros.

Um dos livros islâmicos mais famosos, *As Mil e Uma Noites*, é sobre o palácio do califa de Bagdá. No livro, marinheiros, soldados e exploradores contam ao califa tudo sobre suas aventuras. Um dos marinheiros chama-se Simbad. E ele conta sua própria história:

Quando eu era jovem, tinha mais dinheiro do que o rei. Comprava a melhor comida, a melhor bebida e as roupas mais bonitas. E não fazia nada além de comer, beber e ir a festas com meus amigos!

Mas um dia descobri que meu dinheiro estava quase acabando. E eu não havia feito nada toda a minha vida além de me divertir. Pensei: *Antes que seja tarde demais, quero ter uma aventura e fazer um nome para mim mesmo. Quando as pessoas ouvirem meu nome, elas pensarão: "Simbad foi um grande explorador, mais corajoso do que um leão".*

Então eu vendi tudo que me restava, até minhas roupas extravagantes. Eu usei o dinheiro para comprar roupas para viajar e comida para uma longa jornada. Então desci ao porto e zarpei com um grupo de mercadores rumo às terras estrangeiras.

Nós navegamos pelo mar durante várias semanas, parando em uma ilha após a outra para negociar e fazer compras. Estávamos cansados de navegar e cansados do nosso comércio quando vimos, à nossa frente, a ilha mais bonita do mundo. Parecia o Paraíso! Árvores altas e verdes cobriam prados suaves e exuberantes. Flores azuis, amarelas e escarlates desabrochavam ao longo das margens de riachos claros.

— Terra! — gritou o capitão. — Vamos jogar nossa âncora aqui e descansar por um tempo!

Então, todos nós deixamos o navio ancorado na costa e vagamos pelos jardins refrescados e ensolarados. Alguns homens faziam fogueiras na praia e assavam carne para um banquete. Outros nadavam nos riachos cintilantes e lavavam as roupas. Eu andei na grama, pois fazia muito tempo que eu não sentia terra firme debaixo dos meus pés! Eu sentia o cheiro da carne assada na brisa, e o cheiro de comida me deixou com fome. Agradeci a Alá que ele nos trouxe para este lugar maravilhoso, onde poderíamos descansar e comer.

De repente, ouvi gritos frenéticos vindos da costa. O capitão havia subido de volta a bordo de nosso barco, onde estava encostado na plataforma. Ele estava gritando:

— Corram! Corram por suas vidas! Deixem sua roupa e comida e embarquem! Deus nos salve. Isto não é uma ilha, é um peixe!

E quando olhei ao meu redor, vi que ele estava certo! Um grande peixe, do tamanho de uma montanha, se instalara no meio do mar. Estivera ali durante tanto tempo que a areia havia juntado sobre ele e as árvores cresciam na terra. Coberto de terra e grama, o peixe parecia uma ilha. Mas quando nossos marinheiros fizeram fogueiras na praia, o peixe sentiu o calor e começou a se mexer. Eu sentia o chão tremendo sob os meus pés enquanto o peixe estremecia e torcia! A terra começou a cair das costas gigantescas do peixe. Sob meus pés, eu via escamas brilhantes e musgosas. Um enorme olho revirou-se para mim. O peixe estava acordado e com raiva!

Os homens estavam fugindo ofegantes de volta para o navio, deixando as panelas, a comida e as roupas na areia.

Mas eu estava muito longe! Eu ainda estava correndo pela areia quando o peixe se sacudiu e saltou para o alto. Árvores, grama, flores e riachos voaram em uma nuvem de destruição. Então, o peixe atingiu a superfície da água com um estrondo trovejante. A água se elevou ao redor, alta como uma montanha, enquanto mergulhava no mar agitado.

Ondas me levaram! Meus olhos e boca estavam cheios de água. Eu esperneei freneticamente, vendo apenas o brilho do mar verde ao meu redor. Eu ouvia os gritos e os choros dos meus companheiros marinheiros, também lutando no mar.

Eu pensei que iria me afogar, mas Alá enviou em meu caminho uma banheira de madeira, vinda da ilha. Subi nela e me agachei no fundo enquanto as ondas me jogavam de um lado para o outro. E enquanto eu assistia, nosso navio desapareceu na distância! O capitão, aterrorizado, estava velejando o mais rápido que podia, ignorando os gritos dos homens espalhados no mar.

A noite chegou. Durante toda aquela noite e no dia seguinte, naveguei na minha banheira de madeira, empurrada pelo vento e pelas ondas. Eu sofri terrivelmente de sede e fome. O Sol bateu em mim. Quando eu balancei os pés sobre a borda da banheira para resfriá-los na água do mar, os peixes subiram para a superfície e mordiscaram minhas solas!

Mas, quando o escuro começou a se fechar em torno de mim novamente, vi que a maré estava me levando para uma ilha montanhosa, com árvores curvadas nas margens quase até a superfície da água. Minha banheira parou debaixo de uma árvore e agarrei seus galhos e me ergui para a terra. Minhas pernas estavam doloridas e com câimbra, e eu não havia dormido desde que a ilha-peixe mergulhou nas profundezas abaixo de mim. Então me joguei na praia e dormi como um homem morto até a manhã seguinte.

Quando acordei, consegui me levantar e olhar em volta de mim. Encontrei árvores que tinham figos e maçãs doces, e fontes de água doce e fresca. Então comi até ficar cheio e bebi até não sentir mais sede. Agradeci a Alá por poupar minha vida e comecei a explorar a ilha. Pássaros cantavam suavemente nas árvores acima de mim. O cheiro suave de flores passou por mim. Mas eu não pude ver nenhum sinal de humanos! Eu estava sozinho nesta ilha? Eu escalei uma árvore alta, para poder olhar em volta em todas as direções. Mas não vi nada além de areia, árvores, o céu e a montanha acima de mim.

Eu olhei e procurei algum sinal de vida. Certamente eu não poderia ser o único homem nesta ilha! Finalmente, vi, do outro lado da montanha, uma grande coisa branca no meio das árvores. Era lisa demais para ser uma rocha. Talvez fosse uma casa!

Anotei em qual direção ficava, desci da árvore e comecei a caminhar em direção a ela. Lutei através do mato e das pedras por horas, até que meus pés ficaram cortados e sangrando. Finalmente, cheguei a uma clareira. No centro das árvores, uma enorme cúpula branca subia para o céu.

Andei em volta dela. Mas não havia porta nem janela em nenhuma parede! Eu bati com meus punhos, mas não era feita de pedra; as espessas paredes brancas eram quentes e duras, e eu não conseguia fazer nenhum estrago nelas. Tentei subir, mas os lados eram tão lisos e escorregadios que só consegui me erguer um pouco do chão antes de escorregar e cair.

A essa altura, o Sol estava se pondo em direção ao mar. O crepúsculo estava se aproximando de mim. Eu decidi que deveria encontrar um lugar para dormir. Mas quando me virei para procurar abrigo, vi o céu escurecer de repente. A luz do Sol foi apagada. O ar ficou frio ao meu redor. Achei que uma nuvem havia coberto o Sol – mas então vi que um pássaro enorme, tão largo quanto uma nuvem e tão alto quanto uma montanha, havia voado sobre minha cabeça! Tão grande era esse pássaro que cobriu o Sol.

Fiquei tão espantado que caí no chão, esperando que o pássaro não me visse! E lembrei-me de que certa vez ouvira um marinheiro contar sobre um enorme pássaro chamado *Roca*, que mora em ilhas longínquas e dá elefantes para seus filhotes comerem. Então entendi que a enorme cúpula era o ovo do Roca.

SIMBAD NO VALE DAS SERPENTES

O gigantesco pássaro pousou na cúpula, estendeu as asas sobre a cabeça e adormeceu. Então, levantei com cuidado, desenrolei meu turbante da cabeça e fiz uma corda com o pano. Em seguida, amarrei o pano em volta da minha cintura, aproximei-me do Roca e amarrei a outra extremidade à sua perna grossa e escamosa. Pois eu pensei comigo mesmo: *Se o pássaro voar para longe, talvez me leve a uma terra onde haja pessoas e cidades, e então escaparei desta ilha!*

Eu estava com medo de ir dormir. E se o Roca voasse enquanto eu estivesse dormindo? Então, passei a noite inteira sentado com as costas contra o ovo do Roca, minha cintura amarrada ao seu pé, esperando que ele acordasse. Quando a primeira luz do Sol brilhou vermelha no céu, o Roca se agitou. Ele abriu as asas e levantou-se do ovo, carregando-me com ele! Nós subimos tão alto no céu que eu pensei que nós deixaríamos a terra completamente e viajaríamos na escuridão do ar além! Abaixo de mim, a ilha e sua cúpula ficaram do tamanho de grãos de sal espalhados no azul do mar.

Finalmente, o Roca voou sobre a terra. Pouco a pouco começou a descer, se aproximando cada vez mais da terra. Assim que meus pés tocaram o chão, comecei a me desamarrar. Eu estava tremendo de medo! E se o Roca decolasse de novo? Ou se me viu e me bicasse como um grão de milho?

Mas o pássaro nem me viu, e assim que fiquei livre, fugi dele o mais rápido que pude. Logo, vi-o arrancar algo do chão com suas enormes garras e subir de volta ao céu. Ele carregava uma serpente, longa como uma árvore e tão grande quanto um homem!

Continuei andando, até me encontrar na beira de um vale. Através do vale corria um rio grande demais para atravessar, e havia altas montanhas ao redor dos perímetros do vale. Então pensei comigo mesmo: *Eu deveria ter ficado na ilha! Pelo menos lá eu tinha frutas para comer e água para beber! Aqui não tenho comida nem água, e nunca conseguirei atravessar as montanhas!*

Logo recuperei minha coragem e comecei a descer no vale. Assim que coloquei meus pés no chão, vi que estava cravejado de diamantes, do tamanho do meu punho. Enchi meus bolsos, meu turbante e minha capa com diamantes. *Talvez eu possa fazer uma jangada,* pensei, *e flutuar rio abaixo até chegar a uma cidade.*

Mas, quando cheguei perto do rio, vi que as margens estavam repletas de serpentes do tamanho de palmeiras, tão grandes que engoliriam um elefante com uma bocada só! Eu estava com muito medo de ir mais adiante.

Simbad no Vale das Serpentes

– O que posso fazer?! – gritei. – Eu nunca escaparei deste lugar! E onde posso dormir para ficar a salvo das serpentes?

Pois a noite começava a cair.

Enquanto eu cambaleava, cansado e assustado, vi à minha frente um lugar plano com um penhasco erguendo-se acima dele. Águias circulavam em torno dele. Enquanto eu observava, um pedaço de carne caiu do penhasco no chão, e uma águia voou e pegou a carne.

Olhei para cima. Lá, muito acima de mim, estavam homens! Eles estavam jogando pedaços grandes de carne no vale abaixo. E então, vi que era assim que os homens desta terra pegavam os diamantes do perigoso vale das serpentes. Quando jogavam pedaços de carne em cima dos diamantes, algumas das pedras preciosas grudavam na carne. Então, uma águia mergulhava, pegava a carne e a levava de volta para a terra acima. Assim que a águia se acomodava para comer, os homens corriam até ela, sacudindo os galhos e gritando, para afugentá-la. Então eles tiravam os diamantes que estavam presos à carne e deixavam a carne para a águia comer.

Assim que entendi isso, corri e agarrei um dos pedaços de carne e ergui sobre a cabeça. Uma águia mergulhou sobre ele e agarrou com suas garras. Então, ela voou de volta para fora do vale comigo pendurado embaixo dela, segurando a carne com todas as minhas forças!

Assim que meus pés tocaram a encosta da montanha, soltei o pedaço de carne e corri em direção aos homens na borda do penhasco. Eles ficaram decepcionados ao ver que haviam capturado apenas outro homem, em vez de um punhado de diamantes!

Mas eu disse a eles:

– Não se preocupem. Eu sou um homem honesto e Deus me livrou do vale das serpentes! Por gratidão, vou dar-lhe alguns dos diamantes que trouxe comigo!

Então, dei punhados de diamantes para todos eles. Quando contei minha história, eles ficaram surpresos. Pois ninguém antes havia retornado vivo do vale das serpentes!

❖

CAPÍTULO

8

AS GRANDES DINASTIAS DA CHINA

YANG CHIEN UNE NORTE E SUL

O Império Muçulmano se espalhou da Arábia até o território que pertencia a Roma. Ele se espalhou até o Egito e o norte da África. Tornou-se um enorme império. Mas longe, ao leste, havia um império ainda maior: o Império da China.

Nos tempos antigos, a China tinha sido governada por um imperador. Mas com o tempo, a China se dividiu em dois países diferentes – o norte e o sul. Os povos do norte e do sul não se davam bem. Os sulistas insistiam que o rei do norte não era um rei verdadeiro – apenas um impostor.

E os nortistas achavam que as pessoas do sul eram ignorantes e grosseiras. Um nortista escreveu:

– O sul é quente e infestado de insetos. Pessoas e animais vivem juntos, como rãs e sapos no mesmo buraco. As pessoas no sul gostam da companhia de peixes e tartarugas, e não sabem nada sobre arte e música![1]

Yang Chien era um general do exército do norte.[2] Ele achava que a China deveria ser um país novamente. Então, liderou os soldados do norte para atacar o rei do sul e seu exército. O sul reagiu, mas o exército do norte era forte demais para resistir. Logo, Yang Chien controlava tanto o norte quanto o sul. Em 581, Yang Chien tornou-se o novo imperador da China.

O governo de Yang Chien sobre a China foi o começo de uma nova *dinastia*. Você se lembra do que é uma dinastia? É uma família que governa um país por muitos anos. Yang Chien fundou a *Dinastia Sui* para governar apenas uma China, a China unificada.

Yang Chien queria manter o norte e o sul da China unidos. Mas ele tinha um problema: na China, rios largos e profundos correm do oeste até o mar a leste. Viajantes que queriam ir do norte para o sul tinham que atravessar o Rio Amarelo. E qualquer um que quisesse ir do sul para o norte teria que atravessar o Rio Yangtzé. Esses rios eram difíceis de atravessar, especialmente na primavera, quando as inundações os tornavam ainda mais vastos e perigosos.

---

[1] Esta citação foi adaptada da tradução de Patricia Ebrey em *Civilização Chinesa: Um Livro de Fontes.*

[2] Yang Chien é às vezes chamado de Yang Jian.

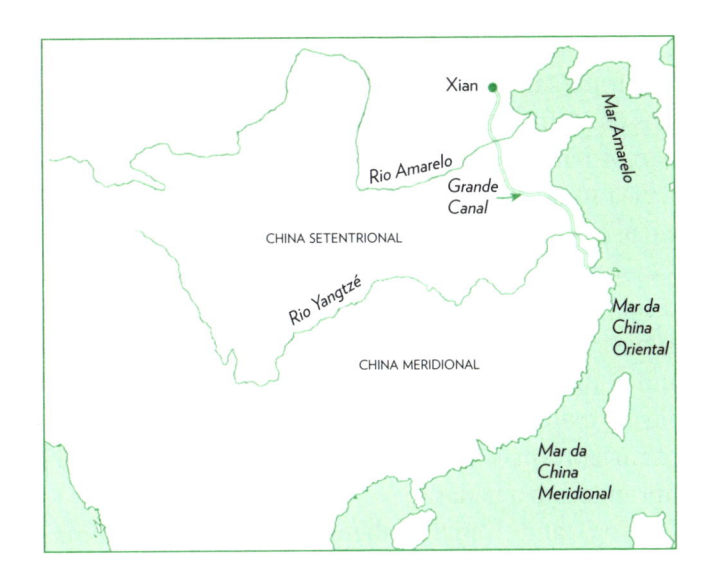

A China e o Grande Canal

Se as pessoas do norte e as pessoas do sul não pudessem se encontrar, conversar e negociar entre si, a China poderia se dividir novamente. Então, quando o filho de Yang Chien, Yangdi, se tornou o próximo imperador Sui, no ano 604, ele decidiu cavar um novo *rio* que correria de norte a sul, entre os rios Amarelo e Yangtzé. Esse novo *rio* seria chamado o Grande Canal.

O Grande Canal levou anos para ser escavado à mão. Yangdi precisava de dinheiro para construí-lo, então todas as famílias na China tiveram que pagar seus impostos dez anos antes do prazo! Os imperadores também forçaram milhões de pessoas a trabalhar no Canal. Todo homem entre quinze e cinquenta anos teve de passar meses cavando e construindo. E toda família tinha que mandar uma mulher, uma criança e um homem idoso para trabalhar no Canal também.

Finalmente, o Canal foi terminado. O imperador Yangdi decidiu ir para um passeio para celebrar. Ele levou sua família e todos os membros de sua corte com ele. Foram necessários 62 barcos para acomodá-los! E como Yangdi não queria remar, ele forçou os trabalhadores a puxar o barco com cordas. Foram necessários 80 mil homens para puxar todos esses barcos.

O Grande Canal tornou mais fácil para o povo da China ir do sul para o norte e vice-versa. Agora os mercadores podiam navegar pelo canal com arroz, cerâmica e outros bens. Algumas famílias até moravam em barcos. Elas comiam, cozinhavam e dormiam em barcos. As mães dessas famílias do canal amarravam coletes salva-vidas de bambu em seus bebês até aprenderem a nadar.

Mas o Grande Canal também irritou o povo da China com os imperadores da família Sui. Muitas pessoas morreram construindo o canal, porque tiveram que trabalhar duro sem muita comida, no frio e na umidade, durante todo o ano. As famílias se tornaram mais pobres, porque os homens foram forçados a construir o canal em vez de cuidar de suas fazendas e fazer seu próprio trabalho. Todo mundo odiava os impostos extras. E Yangdi não parou no Grande Canal. Ele também construiu enormes palácios para si e sua corte, e ordenou que seu povo trabalhasse em novas estradas e grandes navios que o ajudassem a se tornar mais poderoso. Ao todo, Yangdi forçou 8 milhões de chineses a trabalhar em seus projetos de construção!

Finalmente, o povo chinês se rebelou contra Yangdi e o matou. Yangdi foi o último verdadeiro imperador Sui. Seu neto Gongdi tentou governar em seu lugar, mas em pouco tempo, nobres furiosos forçaram Gongdi a desistir do título de *imperador*.

Depois de apenas três imperadores, a Dinastia Sui havia terminado. Os governantes Sui mantiveram a China unida – mas perderam o trono.

A DINASTIA TANG

Yangdi, o último verdadeiro imperador Sui, havia tratado o povo chinês como seus escravos. Ele os forçou a pagar altos impostos e a trabalhar no Grande Canal e em seus palácios e estradas sem remuneração. O próximo rei da China, Li Yuan, não cometeu o mesmo erro.

Li Yuan tornou-se imperador da China no ano 618. Ele sabia que um imperador que governa pessoas famintas e infelizes não duraria muito tempo. Ele queria que o povo chinês fosse próspero e contente. Então ele investiu dinheiro para tornar as cidades mais fortes e limpas. Ele decretou que o povo da China poderia seguir qualquer religião que quisesse. Ele incentivou os comerciantes na China a negociar com o povo da Índia e Bizâncio. Li Yuan fundou uma nova dinastia – a Dinastia Tang. A Dinastia Sui durou apenas quarenta anos. Mas a Dinastia Tang durou mais de trezentos.

Você se lembra da Idade de Ouro da Índia? Foi uma época em que a Índia era rica e pacífica, e de quando o povo criou belas artes, músicas e histórias. Os trezentos anos da Dinastia Tang foram a Idade de Ouro da China. Os chineses aprenderam a imprimir livros esculpindo as palavras em blocos de madeira e mergulhando os blocos em tinta. Dessa forma, eles poderiam imprimir as mesmas páginas repetidas vezes, em vez de escrever cada página manualmente. Os joalheiros chineses faziam belas e delicadas joias com jade verde, pérolas leitosas e filetes de ouro tão finos que não eram mais grossos que fios.

Estátua de um
Guerreiro Tang

Artistas pintaram belos quadros em sedas e esculpiram figuras graciosas de cerâmica. Eles aprenderam a drenar a seiva de árvores especiais, chamadas de árvores de laca, colorir a seiva de preto, vermelho, dourado e verde, e pintá-las em madeira e tecido. A laca secava como uma superfície dura e lisa – como um belo tipo de plástico medieval.

O povo chinês ficou mais rico. Bebês de pessoas ricas comiam em tigelas de laca com colheres de laca. Muitas famílias eram ricas o suficiente para comer comida chique, como sorvete feito de arroz e leite, e 24 diferentes sabores de bolinhos. No início da Idade Média, a maioria das outras pessoas comia com os dedos, mas os chineses comiam com pauzinhos entalhados e lacados. E vestiam-se com sedas enfeitadas com joias. As mangas dos casacos dos homens eram tão largas que os alfaiates precisavam costurar pesos nos punhos, para que as mangas não voassem e atrapalhassem. E as mulheres mais ricas de todas usavam saias feitas de penas de cem aves diferentes.

Cientistas chineses achavam que a China poderia se tornar ainda mais rica se pudesse aprender a fazer ouro. Então, eles passaram anos combinando diferentes metais e produtos químicos, tentando descobrir como criar ouro. Eles nunca tiveram sucesso, mas fizeram outra descoberta por engano. Quando misturaram carvão com dois produtos químicos, chamados salitre e enxofre, acabaram com um pó preto que explodia! Os chineses inventaram a pólvora. Logo, aprenderam a usá-lo em foguetes feitos de tubos ocos de bambu.

Não é de se admirar que os imperadores Tang tenham se tornado mais ricos e poderosos! Eles construíram quatro longas muralhas ao redor de sua bela capital, Xian. Cada parede tinha três portões. E somente o imperador poderia usar o portão do meio em cada parede.

No palácio do imperador viviam 20 mil músicos e artistas. Um imperador Tang até levou cem cavalos dançantes à sua corte. Os cavalos usavam cabeçadas de ouro e prata e tinham joias tecidas em suas crinas. Quando os músicos tocavam, os cavalos inclinavam as pernas para cima e para baixo, acenavam com a cabeça ao ritmo da música e levantavam-se para cima e para baixo. Um escritor chinês nos diz que, após o reinado do imperador, os cavalos dançantes foram vendidos ao exército. Um dia, os soldados decidiram dar uma festa nos estábulos. Quando eles começaram a tocar música, os cavalos começaram a dançar. Os soldados ficaram aterrorizados. Eles achavam que os cavalos estavam possuídos por espíritos malignos, e os expulsaram do estábulo com vassouras!

✤

CAPÍTULO

9

AO LESTE DA CHINA

A DINASTIA YAMATO DO JAPÃO

A Índia tinha muitos pequenos reinos, mas a Dinastia Gupta os uniu em um só. A China tinha duas partes, mas a Dinastia Sui as uniu em uma. E exatamente a mesma coisa aconteceu no Japão. A dinastia que uniu o Japão foi chamada de Dinastia Yamato. É a dinastia mais antiga do mundo. O primeiro imperador Yamato governou no Japão quase 2 mil anos atrás, e um imperador Yamato ainda está no trono japonês hoje!

Se você colocar o dedo no mapa, bem no meio da China e depois movê-lo para a direita ou para o leste, chegará ao

Oceano Pacífico. O Japão é formado por quatro ilhas longas e finas no Pacífico, a leste da China. O Japão não é muito largo, mas é tão longo que há planícies congeladas de neve no extremo norte da ilha, e recifes de corais e praias quentes e ensolaradas no extremo sul. As quatro grandes ilhas que compõem o Japão têm quase 4 mil pequenas ilhas ao seu redor.

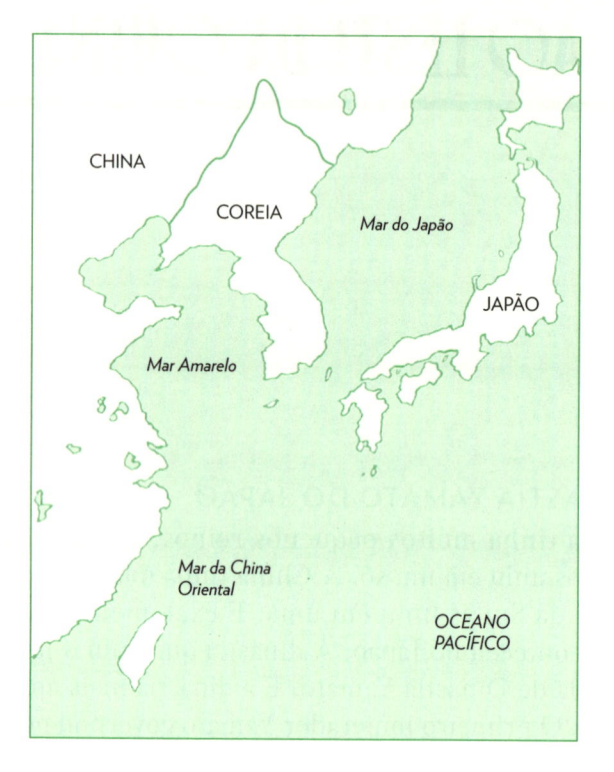

Coreia, China e Japão

Inicialmente, o Japão era governado por muitos *clãs*, ou famílias, diferentes. Cada clã tinha seu próprio território e seu próprio governo. Mas um clã no meio do Japão, o clã Yamato, ficou mais forte que todo o resto. Os líderes do clã Yamato conquistaram todos os outros clãs, um por um. Demorou mais de duzentos anos. Mas finalmente os líderes Yamato poderiam se chamar os imperadores do Japão.

Os imperadores Yamato contavam histórias para provar que mereciam governar o Japão. Essas histórias anunciavam que os imperadores Yamato eram deuses vivos, descendentes de Amaterasu, a deusa do Sol. Aqui está uma dessas lendas:

No começo, o mundo estava repleto de espíritos do céu que criaram as ilhas do Japão. Esses espíritos tiveram filhos. A mais forte e mais bonita das filhas era Amaterasu.

Amaterasu recebeu todo o céu para governar. Mas o irmão dela, Susanoo, que recebera o mar, ficou com ciúmes.

– O céu é maior que o mar! – reclamou ele. Então, montou uma guerra contra Amaterasu para jogá-la para fora do céu.

Mas ele perdeu a luta e teve de fugir do céu para a terra. Ele correu até ficar cansado e teve de descansar na margem de um córrego. Enquanto descansava, viu um par de pauzinhos flutuando perto dele na corrente.

– Deve haver pessoas por aqui! – exclamou ele. E partiu rio acima para encontrá-las.

Logo ele ouviu um choro e um lamento. Ao virar uma curva no córrego, ele viu uma mulher velha, um homem velho e uma linda jovem na praia. Todos os três estavam de luto.

– Qual é o problema? – perguntou Susanoo.

– Uma serpente maligna com oito cabeças vem à nossa terra! – o velho chorou. – Todos os anos, nos últimos sete anos, ele comeu uma de nossas filhas. Nós tivemos oito filhas, mas todas foram comidas, exceto nossa filha mais nova. E hoje a serpente virá e também a comerá!

Susanoo olhou para a linda garota e se apaixonou por ela imediatamente.

— Eu vou salvá-la — ele disse —, se você me der sua mão em casamento.

— Qualquer coisa! — o velho chorou.

Susanoo e a serpente

Susanoo transformou a linda menina em um pente e a escondeu em seu cabelo. Então, colocou oito tigelas de vinho de arroz para a serpente e se escondeu nos arbustos. Logo, ouviu a serpente se aproximando. Ela rugiu e balançou suas oito cabeças ao redor, procurando por sua presa. Mas então viu o vinho. As oito cabeças mergulharam e beberam as oito taças de vinho de arroz. E então a serpente, cheia de vinho, rolou e adormeceu profundamente.

Susanoo saiu dos arbustos, desembainhou a espada e cortou a serpente em oitenta pedaços. Dentro da serpente, ele encontrou uma grande espada mágica. Ele enviou esta espada para sua irmã Amaterasu como um presente de paz. Então ele pegou o pente do cabelo e o transformou de volta na linda garota. Ele construiu um palácio com oito paredes e viveu lá com sua adorável esposa. Juntos, eles tiveram oitenta filhos lindos.

Seu filho mais novo foi chamado Ookuninushi. Ele se estabeleceu no centro do Japão e governou uma planície coberta de juncos. Mas seu reino era infeliz. Por toda parte os homens lutavam entre si. E os 79 irmãos de Ookuninushi estavam constantemente tentando derrubar seu governo. A Planície do Junco ficou tão barulhenta e com tantas batalhas que as plantas, pedras e árvores começaram a enviar queixas aos céus!

No céu, Amaterasu ouviu as queixas. Ela decidiu enviar seu neto favorito, Honinigi, para levar a paz para a Planície do Junco. Então, ela o chamou diante de seu trono e lhe deu três objetos sagrados: o colar de contas que ela usava no cabelo, o espelho no qual ela havia visto seu próprio reflexo, e a grande espada que Susanoo havia encontrado dentro da serpente de oito cabeças.

– Honinigi – ela disse –, eu quero que você vá até as ilhas abaixo e governe lá. Estabeleça a paz e a ordem, em vez do caos. E seus descendentes irão reinar enquanto durar o céu e a terra!

Então, Honinigi foi até a Planície do Junco no centro do Japão e começou seu reinado. Com o tempo ele teve filhos e netos próprios. Seus descendentes eram os Yamatos, e o

> sangue da deusa Amaterasu corre em suas veias. E quando cada imperador Yamato chega ao trono, ele recebe cópias dos três objetos sagrados de Honinigi: a espada mágica, o colar de contas e o espelho de Amaterasu.
>
> Susanoo recuou para a escuridão e escolheu-a como seu reino. A partir de então, Susanoo se tornou o deus da Lua, que governa o escuro, e Amaterasu, a deusa do Sol, que governa o dia. Por causa de sua antiga briga, os dois nunca mais se encontraram, assim como o Sol e a Lua nunca se encontram no céu.

UM CONTO SOBRE TRÊS PAÍSES: COREIA, CHINA E JAPÃO

Os imperadores Yamato do Japão tinham uma grande tarefa: governar muitos clãs diferentes que estavam acostumados a ter tudo como queriam. Alegar que eles eram descendentes da deusa Amaterasu dava algum poder aos imperadores. Mas eles sabiam que também precisavam ser bons governantes se quisessem manter o controle do Japão.

Então, os imperadores Yamato tomaram emprestadas ideias sobre como administrar seu país de dois outros países: China e Coreia.

A Coreia é uma *península* (um pedaço de terra cercado por água em três lados) que se projeta no Oceano Pacífico a partir do lado leste da China. O povo coreano viveu nesta península por milhares de anos. Mas nos tempos em que o Império Romano ainda era poderoso, os senhores da guerra chineses invadiram a Coreia e dominaram parte dela. O povo coreano não queria ser governado pela China, então, reagiu. Por fim, os chineses tiveram que recuar até governarem apenas a parte norte da península. O resto da Coreia foi dividido em três partes chamadas *Os Três Reinos*. Esses três reinos coreanos eram independentes.

Agora o povo coreano não precisava mais obedecer aos chineses. Mas os coreanos aprenderam a escrita chinesa e os costumes chineses dos invasores. Eles aprenderam sobre o Buda e muitos coreanos se tornaram seguidores das crenças budistas. Então, mesmo que eles não fossem governados pela China, o povo da Coreia se tornou como o povo chinês de várias maneiras.

O reino no lado ocidental da Coreia foi chamado Paekche. O rei de Paekche esperava que ele pudesse conquistar os outros dois reinos e adicionar o território ao seu. Então ele decidiu fazer amizade com o Japão. Afinal, o Japão estava do outro lado do mar. E os exércitos do Japão poderiam ajudar o reino de Paekche a se tornar mais forte que os outros reinos da Coreia.

Então o rei de Paekche enviou membros de sua corte para o Japão.

– Nós gostaríamos de ser amigos – disse ele –, e se decidirmos lutar com nossos vizinhos, gostaríamos que vocês viessem e lutassem do nosso lado.

Para convencer o imperador do Japão a ser seu amigo, ele também enviou presentes – sedas, chá, joias e um livro com letras chinesas.

A corte japonesa gostou das sedas, do chá e das joias. Mas nunca tinha visto um livro com letras chinesas. Ficaram fascinados por essas letras. O imperador enviou uma mensagem de volta através do mar para a Coreia.

– Eu quero que meu filho, o príncipe, aprenda a ler e escrever essas letras! – ele disse. – Você pode enviar alguém para ensiná-lo?

O rei de Paekche concordou. De acordo com histórias antigas, ele enviou ao príncipe um tutor chamado Wani. Wani ensinou o príncipe a ler e escrever letras chinesas. Logo, toda a corte aprendeu a ler e a escrever em chinês.

Os coreanos também ensinaram os japoneses sobre o Buda. Logo, muitas pessoas no Japão se tornaram budistas também. Os imperadores japoneses deram títulos aos nobres que eram como títulos coreanos. Eles escreveram suas crônicas e seus registros da corte com caracteres chineses, assim como a corte coreana.

Logo, todas as pessoas importantes na corte japonesa falavam chinês. Apenas as pessoas comuns usavam o japonês. Nobres japoneses enviaram seus filhos para estudar na China. Esses jovens voltaram ao Japão com ideias chinesas, jogos chineses e até penteados chineses! Novas cidades no Japão foram estabelecidas exatamente como as cidades chinesas.

Coreia e Japão copiaram muitas coisas dos chineses. Mas isso não impediu a China de querer governar terras coreanas e japonesas. E embora fosse difícil para o exército chinês marchar para o Japão por causa do mar que ficava entre a China e a costa japonesa, era muito mais fácil para a China invadir a Coreia. Durante a Dinastia Tang, os chineses voltaram à Coreia novamente. Eles eliminaram o reino de Paekche. Embora o povo dos outros reinos eventualmente expulsasse os soldados chineses de seu país, eles levaram seis longos anos de combates difíceis.

O Japão viu o que aconteceu com a Coreia e não queria ser o próximo! Os japoneses gostavam de muitos costumes chineses, mas não queriam se tornar chineses. Eles só queriam ser iguais. Os japoneses chamavam ali de *Terra do Sol Nascente*, e a China, de *A Terra do Sol Poente*. Essa era a maneira deles de dizer que o Japão era tão importante quanto a China.

Mas era muito difícil ser igual a um país tão grande! A China era como uma faia grande e velha, com folhas bonitas e galhos longos. Uma enorme faia lança tanta sombra que outras plantas não conseguem crescer abaixo dela. A árvore sufoca todas as árvores menores. Os japoneses sentiam-se um pouco como um pequeno pinheiro, tentando crescer debaixo de uma imensa e extensa faia.

Então, quatrocentos anos depois que o príncipe Yamato aprendeu a escrever em chinês, o imperador Yamato rompeu todos os laços com a China. O Japão não enviaria mais seus jovens para lá. Em vez disso, os japoneses começaram a escrever, a pintar, a vestir-se e a pensar de maneira própria, única e japonesa.

CAPÍTULO

10

O ANTÍPODA DO MUNDO

O PRIMEIRO POVO DA AUSTRÁLIA

Nós começamos nossa história do mundo com a queda de Roma. Se você tem um globo, coloque o dedo em Roma, na Itália, e siga para o *leste* (à direita). Você chegará ao Império Bizantino. Vá para o *sul* (abaixo) do Império Bizantino, e você se encontrará na península de areia quente da Arábia, onde Maomé reuniu seus seguidores no Império Islâmico. Vá para o *leste* novamente da Arábia, para a Índia, e você estará na terra que pertenceu à Dinastia Gupta. Continue indo para o leste e você estará na China. Vá até o Oceano Pacífico, no outro lado da China, e você encontrará os países mais orientais de todos – a Coreia e o Japão.

Agora vá para o sul do Japão, para o Oceano Pacífico. Você encontrará uma enorme ilha chamada *Austrália*. Essa ilha é tão grande que a chamamos de *continente* (uma grande massa de terra). Existem sete *continentes*, ou grandes áreas de terra, no mundo: América do Norte, América do Sul, Antártida, África, Europa, Ásia e Oceania. Na maioria dos mapas, o continente da Oceania está perto do antípoda do mundo.

Quando os Guptas estavam governando na Índia e os Tang estavam governando na China e os Yamatos estavam governando no Japão, *ninguém* estava governando na Austrália! As pessoas da Austrália eram *nômades*. Em vez de morar em casas e aldeias, com um rei governando sobre eles, eles viviam em pequenos grupos que se moviam de um lugar para outro, caçando para comer e colhendo plantas. Ninguém sabe de onde esses nômades vieram. Mas suas próprias lendas dizem que eles estiveram na Austrália desde o começo do mundo. Hoje, chamamos esses nômades australianos de *aborígenes*, porque as palavras latinas *ab origine* significam *desde o começo*.

Imaginemos a vida de um menino aborígene, há mais de mil anos. Rulu vive em um *clã* (um grupo de pessoas aparentados entre si) no sul da Austrália. Rulu chama todos os homens do clã de *pai* e todas as mulheres de *mãe*. Ele tem 36 adultos que podem lhe contar histórias na hora de dormir, e castigá-lo quando ele passa lama no cabelo de sua irmã.

Os pais do clã começaram a ensinar a Rulu como caçar um ano atrás, quando ele tinha sete anos. No começo, eles ensinaram como pescar no oceano. Rulu adora pescar. A última vez que ele foi pescar, ajudou a pegar duas enormes vacas-marinhas. A boca de Rulu ainda fica salivando quando ele se lembra daquelas fatias frescas de carne crua com pedaços de gordura em cima.

Mas agora o clã se mudou para o interior, longe da água. É a estação seca e a comida está ficando escassa. Tarde da noite, Rulu pega um morcego, e ele e sua irmã o cozinham sobre o fogo, junto com um punhado de mariposas. Mariposas assadas são o lanche favorito de Rulu; elas têm gosto de nozes crocantes e peludas. Mas não há mariposas suficientes para encher seu estômago. De manhã, ele está com fome novamente, e o resto do clã também.

Então Rulu e dois dos *pais* partem muito cedo pela manhã para caçar comida. Antes de deixar o acampamento, eles se cobrem com uma pasta feita de barro e as cinzas do fogo da noite anterior. A pasta vai encobrir seu cheiro humano para que os cangurus não consigam senti-lo. Então, eles partem para o poço mais próximo.

Quando eles chegam lá, encontram cangurus ao redor do poço. Mas está quase seco e Rulu sabe que eles vão precisar de água antes que a caça termine. Então, ajuda os pais a cavarem abaixo do poço. Ele pega lama e terra com as mãos até que seu buraco fica tão profundo que ele precisa se deitar de bruços e chegar até o fundo. Finalmente, as pontas dos dedos roçam em algo duro e frio. Rulu grita de alegria. Ele encontrou um sapo d'água! Ele arranca o sapo escuro e redondo do buraco. Na estação das chuvas, o sapo absorve água em sua pele e incha, e então enterra-se profundamente na areia até a estação seca passar. Esse sapo é quase tão grande quanto a cabeça de Rulu. Ele segura e aperta a água de sua pele diretamente em sua boca. Agora ele está pronto para caçar.

Rulu e os pais acompanham os cangurus através de uma floresta de arbustos e mato. Logo, eles vislumbram o movimento. Os cangurus estão no mato à frente deles, mordiscando as folhas tenras dos galhos baixos. Os caçadores cavam um poço profundo na terra dura e vermelha e cobrem-no com galhos e folhas. Eles procuram as folhas mais novas e frescas, cortam-nas e empilham-nas no topo do poço. Então eles voltam para os arbustos para se esconder. Rulu se agacha no chão sem se mexer por horas. O suor escorre pela nuca dele. Seu pé esquerdo dorme. Mas ele sabe que deve ficar muito quieto. Perto dali, os pais estão imóveis, segurando galhos na frente deles. Eles parecem quase idênticos às árvores.

Rulu prende a respiração. Ele consegue ouvir o ruído de um canguru. O grande animal marrom pula lentamente à vista. Faz uma pausa, fareja o ar e depois abaixa a cabeça. Ele vê as folhas frescas. É preciso mais um salto em direção à comida, ele pula e cai na cova abaixo.

Rulu e os pais levam a caça para o acampamento. Outro caçador pegou um emu. As mulheres trabalharam arduamente durante todo o dia e pegaram todo um punhado de lagartos e cobras. Haverá uma festa hoje à noite. Logo, o rico e quente aroma de carne de canguru assando e cobra cozida enche o ar. Rulu come tanto que chega ao ponto de mal conseguir se mexer. Ele se enrola perto do fogo e ouve os pais do clã contarem histórias da Era do Sonho – aquela era antiga que os espíritos ainda viviam na Terra. Mas Rulu andou quilômetros e quilômetros hoje, caçando cangurus e sapos-d'água, e ele não consegue manter os olhos abertos. Lentamente ele adormece. De manhã, haverá carne de cobra fria no café da manhã!

A LONGA JORNADA DOS MAORIS

A Austrália pode estar perto do antípoda do mundo, mas se você colocar o dedo na Austrália e continuar descendo, encontrará duas ilhas que estão ainda mais perto do antípoda do mundo. Hoje, essas duas ilhas pertencem à *Nova Zelândia*.

Austrália e Nova Zelândia

Os aborígenes vivem na Austrália desde que qualquer um pode se lembrar. Mas o primeiro povo da Nova Zelândia, o *maori*, chegou às suas ilhas pela primeira vez durante a Idade Média. Quando os maoris chegaram à Nova Zelândia, *Beowulf* já havia sido escrito, Justiniano e Teodora haviam terminado seus reinos, e a Dinastia Gupta já expulsara os bárbaros da Índia. Quando os maoris chegaram à Nova Zelândia, os aborígenes da Austrália já estavam em *seu* país há milhares de anos.

Embora não tenhamos certeza, achamos que os maoris navegaram até a Nova Zelândia de longe no Oceano Pacífico. Se você for para o leste (à direita, no seu mapa) da

Austrália, você encontrará algumas ilhas espalhadas tão longe que ficam a meio caminho da América do Norte. Essas são as ilhas da Polinésia. E as pessoas que viviam ali eram grandes exploradores. Construíram canoas usando árvores enormes e fizeram velas com fibras de coco (as fibras duras e brancas do interior das cascas de coco, trançadas em tecido). Nessas canoas, elas navegavam o Oceano Pacífico. Elas se aventuravam no oceano aberto – iam tão longe que não podiam mais ver sua casa. Pescavam tubarões e outros peixes enormes que vivem no oceano profundo. Procuravam novas ilhas. Elas enchiam suas canoas com porcos e galinhas, com frutas e legumes, e procuravam novas praias onde pudessem se estabelecer e viver.

Geralmente, os ilhéus polinésios se instalavam em ilhas que ficavam a apenas alguns dias de viagem. Mas um dia, um grupo desses exploradores continuou navegando. Eles navegaram até as ilhas da Polinésia desaparecerem no horizonte. Eles navegaram por semanas, com nada além de oceano vazio na frente deles. Os porcos ficaram inquietos. As galinhas ficaram enjoadas. As frutas e legumes foram comidos! Os homens e mulheres na canoa forçaram os olhos a enxergar ao longe.

– Com certeza – disseram uns aos outros –, chegaremos a outra ilha em breve!

Certa manhã, quando o Sol nasceu, eles viram algo longo e branco sobre a água bem à frente deles.

– Deve ser uma nuvem! – exclamaram. Mas à medida que se aproximavam cada vez mais, viram que a nuvem branca era na verdade duas enormes ilhas, maiores do que quaisquer ilhas que já haviam visto antes. Eles desembarcaram nas margens das ilhas do norte e decidiram ficar. A partir de então, os maoris chamaram sua nova casa de *Aotearoa*, ou *Terra da Longa Nuvem Branca*.

Enquanto os maoris exploravam a ilha do norte, descobriram montanha após montanha, vales irregulares e desfiladeiros profundos cortados na terra. Eles contaram esta história para explicar as formas do novo país.

Era uma vez, um grande herói que nasceu em uma grande família. Seu nome era Maui. Embora ele fosse corajoso e forte, ele era o mais novo de muitos irmãos. E os irmãos dele não queriam brincar com ele!

– Levem-me para caçar com vocês! – implorava Maui.

– Não – seus irmãos respondiam. – Você é muito pequeno.

– Levem-me para nadar com vocês!

– Não. Você é muito pequeno.

– Levem-me para pescar com vocês!

– Não. Você é muito pequeno.

Um dia, Maui ficou tão cansado desta resposta que subiu a bordo da canoa de seus irmãos com sua vara de pescar e se escondeu. Quando a canoa estava no meio do oceano, ele saiu de seu esconderijo.

– Aqui estou! – ele anunciou. – Agora eu posso pescar com vocês! Me dê uma isca!

Seus irmãos se entreolharam, irritados.

– Não! – eles disseram. – Nenhuma isca! Você não pode pescar conosco. Você é muito pequeno!

Mas Maui estava determinado a pescar. Então ele jogou o anzol no mar de qualquer maneira. E enquanto seus irmãos pegavam peixes pequenos e inúteis, Maui fisgou o

Maior Peixe de Todos – um peixe que vivia no fundo do oceano, um peixe tão grande que, quando começou a puxá-lo, o mar começou a ferver e a balançar em protesto.

– O que você está fazendo? – seus irmãos gritaram. – Você está tentando nos matar?

E eles pularam de pé e começaram a cortar e bater o peixe gigante com seus *meres* – seus bastões de madeira afiados. Quando o peixe gigante subiu à superfície e o Sol brilhou sobre ele, seu corpo se tornou terra. Como os irmãos tinham cortado e batido nele, a terra ficou cheia de montanhas e vales. E essa nova terra ficou conhecida como O Peixe de Maui – na linguagem dos maoris, *Te Ika-a-Maui*.

Te Ika-a-Maui é o nome maori para a ilha do norte da Nova Zelândia. E embora a história de Maui e seu enorme peixe seja apenas um conto de fadas, a Nova Zelândia *realmente se ergueu do mar.* As ilhas da Nova Zelândia foram formadas quando vulcões surgiram do fundo do mar, cuspindo lava e cinza quente. A lava atingiu a água do mar e esfriou, formando pedras. Conforme o tempo passava, o solo coletava essas pedras e formava uma ilha. *Te Ika-a-Maui* ainda tem três vulcões ativos e fumegantes, além de fontes termais (água aquecida por rios subterrâneos de lava) e piscinas quentes de lama que borbulham, estouram e soltam vapor o ano todo. Talvez o povo maori estivesse tentando descrever essa erupção submarina quando contou a história do Peixe de Maui.

❖

CAPÍTULO

11

O REINO DOS FRANCOS

CLÓVIS, O EX-BÁRBARO

Agora estamos prontos para viajar de volta para o Ocidente. No início do último capítulo, você colocou o dedo em Roma e depois o moveu para o leste e para o sul, até a Nova Zelândia. Roma costumava ser o império mais forte do mundo antigo. Mas, no início da Idade Média, os bárbaros a invadiram. Ela se tornou cada vez mais fraca e outras civilizações tornaram-se cada vez mais fortes.

  Vamos imaginar uma viagem da Nova Zelândia, onde os maoris vivem, através de algumas dessas civilizações. Comece por encontrar a Nova Zelândia no seu mapa. Agora reme sua canoa para o *norte* (para cima, no seu mapa) e para *oeste* (esquerda). Você deve ver a costa da Austrália à sua frente! Você precisará remar ao longo da costa, ainda indo para o norte. Mantenha os olhos abertos, e você poderá ver canoas aborígenes, pescando vacas-marinhas.

Você tem uma longa jornada pela frente, através do Oceano Pacífico. Continue remando! Depois de muitas semanas, você estará se aproximando das ilhas do Japão, a *Terra do Sol Nascente*. Atraque sua canoa nas praias do Japão e passeie pelo país, e você verá roupas chinesas, livros chineses e edifícios chineses. Lembre-se, a China emprestou ao Japão sua língua, sua arquitetura e seus costumes, até que o Japão decidiu se libertar!

Atravesse o mar entre a China e o Japão (é melhor você alugar um barco!) e desembarque na costa do continente chinês. Se estiver se sentindo aventureiro, você pode caminhar para o sul na Coreia, que fica entre a China e o Japão. Mas você pode acabar no meio de uma batalha, porque China e Japão estão lutando para controlar a Coreia.

Encontre um robusto pônei de montanha, monte nele e comece sua longa jornada para o oeste pela Ásia. Se você fizer um pequeno desvio para o sul (lembre-se, o sul é para baixo em um mapa ou globo), você se encontrará na Índia, onde os reis Gupta governaram. Agora, viaje para o oeste novamente. Você precisará de um barco, porque vai navegar pelo Oceano Índico até a Península da Arábia. O Império Islâmico começou ali, seguindo o exemplo de Maomé. Saia do seu barco, alugue um camelo (você terá que passar por desertos quentes e arenosos) e comece sua jornada de volta para o norte (para cima, em um mapa ou globo).

Continue viajando para o norte e você chegará às fronteiras do Império Bizantino, a terra que já foi governada por Justiniano, o Imperador Justo, e sua esposa, a imperatriz Teodora. O Império Bizantino já foi a metade oriental do antigo Império Romano – até o Império Romano se dividir em dois. Agora vá para o oeste (esquerda) mais uma vez. Você está nadando no Mar Mediterrâneo? A terra ao redor do Mediterrâneo costumava pertencer a Roma. Nade até a Itália (a *península* que parece uma bota), passe para a terra e caminhe pela Itália. Agora você está no topo de uma cordilheira gelada: os Alpes.

O território ao seu redor foi governado por Roma até que os bárbaros invadiram. Mas uma coisa engraçada aconteceu com esses bárbaros. Quando chegaram ao território romano, começaram a aprender os costumes romanos. Eles construíram casas, como casas romanas, e viviam nelas, em vez de andar a cavalo. Eles descobriram costumes romanos, como fazer a barba e tomar banho. Missionários ensinaram sobre o cristianismo. Eles aprenderam a falar latim. Eles se tornaram *civilizados*. E esses ex-bárbaros começaram a estabelecer seus próprios reinos, em todo o território que pertenceu aos romanos.

A terra da Gália, logo ao norte do Mar Mediterrâneo, foi invadida por bárbaros chamados francos. Os francos eram compostos de várias tribos diferentes. E *eles* não se consideravam bárbaros. De fato, eles alegavam que eles eram descendentes dos antigos habitantes da grande cidade de Troia.

As tribos francas se estabeleceram na Gália ao lado dos cidadãos romanos que já viviam lá. Outras tribos bárbaras, chamadas burgúndios e alamanas, também se estabeleceram por lá. Portanto, muitos povos diferentes viviam lado a lado na Gália. E eles não gostavam muito uns dos outros!

Mas, embora os romanos, os francos, os burgúndios e os alamanos fossem inimigos, eles se tornaram aliados, apenas o tempo suficiente para lutar contra os hunos. Você se lembra que os hunos ajudaram a destruir Roma e invadiram países até a Índia? Os hunos eram uma raça guerreira assustadora e selvagem. E o povo da Gália decidiu que, embora se odiassem, odiavam ainda mais os hunos.

Então, eles se uniram em um único exército sob a liderança de um grande guerreiro chamado Meroveu. Meroveu era o chefe de uma tribo franca. Ele liderou seu exército contra os hunos, e os derrotou! Os hunos recuaram da Gália. E assim que a ameaça huna desapareceu, o povo da Gália se dividiu novamente em suas tribos em guerra.

O Império Franco sob Clóvis

Mas o neto de Meroveu, Clóvis, sempre se lembrava dos dias em que seu avô havia transformado brevemente os Francos em um só povo. No ano 481, quando Clóvis tinha vinte anos, ele herdou a liderança de sua tribo. E ele partiu para tornar toda a Gália em um império.

Então, Clóvis casou com uma princesa de uma tribo bárbara – Clotilde, uma burgúndia. Ele lutou contra outras tribos e as obrigou a aceitá-lo como líder. Ele derrotou os últimos soldados romanos deixados na Gália. Convenceu outros chefes francos a jurar lealdade a ele. E, finalmente, governou toda a Gália. Seu império ficou conhecido como o Império Franco. Hoje, chamamos essa parte do mundo de *França*, por causa dos francos.

Enquanto estava conquistando seu império, Clóvis se tornou um cristão. De acordo com um livro medieval chamado *As Grandes Crônicas da França*, Clóvis converteu-se ao cristianismo porque queria que Deus o ajudasse a derrotar seus inimigos. A esposa de Clóvis, Clotilde, já era cristã. E ela queria que o marido se tornasse cristão também. Mas Clóvis recusou, até que ele lutou uma grande batalha contra os alamanos e viu que seus homens estavam sendo abatidos. Então ele olhou para o céu.

– Deus – ele disse –, eu servirei você para sempre, se você me conceder a vitória!

A história medieval nos conta: "Instantaneamente, seus homens estavam cheios de bravura, e um grande medo atingiu seus inimigos, de modo que eles viraram as costas e fugiram da batalha".

Os líderes alamanos se renderam e Clóvis venceu o dia.

Assim que chegou em casa, Clóvis foi procurar um bispo e pediu-lhe que explicasse o cristianismo. O bispo explicou e Clóvis concordou em ser batizado. Agora Clóvis, o ex-bárbaro, era, além de um imperador, um cristão.[1]

QUATRO TRIBOS, UM IMPÉRIO

Clóvis conseguiu unir os povos guerreiros da Gália em um império: os francos. Mas ele conseguiria mantê-los unidos?

Clóvis decidiu que três coisas ajudariam a transformar os francos, romanos, burgúndios e alamanos em um só povo. Primeiro, estabeleceu uma cidade capital em um lugar chamado Lutécia Parisiense – uma antiga fortaleza romana, construída em uma colina perto do Rio Sena. Era fácil defender, porque qualquer um que atacasse teria que subir a colina enquanto lutava. E já havia boas estradas romanas que levavam à Lutécia Parisiense. Clóvis construiu uma muralha ao redor da colina e batizou sua nova cidade de Paris. Agora, todo o seu povo poderia chamar Paris de sua capital.

Em segundo lugar, Clóvis decretou que todos em seu império deveriam se tornar cristãos. Quando ele foi batizado, ele batizou 3 mil de seus combatentes ao mesmo tempo. Você acha que todos esses homens eram cristãos? Provavelmente não. Mas Clóvis sabia que as pessoas que seguem a mesma religião são menos propensas a atacar umas às outras. Então, fez do cristianismo a religião oficial dos francos. E construiu uma enorme catedral em Paris, chamada Santa Genoveva.

---

[1] Existem vários relatos conflitantes sobre a conversão de Clóvis em crônicas medievais, mas todos concordam que sua conversão ocorreu durante uma batalha (talvez uma imitação da experiência semelhante de Constantino).

Agora Clóvis tinha uma religião em seu país e uma capital. Mas ele precisava de mais uma coisa para manter seu país unificado: uma lei.

Os francos, os romanos, os burgúndios e os alamanos tinham leis diferentes. Como Justiniano, Clóvis sabia que um país forte e pacífico precisa de *um* conjunto de leis que *todos* devem seguir. Então, ordenou a seus escribas e clérigos a emitirem um novo conjunto de leis chamadas Leis Sálicas.

Essas leis nos dizem muito sobre o reino dos francos! Aqui está uma das Leis Sálicas:

- Se um romano atacar um franco e roubar dele, ele pagará 2.500 dinares.

Isso era muito dinheiro! Um homem teria que trabalhar por pelo menos três meses para ganhar 2.500 dinares. Mas, então, a lei continua:

- Mas se um franco atacar um romano e roubar dele, ele pagará catorze dinares.

Um franco que atacasse um romano pagaria uma multa muito menor do que um romano que roubasse um franco. Assim, embora os romanos fizessem parte do Império Franco, eles não receberam as mesmas proteções que os francos. Isso parece justo para você? Aqui está outra lei:

- Se um homem chamar outro homem de *raposa* ou *lebre*, ele terá que pagar 120 dinares.

Caluniar era contra a lei! Se você chamasse alguém de *raposa*, estaria chamando-o de dissimulado e indigno de confiança, como um espião. E se você chamasse um homem de *lebre*, você estaria dizendo que ele era covarde e ansioso para fugir de uma briga. Lealdade ao país e bravura na batalha eram muito importantes para os francos.

- Se alguém quiser se mudar para outra aldeia, e apenas uma pessoa na aldeia não o quiser, ele não poderá se mudar. Se ele o fizer, as pessoas da aldeia devem avisá-lo três vezes para sair. Após o terceiro aviso, as pessoas da aldeia podem convocar os homens do rei para virem e levarem o infrator embora.

Clóvis pode ter unido os francos, romanos, burgúndios e alamanos em um único império, mas parece que alguns deles ainda não queriam viver próximos uns dos outros. E se um romano quisesse se mudar para uma aldeia da Borgonha? As pessoas que moravam lá poderiam se recusar a aceitá-lo. O império dos francos estava unido, mas não era pacífico.

❖

CAPÍTULO

12

A INVASÃO ISLÂMICA

O ISLÃ NA ESPANHA E NA ÁFRICA

A oeste do Império Franco, outra tribo de bárbaros se estabeleceu na terra da Espanha. Os visigodos uma vez invadiram o mundo antigo, criando destruição e espalhando o terror. Mas agora eles também tinham um reino próprio. Eles haviam adotado os costumes romanos. Eles se tornaram cristãos. E eles tinham um rei.

Mas, no ano 710, seu rei morreu repentinamente. Os visigodos brigaram sobre quem seria o próximo rei. Alguns deles queriam que os filhos do rei governassem. Mas os nobres mais fortes insistiram que um guerreiro chamado Rodrigo seria um rei melhor. Eles colocaram Rodrigo no trono e forçaram todos a aceitá-lo.

Os filhos do rei morto ficaram furiosos. Eles queriam governar! Então eles enviaram mensageiros até o norte da África e pediram ao grande guerreiro Tárique ibne Ziade para trazer seus exércitos e ajudá-los a expulsar Rodrigo.

Aquilo foi um grande erro.

Veja bem, Tárique era um comandante muçulmano. E seus exércitos eram do Império Islâmico. Você se lembra de como o Império Islâmico começou? Os seguidores de Maomé, que pregavam que Alá era o único Deus verdadeiro, tomaram as cidades de Meca e Medina. Então eles assumiram a maior parte da Arábia. Depois eles atacaram o Império Bizantino e tomaram algumas de *suas* terras. Eles conquistaram o Egito e depois se espalharam pelo norte da África, logo abaixo do Mar Mediterrâneo. Eles construíram cidades sagradas no norte da África. E acrescentaram 12 mil homens norte-africanos, chamados *berberes*, ao seu exército.

Um desses homens berberes era Tárique. Ele era apenas um escravo. Mas quando os exércitos islâmicos capturaram a cidade natal de Tárique, ele se converteu ao islamismo e se juntou aos conquistadores. Ele lutou de bom grado nas linhas de frente de todas as batalhas. Logo a bravura de Tárique tornou-se conhecida por seus oficiais comandantes. Ele foi promovido várias vezes até se tornar general.

Sob a liderança de Tárique, o exército islâmico atacou o resto do norte da África até a cidade de Tânger. Olhe para o seu mapa e você verá que Tânger fica bem na beira do Mar Mediterrâneo, o mar que parece um pato voando. Tânger está no *bico* do pato. E do outro lado do mar fica a Espanha. Uma vez que Tárique e suas forças estavam em Tânger, foi uma viagem muito curta para a terra espanhola.

O Império Islâmico em seu auge

Então, quando Tárique recebeu a mensagem *convidando-o* para ir a Espanha, ele ficou feliz em obedecer. Mas ele não foi para a Espanha para ajudar os filhos do rei a recuperarem o trono. Ele foi para conquistar a Espanha para o islã.

Ele organizou 7 mil combatentes em pequenos grupos. Numa manhã quente de maio, cada grupo entrou em um navio. Os navios navegaram em uma longa procissão através da água até a costa da Espanha. Tárique estava no primeiro navio. Saltou sobre a borda, entrou na água e chegou à praia. Ele subiu até o topo de uma imensa rocha próxima e viu cada navio chegar à areia da Espanha. E, assim que todos os seus homens chegaram à praia, ele ordenou:

– Queimem os navios!

— Mas, senhor! — seus soldados exclamaram. — Por que você está fazendo isso? Como vamos voltar para casa?

Tárique olhou para eles.

— Nós não viemos aqui para retornar — disse ele. — Nós vamos conquistar, ou perecer!

E com isso, ele marchou seus exércitos para a Espanha.

Os visigodos, divididos por sua disputa sobre o trono, não resistiram aos guerreiros de Tárique. Logo, Rodrigo, os filhos do rei e o resto dos visigodos estavam todos sob o domínio islâmico. E a Espanha permaneceu um país muçulmano por muitos anos. Os seguidores espanhóis do islã ficaram conhecidos como *mouros*. Construíram grandes mesquitas em toda a Espanha e decoraram-nas com padrões delicados e complicados. Eles projetaram jardins magníficos e edifícios abertos para as cidades espanholas. Eles plantaram novos cultivos na Espanha: cerejas, maçãs, amêndoas e bananas. As cidades da Espanha se tornaram grandes centros de filosofia, poesia e música. Os matemáticos espanhóis usavam os números que ainda usamos hoje; agora chamamos esses de *números arábicos*.

A rocha onde Tárique ficou para ver seus navios chegarem é conhecida como *Jabal Tárique*, a *Montanha de Tárique*. Ao longo de muitos anos, *Jabal Tárique* se tornou Gibraltar. Hoje, essa colina rochosa ainda é conhecida como *a rocha de Gibraltar*.

✥

CAPÍTULO

13

OS GRANDES REIS DA FRANÇA

CARLOS, O MARTELO

Depois que o exército islâmico invadiu a Espanha, os soldados não queriam mais parar. Os combatentes muçulmanos planejavam atacar a França e conquistar o reino dos francos.

– Nós somos como um vento poderoso! – eles se gabavam. – Ninguém pode parar o vento quando ele sopra. E ninguém pode parar os exércitos de Alá.

Mas o vento encontrou o martelo.

O *martelo* era Carlos Martel, o novo rei dos francos. Carlos teve dificuldade em se tornar rei. Nem todo mundo queria que ele herdasse o trono. Ele foi jogado na cadeia para ser impedido de reivindicar a coroa.

Mas Carlos escapou da prisão. Ele reuniu um exército e liderou seus homens na batalha contra seus inimigos. Ele lutou tanto, e foi tão persistente em *martelar* os exércitos de seus inimigos, que ganhou o apelido de *martel* – que, na linguagem dos francos, significava *O Martelo*. Ele conquistou o trono dos Francos por pura determinação. E ele não pretendia desistir do Império Islâmico. Quando soube que os exércitos islâmicos haviam invadido a Espanha e se aproximavam de suas fronteiras, reuniu seus homens e foi enfrentá-los.

Em 732, os francos e os muçulmanos se encontraram na cidade de Tours. Aqui está como um cronista árabe medieval descreveu a batalha:

Q*uando os muçulmanos chegaram à terra dos francos, passaram por ela como uma tempestade desoladora. Eles devastaram o país e levaram inúmeros cativos! Todos os francos tremeram com o terrível exército. Eles correram para o seu rei, Carlos, e disseram-lhe que os muçulmanos estavam causando estragos em suas terras.*

– Tenham bom ânimo! – o rei disse a eles. E ele montou seu cavalo e liderou inúmeros soldados para a cidade de Tours.

Bom, as tropas dos muçulmanos estavam acampadas fora dos muros da cidade de Tours. Eles tinham reunido tanta riqueza, comida, roupas, cavalos e ouro que ficaram sobrecarregados com despojos. O general deles olhou para o acampamento. Meus homens não estão prontos para lutar!, pensou ele. Eles estão mais preocupados com o que saquearam do que com a próxima batalha! Eu deveria ordenar que abandonassem tudo, exceto suas cimitarras e seus cavalos de guerra.

Mas ele temia que seus soldados se revoltassem contra ele caso ordenasse que desistissem de seus despojos. Então decidiu deixá-los manter. E quando eles insistiram que estavam prontos para atacar a cidade de Tours, e roubar todas as maravilhosas riquezas lá dentro, ele concordou – embora soubesse que Carlos, o rei dos francos, estava se aproximando com um grande exército para defendê-la.

Então o exército dos muçulmanos se preparou para atacar as muralhas da cidade. Mas, enquanto a cercavam, o próprio Carlos apareceu, com seu exército atrás dele. Os cavaleiros do islã correram para encontrá-lo, e os dois exércitos lutaram o dia todo, até que a noite chegou e eles não podiam mais enxergar. Assim que a luz cinzenta do amanhecer chegou, eles começaram a lutar novamente.

Mas quando os muçulmanos viram que Carlos se aproximava cada vez mais de suas tendas, começaram a pensar em toda a riqueza dentro delas.

– Os francos saquearão nosso acampamento! – gritaram. – Vamos perder nossa riqueza!

E, em vez de lutar, eles voltaram para proteger suas tendas. Seu general tentou reuni-los de volta para as linhas de frente, mas ele foi cercado por francos e morto. E quando ele caiu, todo o exército fugiu diante de seus inimigos.[1]

---

[1] Esta história da batalha é uma releitura de um relato de um historiador árabe não identificado, citado em *Quinze Batalhas Decisivas do Mundo*, de Edward Creasy. A Batalha de Tours também é conhecida como a Batalha de Poitiers.

Os francos haviam vencido o dia! E Carlos Martel havia martelado seus inimigos mais uma vez.

O MAIOR REI: CARLOS MAGNO

Clóvis, o primeiro governante do Império Franco, foi um grande rei. Carlos Martel, também conhecido como Carlos, o Martelo, foi um rei ainda maior. Mas o neto de Carlos, também chamado Carlos, foi o maior rei franco de todos. Na Idade Média, muitas pessoas acreditavam que ele era o maior rei do mundo inteiro. Ele ficou conhecido como *Carlos, o Grande* – em latim, *Carlos Magnus*, ou *Carlos Magno*.

Carlos Magno tornou-se rei em 771. Ele estava preocupado com o seu reino, porque temia que os francos começassem a voltar aos velhos hábitos bárbaros. Eles estavam esquecendo do cristianismo; eles não iam à igreja ou batizavam seus filhos. E as crianças não estavam sendo ensinadas a ler e escrever.

Então, Carlos Magno decidiu tornar seu reino próspero, e cristão. Ele pagou centenas de monges para copiar manuscritos das *Escrituras*. Construiu novas estradas e pontes para que os professores e sacerdotes pudessem viajar facilmente pela terra dos francos. Colocou um famoso monge, chamado Alcuíno, encarregado de criar escolas para meninos em todo o reino. E ele tentou tornar os francos mais limpos e mais civilizados. Ensinou-lhes melhores maneiras de cultivar. Ordenou que levassem seus filhos à igreja. E ele mesmo repreendeu-os por esmagar uvas para o vinho com seus pés descalços sujos.

Mas, acima de tudo, Carlos Magno lutou em guerras. Ele passou trinta anos lutando em guerras para tornar seu reino maior. Ele mesmo liderou seus soldados para a batalha, brandindo sua grande espada dourada, *Joiosa*, sobre sua cabeça. E quando ganhava, ele era implacável. Ele forçava seus prisioneiros a serem batizados como cristãos – ou morrer.

Acima de tudo, Carlos Magno lutou em guerras

O reino de Carlos Magno cresceu e cresceu. Ele arrumou as antigas estradas romanas em ruínas, de modo que elas percorriam todo o seu novo império. Ele ordenou que novas pontes e igrejas fossem construídas. E disse a seus construtores para copiar os arcos e colunas romanos em seus novos edifícios. Na época em que Carlos Magno era tão velho quanto seu avô, ele governava um império que continha construções romanas, estradas romanas e quase metade das terras que pertenciam a Roma.

Em dezembro do ano 800, quando tinha quase sessenta anos, Carlos Magno viajou a Roma para visitar o papa. Na manhã de Natal, ele vestiu as roupas que um rico homem romano usaria e foi à igreja de São Pedro para o culto de natal. Ele se ajoelhou em frente ao altar para orar. De repente, o papa tirou uma coroa de ouro, coberta com joias brilhantes, e colocou-a na cabeça de Carlos Magno.

– Você é o grande imperador dos romanos, que traz a paz! – declarou ele.

E toda a congregação gritou:

– Salve Carlos, coroado por Deus, o grande imperador dos romanos, que traz a paz![2]

O Império de Carlos Magno

---

[2] Carlos Magno aceitou o título de *imperador romano*, mas a palavra Santo não se tornou parte desse título até 1155.

É claro que o Império Romano havia desmoronado muito tempo antes. Mas as pessoas ainda se lembravam de que os imperadores romanos haviam tornado o mundo antigo seguro por um tempo. Lembravam que Roma era um império rico e confortável. Eles se lembravam da *Pax Romana*, a paz que os governantes romanos mantinham em todo o território. E esperavam que Carlos Magno trouxesse a mesma paz e riqueza para o mundo medieval.

Carlos Magno era um grande governante, mas seu império nunca foi tão poderoso quanto o antigo império de Roma. E embora quisesse ser tão educado e civilizado quanto Júlio César e os outros imperadores de Roma, nunca aprendera a ler e a escrever corretamente. Ele contratou professores para mostrar-lhe como escrever letras. Até sua velhice, ele manteve um caderno de escrita sob o travesseiro. Sempre que acordava à noite, ele se sentava na cama e praticava escrevendo letras em sua tábua. Mas ele nunca aprendeu realmente a escrever. Na verdade, *você* provavelmente escreve melhor que Carlos Magno – Carlos, o Grande, o Imperador Romano da Idade Média.

CAPÍTULO

14

A CHEGADA DOS NÓRDICOS

A INVASÃO VIKING

Carlos Magno, o rei dos francos, governou um império que se estendia por toda a Europa. Seu povo o chamou de *imperador romano*, porque eles disseram:

– O reino de Carlos Magno é como o antigo Império Romano, reconstruído. Nós podemos viver em paz e prosperidade, assim como os romanos da antiguidade!

Mas você se lembra do que aconteceu com o antigo Império Romano? Bárbaros atacaram. E logo o império dos francos teve seus próprios *bárbaros* para lutar. Guerreiros ferozes chegaram de navio do norte. Atacaram cidades ao longo da costa, e até navegaram pelos rios Reno e Sena até o meio da terra dos francos. Esses guerreiros invasores eram chamados de homens do norte ou *nórdicos*.

Olhe no seu mapa, acima do reino dos francos, e você verá o Mar do Norte, um mar frio e cinzento, muitas vezes coberto por nuvens de neblina. Há uma península no Mar do Norte (lembre-se: uma península é um pedaço de terra cercado por água em três lados). Essa península é chamada *Escandinávia*. Os nórdicos vieram dos reinos da Noruega, Dinamarca e Suécia, na Escandinávia.

Terras vikings

A maioria dos noruegueses não lutava para ganhar a vida. Eram agricultores que não conseguiam mais encontrar boas terras para cultivar na Escandinávia. Então, construíram navios e partiram para encontrar novos lares. Na língua dos noruegueses dizia-se que um homem que tivesse ido se aventurar pelo mar tinha ido *i viking*. Por isso, às vezes, esses noruegueses também eram chamados de *vikings*.

Os navios vikings eram longos e estreitos, com temíveis cabeças de dragões em suas proas para assustar os inimigos. Os navios eram construídos com fundos planos, incomuns para a época. Construtores de barcos em outros países faziam barcos com fundos redondos que se projetavam abaixo da superfície. Com um barco de fundo redondo, você só poderia navegar em águas profundas. Caso contrário, o fundo do seu barco iria raspar o fundo do mar. Mas os barcos vikings de fundo plano flutuavam diretamente na superfície da água. Eles podiam navegar até as águas rasas – e até a areia de uma praia!

Imagine que você desceu às margens do Rio Reno com seus baldes de água. É uma manhã fria e nevoenta. Sua fazenda fica bem na estrada, e você tem vacas esperando para serem ordenhadas e grãos esperando para serem colhidos. Mas primeiro, você precisa pegar água do rio. O Reno é raso aqui, então você vai até a altura do joelho e se abaixa para pegar água em seus baldes. Pequenas ondas espirram suavemente ao seu redor enquanto você puxa seus baldes através da superfície calma e clara. Mas outro som está se misturando com o som das ondas. Poderia ser o som abafado de remos? Você estica os olhos para ver através da névoa. Formas longas e escuras estão se movendo indistintamente no nevoeiro. De repente, a cabeça de um dragão esculpido sai da névoa. É a proa de um barco viking! O barco é impulsionado para a frente, até a areia da praia. Você pula para o lado enquanto os guerreiros vikings pulam sobre bordas do barco, segurando machados de batalha e espadas de dois gumes. Mais três barcos longos aparecem através da névoa. É uma invasão viking!

Um barco longo viking

Enquanto Carlos Magno era rei, os vikings só invadiram o reino dos francos ocasionalmente. Carlos Magno não temia os vikings. Ele os chamava de *vagabundos inúteis*. E seu exército era tão bem organizado que os vikings não conseguiram conquistá-lo.

    Mas depois que Carlos Magno morreu, seu império foi dividido entre seus três netos. Agora os francos não tinham mais um exército forte e unido. E os vikings estavam prontos para invadir. Eles navegaram para a França repetitivamente em seus barcos de fundo plano. Eles queimaram cidades e roubaram tesouros. Eles invadiram a parte ocidental da França com tanta frequência que o rei dos francos ocidentais finalmente deu a eles um pedaço das terras. Agora os vikings tinham uma nova pátria. Os francos a chamavam de a terra dos nórdicos. Logo ficou conhecida como *Normandia*.

Você se lembra do que aconteceu com os bárbaros que se estabeleceram em Roma? Eles se tornaram cada vez mais como os romanos. A mesma coisa aconteceu com os vikings. Depois que se estabeleceram na Normandia, aprenderam a falar e se vestir como os franceses. Muitos deles se converteram ao cristianismo. E eles não iam mais *i viking*. Os vikings haviam se tornado *normandos*.

ÉRICO, O VERMELHO E O *FILHO DE ÉRICO*

Os vikings navegaram pela costa da Europa até a Espanha. Eles navegaram no Mar Mediterrâneo. E navegaram para o oeste, pelo Oceano Atlântico.

Uma família viking navegou para o oeste até a Islândia, uma pequena ilha no frio Atlântico Norte, e se estabeleceu lá. Tiveram de deixar a Escandinávia porque o pai da família, Torvaldo, havia matado um homem em uma briga. E logo ficou claro que o filho de Torvaldo, Érico, herdara o temperamento de seu pai. Érico cresceu e se tornou um homem feroz, de ombros largos, com cabelos ruivos brilhantes. Seus amigos o chamavam de Érico, o Vermelho.

Um dia, Érico, o Vermelho, começou uma discussão com seus vizinhos. A discussão cresceu cada vez mais e logo se transformou em uma briga. Quando terminou, dois dos vizinhos de Érico estavam mortos! Os outros vikings da Islândia ordenaram que Érico, o Vermelho, deixasse a Islândia. Então, Érico navegou para o oeste novamente, procurando por um novo lar. Logo ele chegou às margens de uma nova terra. Era um lugar gelado, rochoso e sombrio, tão ao norte que, durante o verão, o Sol nunca se punha. E durante o inverno, a noite durava o dia todo por três meses inteiros! Quem gostaria de viver em tal lugar?

Érico, o Vermelho, não sabia. Então, nomeou sua nova terra de *Groenlândia*. Ele esperava que esse nome alegre encorajasse outros vikings da Islândia a irem com ele. E o nome funcionou; ele convenceu 25 barcos cheios de colonos a irem com ele para a Groenlândia.

Mas na longa e perigosa viagem marítima, onze dos barcos foram destruídos. E quando os vikings frios, molhados e infelizes escalaram as costas da Groenlândia, não encontraram nenhum verde. Eles encontraram uma enorme ilha coberta de gelo grosso e áspero. Apenas uma pequena faixa estreita ao longo da costa tinha grama ou árvores.

Durante anos, os infelizes colonos viveram na Groenlândia. Eles criaram suas vacas magras e caçaram baleias e focas. Mas não podiam plantar campos de grãos ou grama, por causa do gelo que cobria sua ilha. Assim, aprenderam a coletar peles de foca, peles de ursos polares, chifres de renas e presas de morsa de marfim, e negociá-las com visitantes em troca de grãos. Mas mesmo com esse grão extra, a colônia não tinha o suficiente para comer. Eles tinham tão pouca comida que as crianças não cresceram tanto. Arqueólogos que desenterraram as sepulturas desses colonos vikings na Groenlândia descobriram que os esqueletos das mulheres adultas tinham apenas um metro e meio de altura, e a maioria dos homens tinham um pouco mais de um metro e meio!

Nesse lugar infeliz, Érico, o Vermelho, teve um filho. Esse filho também tinha cabelos ruivos. Ele ficou conhecido como

Leivo Ericsson: Leivo, Filho de Érico. E ele estava determinado a encontrar um lugar melhor para viver.

Quando era adolescente, Leivo costumava se sentar ao redor das fogueiras à noite e ouvir as histórias contadas pelos homens mais velhos. Um desses homens, um explorador chamado Bjarni, contou uma história sobre suas aventuras no Atlântico Norte.

– Eu estava navegando para casa após uma viagem de pesca – explicou Bjarni –, quando vi uma costa ao longe. Tinha colinas cobertas de árvores. Eu não sei a que terra aquela costa pertencia, e eu não tive tempo para explorá-la. E eu nunca tive a chance de encontrá-la novamente.

Enquanto Leivo ouvia, ele pensou consigo mesmo:

Quando eu tiver idade suficiente, irei e encontrarei aquela nova terra misteriosa.

Então, quando Leivo se tornou homem, comprou o barco de Bjarni e decidiu partir e encontrar esse novo país. Ele implorou a seu pai Érico para ir com ele, mas Érico recusou.

– Agora estou velho demais para explorar – protestou ele. – Não quero navegar em um barco aberto através do oceano gelado. Meus velhos ossos vão doer!

Mas Leivo insistiu.

– Você vai trazer boa sorte para nós! – disse ele.

Finalmente Érico concordou em ir. Na manhã da partida, Érico e Leivo partiram a cavalo para o porto. Mas no caminho, o cavalo de Érico tropeçou e o velho caiu. Leivo saltou para ajudar seu pai. Mas Érico havia quebrado o pé.

– Vá sem mim – disse Érico. – Eu não estou mais destinado a descobrir novas terras.

Então, Leivo partiu com 35 seguidores. Eles navegaram através dos gelados oceanos do norte em barcos abertos. Durante dias, eles não podiam comer comida quente ou dormir sob abrigo. Eles estavam encharcados de ondas e chuva. Mas continuaram navegando até encontrar a terra misteriosa de Bjarni, uma terra de colinas, com muita grama e árvores, e com riachos claros correndo para o oceano.

Leivo e seus homens desembarcaram e começaram a explorar. Mas logo descobriram que um de seus homens estava desaparecido! Leivo saiu para encontrar o homem desaparecido e o descobriu no meio de uma área de uvas silvestres, comendo o mais rápido que pôde.

– Bom – Leivo disse aos seus homens –, vamos colher estas uvas e levá-las de volta para os nossos amigos em casa.

Assim, com seus navios cheios de uvas, Leivo e seus homens partiram para a Groenlândia. Leivo chamou a nova terra que descobrira de *Vinlândia*, a Terra das Uvas.

Outros groenlandeses seguiram o caminho de Leivo de volta a esta nova terra de uvas e grama. Mas, quando chegaram, foram recebidos por tribos nativas que estavam prontas para defender Vinlândia desses invasores vikings. Os groenlandeses chamavam essas tribos nativas de *Skraelings*, o que provavelmente significava *gritantes*, por causa do terrível grito de guerra que os nativos usavam quando atacavam! Os groenlandeses construíram cabanas e tentaram se defender contra os *Skraelings*, mas acabaram sendo obrigados a abandonar seus assentamentos em Vinlândia e retornar à Groenlândia.

Então, onde ficava essa nova terra – essa Vinlândia? Leivo descobriu a América do Norte! Os *Skraelings* eram nativos americanos, defendendo suas terras tribais. Atualmente, os arqueólogos encontraram restos de casas vikings, joias e esculturas de madeira em Terra Nova, na costa canadense. Alguns historiadores acham que os vikings também exploraram o que são hoje os Estados Unidos. Arqueólogos encontraram uma pedra no Maine que tem entalhes em sua superfície, que se parecem com letras viking, ou *runas*. E algumas pessoas afirmam que esculturas semelhantes foram encontradas no interior de Minnesota!

Os historiadores continuam a discutir se essas runas foram realmente feitas pelos vikings. Mas mesmo que eles não tenham ido até Minnesota, os vikings estiveram na América do Norte há mil anos, centenas de anos antes de Cristóvão Colombo viajar pelo oceano.

OS DEUSES NÓRDICOS

Os vikings acreditavam que havia muitos deuses e deusas, e que viviam em uma terra acima do céu chamada Asgard. Asgard estava conectada com a terra por uma ponte de arco-íris, mas apenas os deuses podiam andar na ponte do arco-íris. Os vikings acreditavam que Odin, o rei dos deuses, vivia em um grande salão de festas chamado Valhala. Depois de grandes batalhas na terra, Odin enviaria moças-guerreiras, chamadas Valquírias, pela ponte do arco-íris para reunir as almas dos guerreiros mortos e trazê-las para Valhala.

Thor, o deus do trovão, era um dos maiores guerreiros de todos os deuses vikings, e por isso ele era um dos favoritos deles! Ele era um deus mal-humorado, sempre se metendo em confusão sem razão, assim como as tempestades que sopram de repente no meio de uma tarde quente. Esta é uma das histórias que os vikings contavam sobre Thor.

THOR E O REI GIGANTE

Uma bela tarde, os deuses estavam festejando em Asgard. Comiam, bebiam e contavam histórias. Mas quando a noite chegou, o hidromel acabou. Não havia mais nada para beber e não havia mais caldeirão para preparar mais hidromel. Os deuses começaram a ficar amuados.

– Nenhum hidromel! – eles reclamaram. – Nós também podemos ir para casa e ir para a cama.

Mas Thor levantou-se.

– Vou buscar hidromel para a festa! – ele disse. – O gigante Skymer tem uma chaleira de um quilômetro e meio de largura, cheia do hidromel mais delicioso, dourado e com sabor de mel que eu já provei. Eu vou pegar sua chaleira e seu hidromel!

Então, Thor saltou na sua biga puxada por cabras e dirigiu-a pela ponte do arco-íris até a terra. Ele trovejou em sua biga até o Sol se pôr e a escuridão cobrir a terra. Ao lado da estrada, viu as luzes de uma humilde casa de camponeses. Ele bocejou.

– Estou cansado de viajar – disse ele para si mesmo. – Eu vou parar durante a noite.

Então, dirigiu sua biga até a casa baixa de pedra, amarrou suas cabras e entrou. Assim que a esposa da casa o viu, ela deixou cair sua tigela de barro no chão.

– Um dos deuses está na minha casa! – ela lamentou. – E eu não tenho nada para alimentá-lo, apenas farelo de grão e água!

– Não importa – disse Thor. – Comeremos minhas cabras.

Então ele foi até a biga, matou suas cabras, esfolou-as e deu-as à mulher para assar. Ele colocou as peles de cabra ao lado da mesa.

– Coma o quanto quiser – disse ele à mulher, ao marido e aos filhos. – Mas não quebre os ossos e coloque-os de novo em cima da pele quando terminar. Amanhã vou precisar deles.

Então, a família pobre comeu e comeu e comeu até todos estarem satisfeitos. Thor juntou os ossos em cima da pele, amarrou-os e deitou ao lado do fogo para dormir. Logo seus roncos estavam sacudindo a casa.

O filho mais velho da família, Thialfi, foi mantido acordado pelo ronco. À meia-noite ele estava novamente com fome. Lembrando-se da deliciosa carne de cabra, e lambendo os lábios. Finalmente ele se esgueirou até as peles de cabra, deslizou um osso da coxa para fora debaixo do braço de Thor, abriu-o e sugou o mocotó.

De manhã, Thor acordou, espreguiçou-se e ficou de pé. Ele balançou o martelo gigante sobre as peles de cabra. Imediatamente as cabras estavam diante dele, inteiras e vivas.

– Vamos! – gritou Thor. Ele guiou as cabras em direção à porta. Mas então viu que uma estava mancando. Com raiva, ele gritou: – Quem quebrou a perna da minha cabra?

A mulher, o marido e os filhos caíram no chão aterrorizados. Mas o filho, Thialfi, levantou-se, embora seus joelhos tremessem de medo.

– Fui eu, ó Thor – disse ele bravamente.

– Então você virá comigo como meu criado – Thor ordenou –, e juntos viajaremos para a terra dos gigantes para roubar a chaleira de hidromel que pertence a Skymer.

Então juntos os dois partiram. Logo Thor bocejou novamente.

– Hora de tirar uma soneca – disse ele. – Procure um lugar onde eu possa descansar sem ser perturbado.

Ele parou a biga e Thialfi saiu correndo. Logo ele voltou.

– Há uma caverna ao redor da próxima curva, ó Thor – ele relatou. – Tem cinco grutas secas e quentes. Nós podemos dormir lá.

Thor seguiu o menino pela curva da estrada. Com certeza, uma caverna com cinco grutas menores era visível logo através das árvores. Deitou-se na caverna mais próxima, tirou o manto pela cabeça e adormeceu. Mas um terrível rugido e trovejar os acordaram.

– O que é esse barulho? – ele perguntou. – Eu sou o único deus que pode fazer trovejar!

Ele saiu da caverna e seguiu o som do rugido. Do outro lado da floresta, ele viu um enorme homem deitado dormindo, roncando. Seus dedos eram mais compridos do que a altura de Thialfi e, mesmo deitado, seu estômago estava mais alto que a cabeça de Thor.

Enfurecido, Thor balançou seu poderoso martelo e atingiu o roncador entre os olhos. Um golpe tão grande teria levado uma árvore direto para o chão como um palito de fósforo! Mas o gigante fungou e estendeu a mão para apertar sua testa.

– Malditas moscas – ele murmurou. Seus olhos se abriram e ele viu Thor com o martelo na mão, pronto para atacar. O gigante sentou-se e riu, e sua risada sacudiu o chão.

– Quem é esse homenzinho com o pequeno martelo? – perguntou ele. – Será que é o poderoso Thor, que veio me ver lá de Asgard?

– Quem é você? – Thor exigiu.

– Bom, eu sou Skymer, o gigante que mora no castelo lá em cima. – O gigante bocejou e olhou ao redor dele. – Oh, vejo que você encontrou minha luva. Eu me perguntei onde eu a deixei cair!

E com isso, ele pegou a caverna onde Thor estava dormindo, e colocou-a em sua mão.

Quando Thor percebeu que as cinco *grutas* eram na verdade os dedos da luva do gigante, ele se sentiu tolo. Mas ele estava determinado a roubar a chaleira do Skymer.

– Bem – ele exigiu –, você nem vai me convidar para um banquete? Você não sabe acolher os deuses?

– Um banquete? – disse Skymer. – Certamente. Vamos lá, homenzinho.

Ele saltou de pé e caminhou pelo chão, cada passo cobrindo um quilometro e meio. Thor chicoteou suas cabras em um galope apenas para acompanhá-lo! Thialfi foi deixado para trás. Logo chegaram a portões que alcançavam tão longe no céu que Thor não conseguia ver o topo deles. Skymer os abriu e convidou Thor a seu salão de festas. Thor subiu em um banco e esticou o pescoço para espiar a mesa. Lá, ele viu a chaleira de Skymer e, ao lado dela, um enorme chifre cheio de hidromel.

– Eu lhe ofereceria um pouco de hidromel – suspirou Skymer –, mas meu chifre é muito grande para você beber.

– Bobagem! – Thor retrucou. – Dê aqui!

Ele pegou o chifre e levou-o aos lábios. Ele bebeu, bebeu e bebeu até pensar que iria explodir, mas o hidromel no chifre permaneceu no mesmo nível. Finalmente ele soltou o chifre, ofegante.

— Meu caro – disse Skymer. – O chifre está cheio demais para você? O que mais posso oferecer? Talvez seja melhor brincar com o meu gato.

Ele levantou o dedo e um enorme gato cinzento veio correndo ao salão. Ele deu um tapinha no Thor com uma enorme pata. Thor se recuperou, mas o gato o lambeu com sua língua áspera e o derrubou no chão.

Enfurecido, Thor deu um pulo, colocou os ombros sob a barriga do gato e fez o melhor que pôde para erguê-lo do chão. Mas o gato arqueou as costas e ronronou. Tudo o que Thor pôde fazer foi levantar uma pata do chão.

— Você é ainda mais fraco do que eu pensava – disse Skymer triste. – Eu vou encontrar um companheiro digno de sua força.

Ele abriu uma porta no final do corredor, e arrastou uma mulher velha e curvada, tão velha que mal conseguia se mexer, e tão murcha que parecia mais uma passa do que um ser humano.

— Aqui – disse Skymer. – Lute com minha velha babá.

Thor se atirou na velha. Mas ela levantou um braço magro, jogou-o no chão e prendeu-o lá. Ele lutou, fungou e se esforçou, mas ela colocou um pé velho em seu peito e o manteve no chão.

Skymer se inclinou.

— Bem, Thor – disse ele. – Você acha que consegue roubar minha chaleira agora?

Thor, humilhado, só conseguiu abanar a cabeça.

— Então deixe-me dizer o que você fez – disse Skymer. – Quando você girou o martelo na minha cabeça, atingiu a terra com tanta força que abriu um vale de três quilômetros de largura e uma milha de profundidade. Quando você bebeu do meu chifre, você estava bebendo do mar, e você bebeu tanto que você baixou o nível do oceano. Eu pensei que você iria beber o mar todo! Quando você levantou meu gato, você estava erguendo a serpente de Midgard, a serpente do mundo que fica em torno da borda da Terra com a cauda na boca. Você não deveria ter sido capaz de movê-la, mas a levantou quase até o céu.

"Mas, apesar de sua força, você não pôde vencer a velha, porque ela é a Velhice. E ninguém pode conquistar a Velhice. Leva até os homens mais fortes à terra, fracos como crianças."

Thor rugiu com fúria sobre os truques do gigante. Ele pulou de pé e balançou o martelo sobre a cabeça, pronto para lutar. Mas em um momento o gigante, a velha, o chifre de hidromel, o gato e o próprio castelo desmancharam no ar. E Thor estava sozinho no meio de uma floresta solitária, balançando o martelo e gritando com o vazio.

❖

CAPÍTULO

15

OS PRIMEIROS REIS DA INGLATERRA

OS VIKINGS INVADEM A INGLATERRA

Os vikings se estabeleceram na Islândia, na Groenlândia e na América do Norte. Eles invadiram a França, tomaram parte dela e nomearam seu novo reino, a Normandia. Também invadiram as ilhas da Grã-Bretanha.

Olhe para o seu mapa, logo acima da Normandia, e você verá a Grã-Bretanha. A parte sul da maior ilha é chamada Inglaterra; a parte norte é chamada Escócia; e a parte ocidental é chamada de País de Gales. A ilha menor é chamada Irlanda. Você se lembra do que já aprendemos sobre as Ilhas Britânicas? Os primeiros povos que viviam lá eram chamados de celtas.

Os romanos tentaram conquistar os celtas, mas só conseguiram conquistar uma pequena parte da ilha. Depois que o Império Romano desmoronou, tribos bárbaras chamadas anglos e saxões chegaram à Inglaterra e se estabeleceram lá. Muitos dos celtas recuaram para a Escócia, Irlanda e País de Gales. E alguns anos depois, um monge chamado Agostinho veio à Inglaterra para pregar o cristianismo aos anglos e aos saxões.

Inglaterra e Normandia

Quando os vikings começaram a ir *i viking*, à procura de novas terras para cultivar, eles navegaram para as Ilhas Britânicas e desembarcaram na Escócia e na Irlanda. Eles invadiram fazendas e mosteiros e roubaram comida e tesouros. Os celtas e os anglo-saxões ficaram aterrorizados com os vikings! Os vikings não eram cristãos, e eles não prestaram atenção ao costume britânico de deixar padres e monges em paz. Em vez disso, eles queimaram mosteiros e igrejas, roubaram belos manuscritos iluminados e sequestraram mulheres e crianças para servirem como esposas e escravas!

"Nunca antes houve tal terror na Grã-Bretanha como sofremos agora", escreveu um historiador anglo-saxão, um homem chamado Alcuíno. Outra história que foi escrita durante a Idade Média, a *Crônica Anglo-Saxônica*, conta:

"Eles destroem tudo à vista. Eles pisoteiam as relíquias sagradas. Eles derrubam os altares... Alguns dos monges eles matam. Outros eles levam embora. Muitos, eles insultam, espancam e jogam para fora nus."

Alguns desses invasores vikings pegaram seu tesouro e voltaram para casa. Mas outros decidiram que gostavam da Irlanda e da Escócia. Eles reivindicaram algumas das terras como próprias e se estabeleceram para cultivá-las. E eles enviaram mensagens de volta para seus amigos e parentes na Escandinávia.

– Venham para esse novo país! – eles disseram. – Há terra fértil aqui e ninguém para defendê-la!

Por que os vikings acharam tão fácil atacar a Grã-Bretanha? Porque a Grã-Bretanha não tinha um rei forte para revidar. De fato, a Inglaterra estava dividida em sete reinos diferentes. Talvez, se todos eles tivessem se unido sob um líder, esses reinos poderiam ter expulsado os vikings, assim como

Carlos Magno, na terra dos francos. Mas, separadamente, os reinos ingleses eram fracos demais para resistir. Então os vikings continuaram vindo.

Em 866, um enorme bando de invasores vikings chamado *O Grande Exército* desembarcou na Inglaterra. Era liderado por dois irmãos vikings, chamados Haldano e Ivar, o Desossado. Ivar, o Desossado, recebeu seu nome porque ele era tão alto e magro que parecia ter sido esticado – como se fosse de massinha.

O Grande Exército marchou pela Inglaterra, capturando reinos à direita e à esquerda. Eles passaram dez anos atacando fazendas inglesas, lutando e saqueando. Finalmente, eles começaram a se assentar. Ivar, o Desossado foi para a Irlanda com seus homens, e Haldano ficou na Inglaterra e dividiu suas terras conquistadas entre *seus* homens. Agora os vikings viviam em fazendas próprias.

Essas fazendas vikings ficavam no meio da Inglaterra. E ainda havia muita terra inglesa ao sul, no reino de Wessex. Os Vikings ainda não tinham terminado de guerrear. Eles queriam toda a Inglaterra, não apenas parte dela. E sem um rei forte, os ingleses não podiam se defender.

– Por que não continuar indo para o sul? – perguntavam-se os vikings. – Vamos conquistar toda a Inglaterra até o mar!

Mas os vikings não contavam com um forte rei inglês, lá no sul! Logo, esse rei lideraria os ingleses contra os vikings – e os derrotaria.

ALFREDO, O GRANDE

O reino de Wessex, no sul da Inglaterra, observou a invasão viking com medo. Quando os vikings chegaram às fronteiras do seu reino, os nobres de Wessex recolheram sacos e bolsas de ouro e saíram ao encontro deles.

– Aqui – disseram eles. – Peguem o nosso ouro e vão embora!

Os vikings pegaram o ouro e foram embora por um tempo. Mas logo um dos comandantes de Haldano, um guerreiro chamado Gutrum, decidiu que queria Wessex mesmo assim. Então ele levou um bando de guerreiros ferozes com ele e voltou para o sul.

– Dê-me mais ouro – ele exigiu –, ou vou invadir!

O povo de Wessex pensou:

– Em breve ficaremos sem ouro. Precisamos de um rei forte para derrotar Gutrum e seus guerreiros!

Assim, em 871, eles nomearam um nobre chamado Alfredo para ser seu líder.

Alfredo sabia que precisava de tempo para reunir um exército. Então ele enviou a Gutrum um pouco mais de ouro, apenas o suficiente para convencê-lo a deixar Wessex em paz por mais alguns meses. Alfredo começou a treinar os fazendeiros de Wessex para lutar. Mas Gutrum decidiu montar um ataque surpresa. Ele marchou para o sul com seus guerreiros na época do Natal – durante o inverno, quando os exércitos geralmente ficavam quietos em seus acampamentos à espera de um clima mais quente.

Alfredo não esperava uma invasão. Afinal, ele e os nobres de Wessex tinham acabado de pagar a Gutrum para deixá-los em paz. Quando o exército de Gutrum veio atacá-los, Alfredo não estava pronto. Seus soldados ainda estavam espalhados por toda Wessex, e ele estava comemorando o Natal com apenas alguns guarda-costas.

Os ingleses ficaram aterrorizados! Muitos deles deixaram a Inglaterra e se dirigiram para a França. Eles tinham certeza de que Alfredo seria morto por Gutrum. E o próprio Alfredo foi forçado a fugir para o interior selvagem de Wessex. Lá ele se escondeu, fingindo não ser o rei. Segundo uma lenda, Alfredo parou na cabana de um camponês e implorou por abrigo. O camponês e sua esposa não sabiam quem era esse estranho cansado e enlameado. Mas eles tiveram pena e lhe deram comida e uma cama em troca de ajuda com as tarefas domésticas. Alfredo humildemente fez o que lhe foi dito.

Um dia, a mulher fez alguns bolos com farinha de aveia e água e os colocou sobre as pedras de sua lareira para assar.

– Vou pegar lenha – disse ela a Alfredo. – Olhe os bolos para mim e certifique-se que eles não queimem.

E ela saiu para pegar lenha, deixando Alfredo na frente do fogo. Mas o rei logo esqueceu os bolos. Ele estava preocupado com Gutrum e os vikings invasores. Os bolos começaram a fumegar e escurecer, mas Alfredo não notou. Ele estava ocupado demais imaginando como poderia derrotar os vikings.

Quando a mulher voltou com os braços cheios de lenha, largou os gravetos e correu para o fogo.

– O que há de errado com você? – ela repreendeu Alfredo. – Você não vê que os bolos estão queimando? Você vai comê-los em breve. Será que não pode ao menos ajudar a cozinhá-los?

Alfredo ficou com vergonha de dizer a ela que estava repreendendo o rei.

Mas logo Alfredo conseguiu elaborar um plano. Ele decidiu que ficaria escondido até a primavera, para que seus soldados, que eram todos agricultores, pudessem plantar suas colheitas antes de começarem a lutar. Afinal, se ele tirasse os agricultores de seus campos antes que pudessem plantar seus grãos, não haveria comida no verão e no outono. Mesmo se vencessem a batalha contra os vikings, poderiam morrer de fome. Então, se escondeu durante toda a primavera em uma pequena colina, cercada por pântanos e sarças. Ele enviou mensagens secretas para todos os seus homens:

"Cultivem suas plantações e então venham para meu quartel-general. Vamos reunir um exército para lutar contra Gutrum e seus vikings!"

Finalmente Alfredo reuniu um exército grande o suficiente para enfrentar Gutrum. E nesse meio tempo, o exército de Gutrum encolhera. Muitos de seus guerreiros ficaram entediados, esperando para lutar. Eles se assentaram para plantar suas próprias lavouras. Quando os dois exércitos se encontraram, os ingleses eram tão fortes quanto os vikings. Eles lutaram uma enorme batalha em um lugar chamado Planície de Salisbury. E os ingleses expulsaram os vikings do campo de batalha. Os vikings fugiram para um castelo próximo e bloquearam os portões. Então, Alfredo e seus homens cercaram o castelo e impediram que comida e água entrassem nele.

Em pouco tempo, Gutrum e seus vikings não conseguiram mais aguentar. Eles se renderam e Gutrum concordou em ir embora. Ele viajou de volta para o norte e se assentou para cultivar sua lavoura. O guerreiro se tornara agricultor. E Alfredo realmente se tornou um rei.

Quando Alfredo morreu, ele foi enterrado em uma catedral em Wessex. Mais tarde seu corpo foi transferido para outra igreja, chamada Abadia de Hyde. A Abadia de Hyde foi destruída e uma prisão foi construída sobre o túmulo de Alfredo.

Alfredo, o Grande

Então, a prisão foi destruída também. Por fim, os ingleses esqueceram onde estava o corpo de Alfredo. Há apenas alguns anos, em 1999, os arqueólogos descobriram que o túmulo de Alfredo ficava embaixo de um estacionamento. Eles cavaram o estacionamento e encontraram pedaços de rocha que pertenciam ao caixão de Alfredo. Mas os ossos não estavam lá. O que aconteceu com eles? Ninguém sabe. Talvez os internos da prisão tenham encontrado os ossos do antigo rei.

A BATALHA DE HASTINGS

Depois que Alfredo morreu, os reis que seguiram tiveram que continuar lutando contra invasões vikings. O filho de Alfredo, Eduardo, era um líder forte e feroz que protegia seus reinos e até mesmo tomou algumas das regiões do norte da Inglaterra dos vikings. Mas os reis depois de Eduardo não foram tão bem-sucedidos. Duzentos anos após a morte de Alfredo, no ano 1013, seu descendente, Etelredo, foi derrotado por um rei viking chamado Sueno Barba Bifurcada. Sueno tinha uma barba longa e espessa que ele usava em duas tranças, como um garfo. Ele se tornou o rei da Inglaterra. E Etelredo, que teve de fugir para a Normandia, ganhou seu próprio apelido. Ele foi chamado de Etelredo, o Despreparado, porque ele não foi capaz de manter os vikings distantes.

Depois de Sueno Barba Bifurcada, os descendentes dos vikings governaram a Inglaterra por muitos anos. Mas o tempo todo, os filhos dos vikings e os filhos dos anglo-saxões viviam lado a lado, negociando uns com os outros e se casando. A Inglaterra estava se tornando uma mistura de anglo-saxões e vikings. Os ingleses pararam de pensar em si mesmos como vikings ou anglo-saxões. Eles eram apenas *ingleses*.

Mas logo toda uma nova raça de guerreiros invadiria a Inglaterra.

O problema começou quando Eduardo, o Confessor, que governou a Inglaterra por mais de vinte anos, começou a envelhecer. Ele não tinha filhos, então seus conselheiros decidiram que um nobre chamado Haroldo deveria ser o próximo rei da Inglaterra após a morte de Eduardo. Haroldo era um guerreiro forte com seus próprios soldados, que eram leais a ele. E ele era de Wessex, assim como o grande rei Alfredo.

Mas o primo distante de Eduardo, Guilherme, achava que *ele* deveria herdar o trono inglês. Guilherme nem era inglês. Ele era francês e morava na Normandia, o reino francês dos vikings. Guilherme era casado com uma princesa inglesa e era parente do rei. Ele protestou que ele deveria ser o herdeiro de Eduardo. Mas os conselheiros ingleses se recusaram a ouvir. Eles não queriam um governante normando.

Um dia, Guilherme ouviu uma notícia surpreendente. Haroldo, navegando ao longo da costa de Wessex, foi pego em uma tempestade e desviado do curso. Seu navio havia sido impulsionado pelos ventos por toda a água entre a Inglaterra e a França, e havia se destroçado nas margens da Normandia.

Guilherme desceu até a margem e resgatou Haroldo dos destroços. Ele levou Haroldo de volta ao seu castelo, deu-lhe roupas secas e um lugar para dormir, e planejou um grande banquete em sua honra para a noite seguinte. No banquete, Haroldo estava sentado em um *estrado* (uma plataforma elevada para um convidado de honra). Ele estava cercado por mesas envoltas em tecido escarlate e dourado, cobertas de carne e bebida. Malabaristas e acrobatas o entretinham.

Mas Haroldo estava nervoso. Ele sabia que Guilherme queria ser o herdeiro de Eduardo. E, embora Guilherme estivesse agindo amigavelmente, Haroldo estava no castelo de Guilherme – com as portas trancadas.

Com certeza, no final da festa, Guilherme pediu a Haroldo que colocasse as mãos espalmadas sobre a mesa e prometesse dar a Guilherme o trono inglês. Haroldo teve medo de desafiar Guilherme em seu próprio castelo, então colocou as mãos na mesa e fez o juramento. Mas então Guilherme sacudiu a toalha de mesa. A *mesa* na frente de Harold era uma caixa com os ossos de santos nela! Haroldo fez um juramento sobre *relíquias* sagradas (restos de santos, que se acreditava ter poderes miraculosos). Agora ele estava obrigado a cumprir sua promessa.

Guilherme finalmente deixou Haroldo voltar para a Inglaterra. Vários anos depois, em 1066, Eduardo, o Confessor, morreu. Guilherme enviou imediatamente mensageiros a Haroldo, exigindo que Haroldo honrasse sua promessa sagrada. Mas Haroldo recusou.

– Eu serei o rei da Inglaterra! – declarou ele.

Portanto, os nobres ingleses realizaram uma grande cerimônia para tornar Haroldo o rei. Mas eles estavam nervosos. Um mau presságio pairava no horizonte: o cometa Halley.

O Cometa Halley aparece a cada 76 anos, mas os ingleses não sabiam disso. Tudo o que sabiam era que uma luz gigante estava se movendo pelo céu. Eles tinham certeza de que essa luz tinha algum significado terrível.

– Sobre a Inglaterra – escreveu um monge –, há um sinal nos céus que nunca se viu antes!

Com certeza, assim que Haroldo foi coroado, más notícias vieram. Guilherme e seu exército estavam prontos para atacar.

Guilherme havia se preparado cuidadosamente para a invasão. Ele desembarcou seu exército longe do exército de Haroldo, de modo que Haroldo teria que percorrer um longo caminho para enfrentá-lo. Quando os soldados de Haroldo chegaram para lutar contra Guilherme, estavam exaustos. Haroldo os marchou tão rapidamente que muitos soldados foram deixados pelo caminho. Mas o exército de Guilherme estava descansado e pronto para lutar.

Haroldo sabia que seu exército precisava descansar, então ele acampou durante a noite em uma colina. Ele pensou que Guilherme esperaria que ele descesse, em vez de tentar subir a colina para lutar. Mas Guilherme decidiu que ele iria lançar um ataque, mesmo que lutar ladeira acima fosse muito difícil. Ele disse a suas tropas:

– Agora é a hora de mostrar força e coragem. Vocês lutam não apenas pela vitória, mas por sobrevivência!

Os normandos subiram a colina em direção ao campo inglês e a batalha mais famosa da história inglesa – a Batalha de Hastings – havia começado.

A princípio, o ataque normando parecia fadado ao fracasso. O exército inglês lutou ferozmente e a força normanda começou a enfraquecer. Guilherme foi derrubado do cavalo e seus soldados começaram a gritar:

– O rei está morto! O rei está morto!

Mas Guilherme se pôs de pé e tirou o capacete.

– Eu ainda estou vivo – ele gritou. – E pela graça de Deus, eu ainda vou conquistar!

Os soldados normandos aliviados se lançaram de volta à batalha. Eles cercaram o exército inglês e o subjugaram. Haroldo foi morto e os ingleses se renderam.

Haroldo foi enterrado em vestes roxas, com o nome *Haroldo, o Infeliz* esculpido em sua lápide. Mas Guilherme também ganhou um novo nome: *Guilherme, o Conquistador*. Ele se tornou o novo rei da Inglaterra. E seus combatentes, descendentes de vikings de língua francesa, receberam terras e castelos na Inglaterra. Mais uma vez, a Inglaterra foi invadida e conquistada por um povo estrangeiro.

❖

CAPÍTULO

16

A INGLATERRA APÓS A CONQUISTA

A LÍNGUA INGLESA

Depois que Guilherme, o Conquistador, se tornou rei da Inglaterra em 1066, os normandos entraram na Inglaterra e a mudaram para sempre. Eles mudaram a maneira como os ingleses viviam. Mudaram o modo como os ingleses construíam casas e cultivavam suas terras. E eles até mudaram a maneira como os ingleses falavam.

A língua inglesa hoje é uma mistura de vários idiomas diferentes. O inglês parece um pouco com aquela amiga gananciosa que sempre pega seus brinquedos. Imagine que sua amiga gananciosa veja sua massinha e decida que ela a quer.

Afinal, a massinha *dela* está toda marrom e misturada com outras cores. Então ela pega sua linda massinha laranja e verde e mistura com a massinha dela. Depois de um tempo, você não consegue mais separar a sua massinha da dela. A massinha toda se tornou dela.

É assim que funciona o idioma inglês. Sempre que alguém que falava inglês ouvia uma palavra útil em outro idioma, ele simplesmente a pegava e misturava com todas as suas palavras em inglês, e logo essa palavra *se tornava* inglesa.

O primeiro idioma *inglês* era a língua falada pelos anglos e saxões bárbaros, quando invadiram a Inglaterra há muito tempo. Esse *inglês antigo* era muito diferente do inglês moderno. Tinha até letras diferentes. Aqui estão algumas frases de poesia em inglês antigo para você ver:

> Ða wæs on burgum Beowulf Scyldinga,
> leof leodcyning, longe þrage
> folcum gefræge (fæder ellor hwearf, aldor of earde).

Você vê as letras estranhas? A letra que parece um *p* com um talo alto e a letra que parece um *D* com uma linha extra são pronunciadas *th*. A letra engraçada que parece um *a* e um *e* juntos é pronunciada como um *a* longo. Essas frases são de *Beowulf*, a história que lemos anteriormente. Essas frases significam:

Beowulf estava na cidade dos Scyldings. Ele era um governante amado, e ele governou por muito tempo, conhecido por todo o povo, desde que seu pai se afastou do mundo.

O inglês antigo parece muito estranho para nós, mas podemos reconhecer algumas de suas palavras. Você vê *wæs* na primeira linha? Significa *era*. A palavra *longe* significa *longo*. E *fæder* significa *pai*. *Man* (homem), *house* (casa), *sheep* (ovelha), *dog* (cão), *wood* (madeira), *field* (campo), *work* (trabalho), *drink* (beber), *laughter* (rir), *the* (a, o), *this* (isso), *here* (aqui), e *that* (aquilo): todas essas palavras inglesas e muitas outras vêm do *inglês antigo*.

Quando os anglo-saxões chegaram, falando inglês antigo, expulsaram os celtas da Inglaterra para a Irlanda, a Escócia e o País de Gales. E a língua que os celtas falavam – a *língua celta* – se foi com eles. Hoje, essa língua celta ainda é falada na Irlanda, na Escócia e no País de Gales. Aqui está uma frase em galês, a língua celta falada no País de Gales. Como você pode ver, não é nada como o inglês.

> Yn y dechreuad yr oedd y Gair; yr oedd y Gair gyda Duw, a Duw oedd y Gair.

Esta é uma tradução galesa da primeira linha do Evangelho de João: *No princípio era o Verbo, e o Verbo estava com Deus, e o Verbo era Deus*. Estas palavras celtas provavelmente não parecem familiares para você. Os anglos e os saxões passaram poquíssimo tempo conversando com os celtas, por isso o inglês não tomou emprestadas muitas palavras do celta.

Mas o inglês *pegou* emprestado muitas palavras do latim e do grego. Você se lembra de quem veio para a Inglaterra depois dos anglo-saxões? Agostinho, trazendo o cristianismo com ele. E quando o cristianismo chegou à Inglaterra, o mesmo aconteceu com as palavras latinas e gregas. Os monges e sacerdotes que ensinaram os anglo-saxões sobre o cristianismo também lhes ensinaram palavras gregas como *apóstolo*, *anjo* e *batizar*. Os anglo-saxões não tinham palavras para essas ideias cristãs, então pegaram emprestadas as palavras gregas diretamente do Novo Testamento.

A Inglaterra após a Conquista

Eles pegaram emprestado ainda mais palavras em latim. O inglês antigo tomou as palavras em latim para *ministro, freira, monge, evangelho, santificado* e dúzias de outras, tornando-as palavras inglesas. E o inglês antigo emprestou palavras em latim que não tinham a ver com a Igreja também. *Fraternal* significa *de irmão* em inglês e português; a palavra latina para *irmão* é *frater*. *Maternal* significa *da mãe*; você consegue adivinhar qual é a palavra latina para *mãe*? *Mater*.

Até aquele momento, o inglês tinha palavras de pelo menos três outras línguas. Mas então outra invasão veio: a invasão viking. Os vikings trouxeram muitas palavras da Escandinávia. A maioria dessas palavras é curta, simples e clara. *Leg* (perna), *skin* (pele), *skull* (crânio), *angry* (raiva), *cut* (cortar), *crawl* (rastejar), *die* (morrer), e *drown* (afogar) são todas palavras escandinavas. (*Raiva*, *morrer* e *afogar* soam como palavras que os vikings usariam muito!) Assim como *hungry* (faminto), *weak* (fraco), *egg* (ovo), *steak* (bife), e *dirt* (sujeira). E os dias da semana em inglês têm nomes em homenagem aos deuses vikings. Tyr, o deus-guerreiro, teve *Tuesday* (terça-feira) nomeada em sua homenagem. Odin, o rei dos deuses, também é chamado de Woden; *Wednesday* (quarta-feira) foi nomeada em sua homenagem. *Friday* (sexta-feira) foi nomeada em homenagem a esposa de Odin, Frigg, e *Thursday* (quinta-feira) foi nomeada em homenagem a Thor, o temperamental deus do trovão.

Quando Guilherme, o Conquistador, e seus nobres se estabeleceram na Inglaterra, os ingleses passaram pela maior mudança de todas. Haroldo falava inglês, mas depois que ele morreu, reis de língua francesa governaram a Inglaterra por quase trezentos anos. O francês era falado por todas as pessoas ricas e importantes da Inglaterra e por todas as pessoas instruídas – médicos, advogados e cientistas. A maioria das pessoas comuns continuou a usar o inglês. Mas emprestaram palavras francesas dos normandos. E os normandos se casaram com homens e mulheres ingleses, criaram crianças inglesas e começaram a falar inglês. *Peace* (paz), *curtsy* (reverência), *beef* (carne), *chair* (cadeira), *curtain* (cortina), *garden* (jardim), *castle* (castelo), *judge* (juiz), *jury* (júri), *honor* (honra), *courage* (coragem), e *rich* (rico) são palavras francesas, emprestadas dos normandos.

O inglês ainda pega emprestado palavras do latim, do francês e de outros idiomas até hoje. No século XX, o inglês precisava de uma palavra para descrever algo novo – um filme que você pudesse assistir na sua própria televisão. Você sabe que palavra foi empregada? *Vídeo* – a palavra latina para *eu vejo*.

SERVOS E NOBRES

Antes da chegada dos normandos, os ingleses viviam em pequenas aldeias. Cada família cultivava seu próprio pedaço de terra. Cada aldeia tinha uma grande área aberta, chamada de *terra comum*, onde cada família podia colocar ovelhas, vacas ou porcos para pastar. Cada aldeia tinha seu próprio *xerife*, ou policial, que assegurava que a lei fosse mantida. Quando havia guerra, os agricultores da Inglaterra se uniam. E o rei da Inglaterra era seu líder, que os conduzia à batalha contra os invasores.

Mas Guilherme, o Conquistador, tinha ideias diferentes. Guilherme acreditava que o rei era mais do que apenas um líder de guerra. Em vez disso, Guilherme acreditava que o rei *possuía* a terra que ele governava. Então, quando foi coroado rei, ele reivindicou toda a terra da Inglaterra como sua! Ele deu partes da Inglaterra para seus cavaleiros favoritos – os que lutaram por ele na Batalha de Hastings. Em troca dessa terra, eles tinham que prometer pagar uma quantia a Guilherme para manter seu exército forte e servir ao rei sempre que ele os chamasse para se juntar em uma batalha.

Os cavaleiros ricos que se estabeleceram nessas terras foram chamados *senhores*. Eles deram partes menores de suas terras para outros cavaleiros, que lutariam por eles, e agricultores ingleses, chamados *camponeses*, ou *servos*. Em troca dessas pequenas fazendas, os camponeses tinham que prometer dar parte de tudo o que criavam ao seu senhor.

Então, os camponeses davam comida aos senhores e os senhores davam terra aos camponeses. Os senhores davam aos cavaleiros a terra e em troca os cavaleiros prometiam servir aos senhores. Os senhores serviam ao rei em seu exército e pagavam-lhe impostos, e o rei dava aos senhores terras e castelos. Esse modo de vida era chamado de *feudalismo*. Todos na Inglaterra serviam a outra pessoa, e a pessoa que serviam tinha o dever de dar algo em troca. O feudalismo era um modo de vida normando. E depois da invasão normanda, tornou-se um modo de vida inglês também.

Como seria a sua vida se você fosse um servo? Você passaria seus dias cuidando de animais, trabalhando nos campos, colhendo frutas e nozes, consertando arreios, fazendo ferramentas de madeira e ferro, e cuidando de colmeias. Toda semana, você enviaria alguns de seus animais, legumes, frutas, nozes e mel ao castelo, para o senhor e sua família. O senhor que é dono da terra não pode despejá-lo – você tem o direito de morar lá pelo resto da vida. Você mora em uma casa com um quarto. As paredes são feitas de barro e gravetos, e o teto é feito de feixes de palha, chamados de sapé. O chão de terra também é coberto com palha, com uma lareira bem no meio dele e um buraco no teto para deixar a fumaça sair. Sua cama é uma pilha de folhas perto do fogo. Sua família inteira dorme com você. E seus porcos e galinhas também! Eles são muito valiosos para ficar fora de casa à noite, então você os traz para dentro de casa quando escurece. Você não pode comer carne com muita frequência, a menos que você consiga pescar no rio próximo. Mas você tem muitos legumes e muitos grãos, que você usa para fazer um *mingau* (como aveia) e pães pesados e escuros. E no verão há mel de suas colmeias e maçãs, amoras e nozes das árvores e arbustos que crescem em torno de sua aldeia.

Agora imagine que você vive na família de um lorde. Você mora em uma enorme casa de pedra – um castelo. Tapeçarias bordadas e brilhantes cobrem as paredes de pedra de seus aposentos e os tapetes aquecem o piso frio. Lavanda, alecrim e outras ervas doces estão no chão; quando você pisa nelas, aromas suaves exalam. Você passa a maior parte do tempo na maior sala do castelo, o Grande Salão, onde troncos queimam em uma enorme lareira e lamparinas a óleo cobrem as paredes. Suas refeições começam com nabo e sopa de mandioquinha, caldo de galinha ou sopa de cebola e alho-poró. Para o prato principal, você talvez coma carne de vaca, porco, enguias ou pombos, juntamente com legumes, saladas de pétalas de flores, frutas, queijo, pão e muito vinho e cerveja. Seu cozinheiro passa horas fazendo a comida parecer tão boa quanto o gosto. Ele faz bolos em forma de castelos com pequenas bandeiras voando das torres, pão esculpido como navios de guerra flutuando em mares de caldo de carne, tortas com crostas que se abrem para que pássaros cantando saiam voando de dentro, e *intestinos de javali* – frutas secas esculpidas em tiras longas com molho de framboesa, empilhadas sob o estômago de um pequeno javali de massa! Seus banquetes duram horas, com músicos, malabaristas, acrobatas e palhaços se apresentando para você enquanto você come. Em ocasiões especiais, você come em pratos de prata, mas geralmente você come sua comida em uma fatia enorme de pão duro que absorve toda a gordura extra. E você usa sua faca e seus dedos para comer, porque garfos ainda não foram inventados. A sua vida é boa. Mas você espera que nenhum exército estrangeiro invada a Inglaterra. Porque, se isso acontecer, você terá que deixar seu castelo confortável, colocar sua armadura e partir para a guerra.

CASTELOS DE PEDRA

Quando Guilherme deu partes da Inglaterra para seus cavaleiros, os camponeses ingleses ficaram furiosos. Eles sempre viveram em sua própria terra, cultivaram sua própria comida e cuidaram de si mesmos. Mas agora esses soldados estrangeiros estavam por toda parte, reivindicando a Inglaterra para si e dizendo aos agricultores ingleses o que fazer. Então, os camponeses ingleses se revoltaram. Eles desobedeceram seus senhores normandos, atiraram pedras em seus cavalos e tentaram queimar suas casas de madeira. Logo, os normandos começaram a construir grandes castelos de pedra. Estes castelos ficavam frequentemente no topo das colinas, cercados por fossos e grossas muralhas de pedra. Essas foram as primeiras edificações inglesas feitas de pedra.

Um castelo de pedra

Guilherme e Ana vivem em um desses castelos de pedra. Foi construído pelo avô deles, que lutou pelo próprio Guilherme, o Conquistador. Agora seu pai está viajando, lutando em uma guerra pelo rei, e sua mãe está supervisionando os servos, que estão preservando frutas em mel para o inverno. Sua babá decidiu tirar uma soneca.

– Corram e brinquem um pouco – ela diz –, e me deixem em paz.

Então, Guilherme e Ana decidem brincar de esconde-esconde. Eles vão até seu quarto, uma pequena câmara de pedra no segundo andar do castelo, para começar o jogo. Ana é quem *procura*. Ela se inclina contra o peitoril grosso da janela, cobre os olhos e começa a contar até cinquenta. Ela ouve os pés de Guilherme correndo pelo corredor. Ana abre os olhos e olha pela janela. Do alto do morro onde fica o castelo, ela vê toda uma variedade de campos e árvores: pequenas faixas de trigo dourado, com pequenos camponeses fazendo a colheita; tiras de verde mais claro, onde vacas em miniatura e ovelhas pastam; e grossas tiras escuras de floresta.

Ana vai até a porta do quarto e olha para o corredor nos dois sentidos. Para onde foi Guilherme? Ela corre pelo corredor, em direção à porta em arco no final. Essa porta leva à masmorra – a torre quadrada que fica no centro do castelo. A masmorra tem seus próprios quartos, salas de armas e adegas com alimentos armazenados. Se o castelo for atacado, todo mundo pode entrar na masmorra e se trancar lá.

Dentro da torre, uma escada em espiral leva para cima e para baixo. Ana ouve pés correndo acima. Ela vai subindo. As escadas giram de forma tão acentuada que ela só consegue ver dois ou três passos à sua frente na luz que entra pelas janelas estreitas. As janelas são tão altas quanto ela, mas quase tão largas quanto a mão, apenas largas o suficiente para atirar flechas. Anne sai para o topo da torre. Mas Guilherme já desapareceu. Ele desceu correndo as escadas do outro lado da torre! Ana saltita pelo topo da torre, que é como um enorme pátio plano com uma mureta ao redor. A mureta é alta demais para que Ana consiga ver, mas a mureta tem aberturas para que um arqueiro possa se inclinar através e atirar em qualquer um que esteja atacando embaixo. Ana para em uma das aberturas e se inclina para a frente para olhar longe, para baixo. Um forte vento passa por ela. Abaixo dela está a muralha externa do castelo – dois metros e meio de largura, mais espessa do que seu pai tem de altura – e o portão da frente do castelo. O portão tem uma larga porta de madeira, uma porta levadiça, suspensa sobre ela. Se inimigos vierem ao castelo, a porta levadiça pode ser baixada para fechar o portão. Ana consegue ver o guarda que mantém a porta levadiça, encostado no alto da muralha, sonolento sob o Sol quente.

Ela vê alguém de pé ao lado do guarda, acenando para ela. É o Guilherme! Ele desceu a masmorra, atravessou o pátio do castelo e subiu até o topo das muralhas do castelo. Ana pula para a escada e corre de volta pelo espiral de pedra frio o mais rápido que pode. Ela sai correndo da porta inferior da torre para o pátio do castelo. As muralhas do castelo se elevam sobre ela. Ao seu redor estão os prédios menores do castelo: a torre da cozinha, a torre da prisão, a lavanderia ao ar livre e o *garderobe* (a edícula). Ela olha para a porta levadiça, mas Guilherme já se foi.

Ela corre para a torre da cozinha e abre a porta pesada, forçando os ombros contra ela. Uma onda de calor atinge seu rosto. Um enorme fogo está queimando na lareira, e dois quartos traseiros de carne estão assando sobre o fogo num espeto. Um garotinho, não muito mais velho do que ela, está girando o espeto pelo cabo de madeira. Ele está suado e quente, mas ele está girando o espeto com a mão direita e comendo um pedaço de fruta cristalizada com a esquerda. Sua mãe deve ter dado a ele algumas frutas! Na enorme mesa de madeira no centro da cozinha, a cozinheira prepara uma massa para fazer uma torta. Uma de suas ajudantes arranca as penas de um faisão e outra esfrega a louça suja com areia para limpá-la. Mas Guilherme não está lá.

Ela deixa a porta fechar e olha em volta do pátio. Onde está Guilherme? Ela atravessa para a lavanderia ao ar livre. Na plataforma de pedra plana, as lavadeiras estão despejando sabão líquido sobre as roupas sujas e batendo nelas com um bastão em um enorme barril. Ana franze o nariz. O sabão é feito de gordura animal e cinza de madeira; cheira mal. Os lençóis cheirarão melhor depois de terem sido colocados ao

Sol para secar, e depois dobrados com lavanda e camomila seca. Ela espia atrás da plataforma. Guilherme não está lá! Ela passa por cima do pequeno edifício de pedra atrás das lavadeiras – a edícula. Ela abre a porta. Um rato sai correndo, para baixo dos vasos sanitários de pedra. Os vasos sanitários têm buracos que levam até uma fossa bem abaixo do castelo. Desta vez, Ana não apenas franze o nariz. Ela o mantém tapado para que não consiga sentir o fedor vindo da fossa.

Ela fecha a porta novamente e olha em volta mais uma vez. Um movimento do outro lado da horta chama sua atenção. Algo está saindo de trás da cerca baixa de madeira. É a parte de trás do manto de Guilherme! Ele deve achar que é invisível. Ela passa pela parte de trás do jardim. Lá está ele, deitado de bruços. Ela pula nele e ele grita. O jogo de esconde-esconde acabou.

❖

CAPÍTULO

17

CAVALEIROS E SAMURAIS

O CÓDIGO INGLÊS DA CAVALARIA

Os cavaleiros que viviam nos castelos da Inglaterra ganharam suas terras do rei porque eram bons guerreiros. Eles eram melhores na luta do que em qualquer outra coisa! Então, quando não havia guerras para lutar, esses cavaleiros perambulavam pelo campo brigando. Ameaçavam os camponeses, cavalgavam sobre as plantações, matavam animais, invadiam mosteiros e roubavam igrejas.

Então, os líderes da igreja cristã começaram a pregar que os cavaleiros deviam lealdade a Deus, não apenas ao rei. Um cavaleiro tinha o dever sagrado de defender a igreja e cuidar dos fracos: mulheres, monges e padres, viúvas e órfãos. Cavaleiros deveriam ser mais do que apenas bons guerreiros. Eles eram como policiais, responsáveis por proteger os outros e garantir que as leis fossem obedecidas. Esse novo modo de ser cavaleiro foi chamado de *cavalheirismo*. O cavalheirismo significava que um cavaleiro tinha que ser corajoso, leal, honesto, generoso e bom de luta. Ele tinha que lutar pela igreja sempre que ela fosse ameaçada. Ele tinha que amar seu país, honrar seu senhor e lutar contra os inimigos de seu país. Acima de tudo, ele tinha que proteger as mulheres. E se um cavaleiro se apaixonasse por uma dama, ele teria que prometer servi-la, e cumprir qualquer tarefa que ela lhe desse, por mais difícil que fosse.

Tornar-se um cavaleiro era um processo longo e complicado. Aos sete anos, você começa a aprender a cavalgar e como lutar com uma espada e uma lança. Sua família manda você para morar com outra família para que possa treinar com outros meninos. Neste campo de treinamento, você se torna um *pajem*. Você aprende como colocar armaduras pesadas e como carregar seu escudo adequadamente. Você aprende como cuidar de um cavalo e como limpar sua sela e freio. Você pode até praticar o ataque com uma lança. Mas sua lança é um cabo de vassoura, e seu cavalo é de madeira com rodas, puxado por outros pajens!

Ao completar catorze anos, você se torna um servo de um cavaleiro em particular. Agora você é chamado de *escudeiro*. Você cuida do cavalo e da armadura do cavaleiro, ajuda-o a colocar e a tirar sua armadura, limpa suas armaduras e armas depois de uma luta e cuida de todas as suas necessidades. Enquanto isso, você continua aprendendo a lutar.

E você também aprende a ser educado: como falar com cortesia e comer bem, como cortar a carne e servi-la e como se comportar em um grande banquete.

Finalmente você passa por uma cerimônia em que você se torna um cavaleiro. Você vai ao castelo do senhor e passa uma noite inteira rezando na capela do castelo. Na manhã seguinte, você toma um banho frio e veste-se em três cores: uma camisa branca para lembrá-lo da pureza; um manto vermelho para lembrá-lo do sangue que você derramará como um cavaleiro; e calça marrom para lembrá-lo da terra onde seu corpo será enterrado. Você vai ao Grande Salão do castelo, onde você jura ser sempre fiel à Igreja e ao seu senhor. O senhor toca em você com uma espada e anuncia:

– Agora você é um cavaleiro!

Ele lhe dá uma espada e um sacerdote o abençoa.

Agora você tem um escudeiro e pode participar do primeiro grande torneio do ano. Centenas de cavaleiros estarão lutando nesse torneio. Você tem sua própria tenda colorida nos terrenos do torneio, onde seu escudeiro o ajuda a vestir sua armadura. Cavaleiros costumavam usar *cota de malha de ferro*, feita de milhares de minúsculos anéis de aço ligados entre si. Mas esta cota de malha não barra a lâmina de um machado ou a ponta de uma lança. Então, em vez disso, você usa uma armadura feita de placas de aço, unidas com dobradiças. Primeiro, seu escudeiro ajuda a colocar uma jaqueta acolchoada para amortecer sua armadura. Em seguida, ajuda-o a colocar suas pernas dentro do traje de sua armadura. Ele prende uma saia de cota de malha ao redor de sua cintura e, em seguida, prende sua placa das costas, a placa de peito e as guardas de braço e ombro. Você está começando a sentir calor, mas ainda não terminou. Você coloca luvas de couro e puxa luvas de malha, ou manoplas, por cima delas. Seu escudeiro amarra sua espada no cinto e coloca seu capacete. Ele cobre todo o seu rosto, exceto pelas fendas estreitas dos olhos, por onde você pode ver. Seus amigos só o reconhecem por causa do símbolo especial pintado em seu escudo. Esse símbolo, ou brasão, diz a todos quem você é. Ele é pintado com tinta dourada e escarlate, para que outros cavaleiros possam vê-lo de longe.

Você caminha rigidamente para fora da tenda e vai até seu cavalo. Seu escudeiro tem de içá-lo em seu cavalo. Você se junta a um desfile de outros cavaleiros, cavalgando na frente das damas da corte. As damas olham cuidadosamente para todos os brasões. Se elas reconhecem um cavaleiro que quebrou as regras de cavalheirismo e foi rude com uma dama, elas podem apontar para ele e os arautos ordenarão que ele saia do torneio.

Mas ninguém aponta para você e, finalmente, é hora de você lutar. Seu escudeiro lhe dá uma lança sem ponta, e você trota até o final do ringue e se posiciona. Outro cavaleiro está esperando para atacar você! O arauto dá o sinal e você chuta seu cavalo em galope. O outro cavaleiro parece enorme, atacando em sua direção em um enorme garanhão preto. Você range os dentes e fecha os olhos – e sente uma enorme sacudida no braço da lança. Por um minuto, você acha que vai cair para trás do seu cavalo, mas consegue pegar a parte de cima da sela e se erguer enquanto o cavalo galopa em direção ao final do ringue. Você ouve a multidão gritando seu nome. Assim que consegue parar seu cavalo, você gira ao redor para procurar seu oponente. Seu cavalo está galopando ao longe, e ele está sentado no chão, com a lança quebrada na mão. Você ganhou o torneio!

OS SAMURAIS: CAVALEIROS JAPONESES

Cavaleiros e senhores faziam parte da vida inglesa durante a Idade Média. Mas a Inglaterra não era o único país que tinha um *sistema feudal*, em que cavaleiros juravam obedecer a senhores em troca de terras. Longe, muito ao leste, um país muito diferente também tinha cavaleiros e senhores. Só que neste país os cavaleiros eram chamados de *samurais*.

Um guerreiro samurai

Já lemos sobre o Japão, que fica na costa do gigante país da China. Se você fosse da Inglaterra, para o outro lado do mar, a França, onde os normandos vivem, e então viajasse para o leste, passaria por um país selvagem e montanhoso, habitado por tribos nômades sobre as quais ninguém na Inglaterra sabe muito. Se você continuasse viajando para o leste, alcançaria o Mar Negro e depois o Mar Cáspio. Abaixo, ao sul, fica a península arábica onde Maomé nasceu. Continue indo para o leste e você passará pela Ásia Central; se olhar para o sul agora, verá a Índia. Mas você ainda não está na China! Viaje para o leste um pouco mais até ver as margens do Rio Amarelo à sua frente. Agora você está na China. Siga o Rio Amarelo até a costa da China, atravesse-o e você verá a ponta sul do Japão.

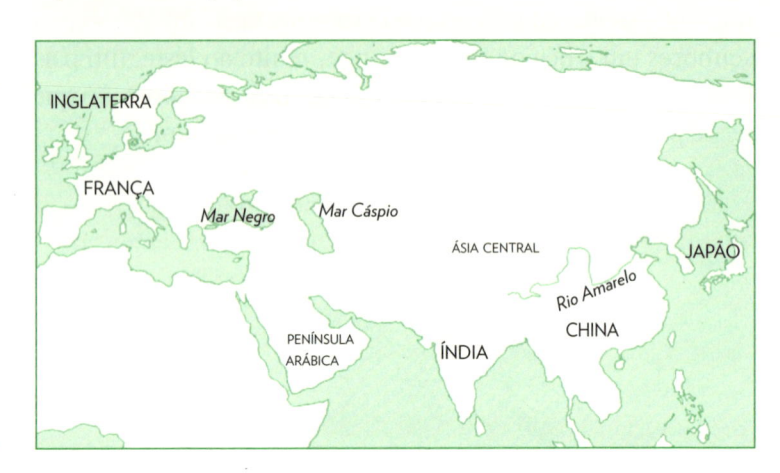

Da Inglaterra ao Japão

Japão e Inglaterra são, ambas, ilhas. Mas as duas não poderiam ser mais diferentes. A Inglaterra é uma grande ilha; o Japão é formado por quatro ilhas longas e finas, cercadas por quase 4 mil ilhas menores. E enquanto a Inglaterra é uma ilha pacífica coberta de florestas e campos calmos, as ilhas do Japão têm 65 vulcões ativos. As ilhas japonesas foram formadas pela colisão de duas partes da crosta terrestre, que se empurraram uma contra a outra e formaram uma crista com lava derretida abaixo dela. Esta lava ainda ferve através da crosta e entra em erupção através dos vulcões da região. E em todo o Japão, nascentes de água quente, chamadas *onsen*, borbulham e vaporizam-se da terra, aquecidas pela rocha derretida sob a superfície. Os samurais japoneses costumavam se banhar nessas águas termais.

Já lemos sobre os imperadores do Japão, que queriam que o Japão desenvolvesse seu próprio estilo de vida, em vez de tomar emprestado o estilo de vida chinês. Ao mesmo tempo que Guilherme, o Conquistador, se tornou rei da Inglaterra, um imperador Yamato ainda governava o Japão. Mas esse imperador, que vivia num enorme e elaborado palácio, era tratado mais como um deus do que como um imperador. Ele quase nunca era visto, e certamente não dirigia seu país. Ele deixou tudo isso para seus nobres, que eram chamados *daimiôs*. Mas os daimiôs brigaram entre si e também não cuidaram do país. As leis começaram a desmoronar. Ladrões vagavam de um lugar para outro, pegando o que quisessem. E esses nobres descobriram que precisavam de proteção para si mesmos e para suas terras!

Então, os daimiôs contrataram guerreiros para protegê-los. Eles prometeram a esses guerreiros terra e dinheiro, e esses guerreiros, chamados de samurais, prometeram proteger os daimiôs e suas terras dos bandidos. Assim como os cavaleiros ingleses, os samurais ganharam terra de um senhor (o daimiô) e deram serviço em troca. Assim como os cavaleiros ingleses, os samurais deram pedaços de terra aos camponeses que trabalhavam na terra e cultivavam alimentos para os samurais. O Japão, como a Inglaterra, tinha um sistema feudal. Os camponeses trabalhavam para os samurais, os samurais serviam aos daimiôs e os daimiôs serviam ao imperador.

O samurai também usava armadura, mas sua armadura era feita de chapas de ferro, lacadas com cores brilhantes e amarradas com tiras de seda e couro. A tinta lacada evitava que o ferro enferrujasse no ar úmido do Japão. Seus capacetes eram moldados como rostos, muitas vezes com elaborados bigodes de ferro, pintados para parecer estar sempre rosnando e ferozes. Eles passavam anos aprendendo a lutar com espadas curvas especiais, chamadas *catanas*. Os jovens samurais eram ensinados a realizar diferentes golpes de espada, em homenagem a animais como o gato, o macaco e o pássaro. Muitos samurais pensavam que suas catanas tinham poderes mágicos. Eles contratavam espadeiros especializados para fazer as espadas e decorá-las com ouro, joias e imagens de dragões.

Assim como os cavaleiros ingleses, os samurais viviam em castelos. Mas o Japão tinha mais madeira que pedra, e embora os castelos tivessem fundações de pedra, suas paredes e torres eram frequentemente feitas de madeira. Os cavaleiros ingleses seguiam o código da *cavalaria*, mas os samurais tinham seu próprio código, chamado de *o caminho do guerreiro*. Um samurai sempre tinha que defender seu daimiô, ou senhor, não importava o quê. E se ele tivesse que lutar por seu senhor, ele era obrigado a vencer ou morrer. Ser prisioneiro era uma terrível humilhação para um samurai. Se ele mostrasse covardia ou medo da morte, era esperado que ele se matasse com uma espada especial em uma cerimônia complicada chamada *haraquiri*.

Mas esses ferozes guerreiros também escreviam poesia e faziam belos jardins. Muitos samurais escreveram poemas curtos chamados *haicai* em louvor da natureza. Aqui está um haicai japonês medieval, escrito pelo grande samurai Matsuo Bashô:

> A velha lagoa
> O sapo salta
> A água soa

Os jardins desses ferozes guerreiros eram cheios de lagoas tranquilas, lindos riachos fluindo, margens cobertas de musgo e padrões pacíficos desenhados em tanques de areia branca.

Os samurais até aprendiam a dançar graciosamente. De fato, um dos maiores guerreiros samurais de todos os tempos, o general Oda Nobunaga, fez uma bela dança com um leque na frente de seus soldados antes de levá-los à guerra! Nobunaga se tornou o soldado mais poderoso do Japão, mas ele também sabia dançar. Os samurais costumavam dizer:

– Pratique as artes da paz à esquerda e as artes da guerra à direita.

Isso significava que eles não lutavam o tempo todo, apenas quando precisavam. E em tempos de paz, eles gastavam seu tempo fazendo jardinagem, escrevendo e pintando.

CAPÍTULO

18

A ERA DAS CRUZADAS

UM COMANDO DO PAPA

No último capítulo, viajamos da Inglaterra até o leste, para o Japão. Agora vamos chamar seu tapete voador para levar você de volta. Você se lembra de voar por todo o Império Romano, quando começamos a ler sobre a Idade Média? Seu tapete voador levou você para longe, bem acima do Mar Mediterrâneo, e pairou ali para que pudesse olhar para baixo. Você conseguia ver a terra ao redor do Mar Mediterrâneo, do Egito e até a Inglaterra, brilhando em amarelo. Em todo esse território romano, as pessoas falavam latim e seguiam as leis romanas.

Agora, volte para o seu tapete voador e suba pairando acima da China. Se você olhar para baixo agora, poderá ver a Grande Muralha serpenteando pelas montanhas da China! Seu tapete leva você pela Ásia, depois vira para o sul, de modo que você sobrevoa a Índia e o Oceano Índico, e então vira para o norte novamente. Você espia pela borda do tapete. Abaixo, você consegue ver a península arábica, com o Mar Vermelho de um lado e o Golfo Pérsico do outro. O Mar Mediterrâneo está à frente.

O Mundo na Época das Cruzadas

Mas algo aconteceu com a terra ao redor do Mediterrâneo. Não está mais brilhando em amarelo. Em vez disso, brilha com um escarlate profundo e claro. Toda a península arábica é escarlate. Assim é toda a costa norte da África. A Espanha é escarlate, embora a linha escarlate pare em Tours, onde Carlos, o Martelo, deteve o exército muçulmano e o empurrou de volta. Mas o escarlate se estende da Arábia até Jerusalém, na costa do Mediterrâneo. Ele se estende até o Mar Cáspio e até a Índia. Esta é a terra que pertence ao Império Islâmico, agora maior do que o Império Romano jamais foi.

Os guerreiros muçulmanos que lutaram para espalhar o Império Islâmico tinham um grande desejo: espalhar o islã por todo o mundo civilizado. E isso assustou as outras nações do mundo medieval. Seus reis estavam com medo de que os governantes muçulmanos assumissem o controle de suas cidades. E os líderes do cristianismo medieval também estavam preocupados. Se o islã se espalhasse por todo o mundo, o que aconteceria com o cristianismo?

Os cristãos ficaram particularmente aborrecidos quando os governantes do Império Islâmico dificultaram a visita à cidade de Jerusalém. Jerusalém era uma cidade sagrada para os muçulmanos, porque eles acreditavam que Maomé havia ascendido ao céu a partir de uma grande rocha dentro da cidade. Mas Jerusalém era também uma cidade sagrada para os judeus, porque era a cidade de Davi, o grande rei hebreu, e porque as ruínas do templo destruídas pelos romanos estavam lá. E era sagrada para os cristãos, porque Jesus foi crucificado lá. Muitos crentes judeus e cristãos faziam viagens especiais a Jerusalém. Esses viajantes eram chamados de *peregrinos* (pessoas que faziam viagens para mostrar sua devoção a Deus e, às vezes, pedir perdão por seus pecados).

Quando o Império Islâmico assumiu o controle de Jerusalém, judeus e cristãos podiam visitar a cidade. Mas então, os muçulmanos em Jerusalém começaram a se voltar contra esses peregrinos. Os muçulmanos começaram a expulsar e roubar os peregrinos cristãos e judeus. Alguns até foram mortos. Ao passar do tempo, as estradas para Jerusalém foram bloqueadas para que os peregrinos não pudessem mais ir à cidade santa.

E o próprio Império Islâmico se aproximava cada vez mais de Constantinopla e das igrejas cristãs de lá.

Finalmente, o imperador bizantino, que morava em Constantinopla, enviou uma mensagem ao papa.

– Precisamos de ajuda aqui em Constantinopla! – ele implorou. – Certamente os cavaleiros dos outros reinos cristãos podem ajudar a proteger a cidade de Constantinopla da conquista muçulmana? Se formos conquistados, nenhum cristão poderá rezar novamente na grande catedral, a Hagia Sophia!

O papa pensou sobre esse pedido. Ele decidiu que cavaleiros de reinos cristãos *precisavam* lutar contra a propagação do islã. Mas, em vez de mandá-los para Constantinopla, os enviou para Jerusalém. Ele prometeu aos cavaleiros que receberiam recompensas no céu por expulsar a invasão islâmica. E ele até prometeu que qualquer um que se juntasse ao exército teria seus pecados perdoados.

– Armem-se para o resgate de Jerusalém, sob o seu capitão, Cristo! – exortou aos cavaleiros. – Usem sua cruz como seu distintivo.

Assim, cavaleiros da Inglaterra, França, Itália e outros países com reis cristãos partiram para Jerusalém. Eles costuraram cruzes em suas roupas para mostrar que pertenciam aos exércitos que lutavam pela Cidade Santa. A palavra latina para cruz é *crux*, então, esses guerreiros que atacavam Jerusalém ficaram conhecidos como cruzados. E suas tentativas de recapturar Jerusalém do Império Islâmico ficaram conhecidas como as *Cruzadas*.

Os cruzados que saíram para combater o Império Islâmico estavam determinados a derrotar os guerreiros do islã. Mas as Cruzadas duraram anos e anos e os cruzados passaram muito tempo vivendo em países muçulmanos. Embora pensassem que os guerreiros muçulmanos eram seus inimigos, eles também aprenderam alguns dos seus costumes. Por um lado, começaram a tomar banhos com mais frequência. Os guerreiros muçulmanos lavavam-se com frequência, porque precisavam se banhar antes de suas orações diárias. Mas, na Inglaterra e na França, as pessoas só tomavam banho uma ou duas vezes *por ano*. Então, quando os cruzados chegaram em casa limpos, eram suspeitos de terem se tornado muçulmanos. Você já ouviu o ditado: *A limpeza está próxima da piedade*? Bem, durante as Cruzadas, a sujeira poderia provar que você ainda era um bom cristão!

RECAPTURANDO JERUSALÉM

Quando o papa chamou todos os cavaleiros cristãos para recapturar Jerusalém, nobres e cavaleiros de muitos países diferentes começaram a se organizar em um exército. Mas os primeiros cruzados a partir para uma cruzada nem sequer possuíam espadas. Eles eram agricultores e camponeses que participaram da Cruzada Popular.

A Cruzada Popular começou quando um pregador errante chamado Pedro, o Eremita, decidiu que as pessoas comuns deveriam se unir no esforço de recapturar Jerusalém. Ele atravessou o campo, fazendo discursos exaltados para todos os camponeses e agricultores que conheceu.

– Venham comigo para Jerusalém! – ele gritava. – Deus perdoará seus pecados e lhe dará forças para lutar! Você também pode ser um guerreiro de Deus!

Pedro, o Eremita, não era muito apreciado por outros clérigos. Um padre chamado Abade Guiberto observou:

"Com o rosto comprido emoldurado por um capuz velho e sujo, ele se parecia muito com o burro que ele montava!"

Mas Pedro, o Eremita, era um orador muito persuasivo. As pessoas com quem ele falou acreditavam que ele havia sido designado por Deus. E ele se tornou tão popular que as pessoas se aglomeravam em torno dele onde quer que fosse, arrancando cabelos da crina e da cauda do jumento para guardar de lembranças.

Quando Pedro, o Eremita, partiu para Constantinopla – sua primeira parada na viagem a Jerusalém –, 40 mil pessoas comuns o seguiram. Nenhum dos homens sabia lutar. Alguns tinham machados, mas muitos não tinham armas. E eles não sabiam exatamente com quem estavam lutando. Em sua longa jornada, eles atacaram aldeias cristãs, roubaram comida e maltrataram as pessoas dos países pelos quais passaram. A maioria deles nunca chegou a Constantinopla. E os que chegaram foram rapidamente capturados e transformados em escravos. Esta cruzada, a Cruzada Popular, foi um desastre.

Enquanto isso, verdadeiros cavaleiros viajavam para Constantinopla. Quando chegaram a Constantinopla, partiram na longa marcha para Jerusalém. Nós chamamos esse primeiro ataque a Jerusalém de Primeira Cruzada, e começou no ano 1096.

Demorou dois anos para os cruzados marcharem de Constantinopla para Jerusalém. Em todo o caminho, os cruzados foram seguidos por combatentes muçulmanos. Eles chamavam esses inimigos de *sarracenos*. Os sarracenos montaram emboscadas para os cruzados. Eles foram à frente dos cruzados queimando árvores frutíferas e colocando veneno nos poços. Os cruzados tiveram dificuldade em lutar contra esses ataques furtivos, e muitos dos cavaleiros foram mortos na jornada.

Mas, finalmente, os cruzados chegaram a Jerusalém. Um historiador medieval nos conta que o exército chorou de alegria quando os cavaleiros finalmente viram as muralhas de Jerusalém. Mas aquelas paredes eram espessas e estavam cheias de guerreiros sarracenos, e um fosso profundo cercava a cidade. Como poderiam os cruzados invadir Jerusalém? A melhor maneira seria construir altas torres de madeira chamadas de *máquinas de cerco*, que eles poderiam rolar até as paredes e usar para escalar até a cidade. Mas as colinas arenosas e rochosas ao redor da cidade tinham poucas árvores altas – certamente não o suficiente para fornecer madeira para as torres de cerco. Os cruzados tentaram usar os aríetes contra as paredes, mas os sarracenos jogaram fardos de palha para evitar que os aríetes batessem na pedra. Os cruzados incendiaram a palha, mas isso nem queimou as paredes. E logo o exército dos cruzados começou a sofrer de fome e sede. Os sarracenos haviam se preparado para a chegada deles trazendo toda a comida para dentro da cidade, e envenenando toda a água fora das muralhas da cidade.

Sem máquinas de cerco, os cruzados nunca seriam capazes de tomar a cidade. Finalmente, os mercadores que levavam mercadorias para os portos da Itália destruíram seus navios e levaram a madeira através da terra para os cruzados. Os cavaleiros usaram essa madeira para construir duas enormes torres de madeira com rodas de madeira. Eles cobriram essas maquinas de cerco com peles de animais embebidas em água para que os defensores sarracenos não pudessem atirar flechas em chamas e incendiá-las.

Então, os cruzados trouxeram pedras, uma a uma, e as jogaram no fosso ao redor de Jerusalém. Finalmente, o fosso foi preenchido. Os cavaleiros rolaram as torres de cerco sobre as pedras, subiram, abrindo caminho através das muralhas. Vários deles desceram o interior das paredes e correram para abrir os portões da cidade. Assim que os portões foram abertos, todo o exército dos cruzados invadiu a cidade. Eles estavam com fome, com sede, exaustos e com raiva. Em Jerusalém, eles mataram todos os que puderam encontrar. Milhares de muçulmanos e judeus morreram. Muitos deles não eram soldados e nem tinham espadas.

Foram necessários três anos para que a Primeira Cruzada recapturasse Jerusalém. Quando a Cidade Santa estava nas mãos dos cruzados, eles também capturaram a terra ao redor de Jerusalém. Eles dividiram esta terra em pequenos reinos. Cavaleiros cruzados tornaram-se príncipes desses novos reinos. Eles tentaram viver em paz com os sarracenos. Os sarracenos que juraram lealdade aos príncipes cruzados receberam terra e riqueza. Os cruzados aprenderam a se vestir e agir mais como muçulmanos. Alguns cruzados até se casaram com mulheres sarracenas.

Mas mesmo que os sarracenos e os cruzados vivessem sem lutar por um tempo, eles nunca estavam verdadeiramente em paz. A maioria dos cruzados nunca esqueceu que o papa chamara os muçulmanos de *inimigos da Verdadeira Fé*. E os muçulmanos nunca foram capazes de esquecer a crueldade que os cruzados haviam demonstrado na captura de Jerusalém.

SALADINO DE JERUSALÉM

Agora Jerusalém estava nas mãos dos cruzados. A terra ao redor da Cidade Santa era governada por príncipes cruzados. Mas os sarracenos queriam Jerusalém de volta. Eles se organizaram em um exército e atacaram um dos pequenos reinos perto de Jerusalém, chamado Edessa. Em 1144, eles derrotaram seu príncipe cruzado e tomaram Edessa.

Quando as notícias dessa revolta chegaram à Inglaterra, à França e aos outros países cristãos, um novo exército de cavaleiros partiu para lutar contra os sarracenos. Nós chamamos essa de Segunda Cruzada. Mas a Segunda Cruzada falhou. O exército cruzado não conseguiu retomar esse pequeno reino rebelde, que permaneceu nas mãos muçulmanas. O exército dos cruzados desmoronou e os cavaleiros voltaram para casa envergonhados de seu fracasso. E os sarracenos, sob o comando do grande guerreiro Saladino, começaram a preparar-se para um ataque ainda maior: sobre a própria Jerusalém.

Quando Saladino nasceu, Jerusalém estava nas mãos dos cruzados há quase quarenta anos. E Saladino ficou tão ansioso para reconquistar a cidade pelo islã quanto os cruzados tinham ficado por conquistá-la para o cristianismo. Desde a infância, ele se preparou para ser um guerreiro. Ele passou anos aprendendo a seguir o Alcorão e treinando para lutar. Quando jovem, lutou no exército comandado por seu tio. Cada vez mais muçulmanos notaram Saladino e elogiaram sua bravura.

Finalmente, Saladino tornou-se o segundo em comando, ou *vizir*, sobre todos os muçulmanos no Egito. Agora, ele tinha seu próprio exército. E ele estava determinado a reunir todos os muçulmanos em um poderoso exército com um único objetivo: retomar a cidade de Jerusalém.

Mas antes que ele pudesse fazer isso, Saladino teve de convencer os guerreiros muçulmanos a *segui-lo*, em vez de qualquer outro líder muçulmano. Então, teve o cuidado de ser um modelo muçulmano. Ele nunca quebrou sua palavra.

Ele sempre rezava cinco vezes por dia, mesmo quando estava viajando ou lutando. Ele deu tantas esmolas aos pobres que seu tesouro estava quase vazio! E, portanto, ganhou uma reputação de justiça e integridade.

Saladino tornou-se cada vez mais popular. Por fim, ele reuniu um enorme e fiel exército em volta dele. No ano de 1187, ele estava pronto para marchar em direção a Jerusalém.

Quando o governante cruzado de Jerusalém, o rei Guy, ouviu que o exército de Saladino estava se aproximando, chamou todos os seus cavaleiros para pedir conselhos.

– Saladino está marchando em nossa direção com uma enorme força de sarracenos atrás dele – disse o rei Guy. – O que deveríamos fazer? Ficar aqui na cidade ou sair para enfrentá-lo?

O cavaleiro mais velho e mais forte disse:

– Devemos ficar aqui e defender a cidade. Está quente demais para marchar pelas planícies. Se ficarmos aqui, os exércitos de Saladino terão que se cansar vindo até nós. E lembra como foi difícil conquistar a cidade enquanto os sarracenos ficaram dentro dela?

Mas outro cavaleiro discordou.

– Devemos sair e enfrentar esse exército! – ele gritou. – Ficar aqui é covardia. Devemos ser corajosos e atacar Saladino primeiro!

Rei Guy não sabia o que fazer. Mas ele temia que o cavaleiro mais velho e mais forte estivesse querendo tomar o trono de Jerusalém para ele. Então ele decidiu seguir o conselho do segundo. Ele reuniu todos os seus homens e marchou para enfrentar Saladino e seu exército.

Isso foi um erro terrível.

O dia de verão foi o mais quente do ano. O Sol caía sobre os cruzados. Suas pesadas armaduras de aço esquentaram como frigideiras em um fogão. As pedras estavam quentes demais para tocar. O pó sufocou os cavalos e fez os homens tossirem. Eles ficaram tão cansados e com sede que o rei Guy ordenou que parassem no meio da tarde e acampassem perto de um poço. Então, os cruzados descarregaram seus cavalos, montaram suas tendas e correram para tirar água do poço.

O poço estava seco.

A essa altura, os cruzados estavam doentes de sede. E, ainda pior, estavam em um vale entre dois picos de montanha chamados *Os Cornos de Hatim*. Um exército inimigo poderia se esconder atrás das árvores e das pedras acima do vale e atirar flechas sobre eles.

Porém, o exército do rei Guy estava exausto demais para se mexer. Eles ficaram em suas tendas no calor, mal conseguindo pegar suas armas. Certamente, o exército de Saladino cercou o vale. Os sarracenos incendiaram o mato e as árvores ao redor da borda do vale, de modo que o exército das cruzadas não conseguiu escapar. Mas os cruzados estavam tão fracos que não lutaram muito. Eles foram derrotados e o rei Guy se rendeu.

Agora, Jerusalém estava indefesa. Então Saladino liderou seu exército até a cidade em um desfile triunfante.

Saladino disse a seus homens que não matassem os cristãos em Jerusalém. Em vez disso, ele os manteve em cativeiro e os vendeu como escravos. Mas permitiu que os fracos e os idosos fossem libertos. E depois que ele se declarou o governante de Jerusalém, ele anunciou que os peregrinos judeus e cristãos seriam autorizados a entrar na cidade em paz. Por noventa anos, Jerusalém esteve sob o domínio cristão. Agora, estava nas mãos muçulmanas mais uma vez.

Uma Terceira Cruzada foi lançada para tomar Jerusalém de volta, mas Saladino não foi derrotado. Depois disso, houve mais cinco cruzadas. Cada uma delas tentou tomar parte do Império Islâmico. Mas nenhuma foi muito bem-sucedida. As cruzadas não eram uma boa maneira de conquistar terras do Império Islâmico!

EL CID E A RECONQUISTA DA ESPANHA

O ataque mais bem-sucedido contra o Império Islâmico não foi uma cruzada, e não ocorreu em Jerusalém. Os exércitos muçulmanos mantiveram o controle de Jerusalém. Mas, na Espanha, os reinos cristãos expulsaram os governantes muçulmanos. Nós chamamos essa época de *Reconquista* da Espanha.

Você se lembra de ler sobre a invasão muçulmana da Espanha? Quatrocentos anos antes das Cruzadas, os visigodos que viviam na Espanha haviam convidado o guerreiro muçulmano Tárique ibne Ziade para ajudá-los a resolver uma disputa pelo trono espanhol. Tárique veio com um exército. E ele tomou a Espanha para o islã. Os árabes viveram na Espanha durante séculos. Eles ficaram conhecidos como *mouros* e seu reino se chamava *Al-Andaluz*. A língua espanhola ficou cheia de palavras árabes. Belas mesquitas foram construídas na Espanha. Artistas, músicos, poetas e filósofos mouros se tornaram famosos em todo o mundo. Apenas alguns pequenos reinos no norte da Espanha permaneceram sob o domínio dos reis cristãos.

Por muitos anos, os governantes muçulmanos de Al-Andaluz foram *tolerantes*. Eles permitiram que judeus e cristãos vivessem na Espanha em paz. Mas cem anos antes das

Cruzadas começarem, um novo rei muçulmano subiu ao trono de Al-Andaluz, um rei que tinha apenas doze anos. Esse jovem rei não sabia realmente como governar um país. Então ele deixou a maioria de suas decisões para seu tutor. No ano de 978, esse tutor, Almançor, tornou-se o vizir do rei (seu segundo em comando).[1]

Almançor não queria cristãos ou judeus na Espanha. Ele decretou novas leis que impediam os cristãos de se reunir e rezar juntos. E ele declarou que os cristãos e judeus teriam que pagar impostos mais altos do que os muçulmanos. Por isso, muitos cristãos deixaram Al-Andaluz e viajaram para o norte da Espanha, para os reinos cristãos, onde não precisariam se preocupar com a perseguição.

Agora, todos os cristãos na Espanha estavam reunidos em um só lugar. E eles começaram a pensar em lutar contra o reino muçulmano de Al-Andaluz. Eles começaram a se aventurar do norte e atacar cidades muçulmanas. Uma a uma, essas cidades começaram a cair para os exércitos cristãos.

Um guerreiro cristão, Rodrigo Díaz de Vivar, tornou-se o maior herói da Reconquista. Tantas histórias são contadas sobre ele que não podemos ter certeza de quais são verdadeiras e quais são lendas. Mas aqui está um relato da vida de Rodrigo.

Durante a Reconquista, o reino cristão de Castela, no norte da Espanha, contratou o jovem guerreiro Rodrigo para liderar seus exércitos. Rodrigo lutou tão bravamente que o rei de Castela, Afonso, ficou com ciúmes dele e o baniu de Castela. Rodrigo sabia que ele não fizera nada de errado. Ele jurou que

---

[1] Almançor adquiriu seu apelido (que significa *o vencedor*) depois de suas campanhas; seu nome completo é Ibne Abu Amir.

não faria ou apararia a barba até ser perdoado. E assim sua barba cresceu por anos e anos. Ficou tão longa que Rodrigo a trançou e amarrou em um nó para que ninguém pudesse agarrá-la e puxá-lo para baixo em uma batalha.

Quando Rodrigo deixou Castela, ele viajou pela Espanha, lutando por quem o contratasse. Ele liderou exércitos cristãos em batalha contra os mouros, e liderou os mouros em batalha contra os cristãos. Ambos os lados passaram a respeitar sua força. Eles o chamavam simplesmente de *El Cid*, que significa *o senhor* ou *o chefe*.

El Cid finalmente se estabeleceu em um pequeno castelo no leste da Espanha. Mas ele não conseguiria descansar por muito tempo. O reino de Afonso, Castela, estava ficando cada vez mais poderoso, capturando cada vez mais cidades muçulmanas. E os governantes islâmicos da Espanha estavam com medo de não conseguirem combater os cristãos. Então, eles enviaram uma mensagem aos muçulmanos do norte da África, pedindo ajuda. Um enorme exército de guerreiros muçulmanos atravessou o Estreito de Gibraltar para a Espanha. Eles derrotaram o exército castelhano e começaram a empurrar os cristãos de volta ao norte. A tentativa cristã de reconquistar a Espanha parecia condenada.

O rei Afonso percebeu que precisava do seu general mais forte para ajudá-lo. Então enviou mensageiros para El Cid, implorando ao grande guerreiro que lutasse contra esses exércitos invasores.

– Ajude-nos a lutar contra as forças islâmicas! – implorou o rei. – Eles expulsaram os cristãos da cidade de Valência e encheram-na de guerreiros muçulmanos. Se não conseguirmos retomar essas cidades, estamos condenados!

A cidade de Valência ficava perto do castelo de El Cid. Então ele escolheu 4 mil combatentes e os liderou para atacar a cidade. Cavalgou à frente deles, a barba trançada enfiada cuidadosamente no elmo, a armadura dourada e prateada e um dragão vermelho no escudo. O exército muçulmano em Valência era muito maior que a pequena força de El Cid. Mas El Cid escolheu seu campo de batalha com cuidado. Era um campo pequeno, cercado por árvores e rochas, com uma entrada estreita, e apenas uma pequena parte do exército muçulmano podia entrar nele de cada vez. Pouco a pouco, El Cid e seu exército derrotaram as forças de Valência. Em 1094, El Cid tomou a cidade para si e transformou sua mesquita em uma igreja cristã.

O triunfo de El Cid não foi a última vitória cristã. A maré da guerra se voltou contra as forças mouras. Os exércitos cristãos chamaram os cruzados para ajudá-los a expulsar os mouros da Espanha. Por fim, cinco reinos cristãos cobriram a maior parte do país. Apenas um pequeno reino distante ao sul, Granada, permaneceu em mãos muçulmanas. A Espanha foi *reconquistada*.

❖

CAPÍTULO

19

UM NOVO TIPO DE REI

RICARDO CORAÇÃO DE LEÃO

Muitos cavaleiros e nobres da Inglaterra foram lutar nas Cruzadas. E assim fez um dos reis mais famosos da Inglaterra: Ricardo I. Por sua coragem na batalha, Ricardo ficou conhecido como Ricardo Coração de Leão.

Ricardo era alto, de cabelos dourados, forte e de ombros largos. Ele parecia exatamente como um rei. Mas Ricardo Coração de Leão passou muito pouco de seu reinado *como* rei. Quando ainda era um príncipe, ele ouviu que Jerusalém havia sido recapturada por Saladino. E a partir daquele momento, o único desejo de Ricardo era partir para lutar nas Cruzadas.

Dois anos depois, o pai de Ricardo morreu. Em 1189, Ricardo foi coroado rei da Inglaterra. Assim que se tornou rei, ele começou a vender seus bens para que pudesse reunir um exército para empreender uma cruzada. Ele declarou:

– Eu venderia a própria Londres se ao menos conseguisse encontrar o homem para comprá-la!

E assim que recebeu dinheiro suficiente, Ricardo deixou a Inglaterra e ficou longe durante anos e anos.

"Quase todo mundo ficou com raiva", diz um historiador medieval, "porque o rei deixaria o próprio reino com muita rapidez, como se ele não se importasse com isso."

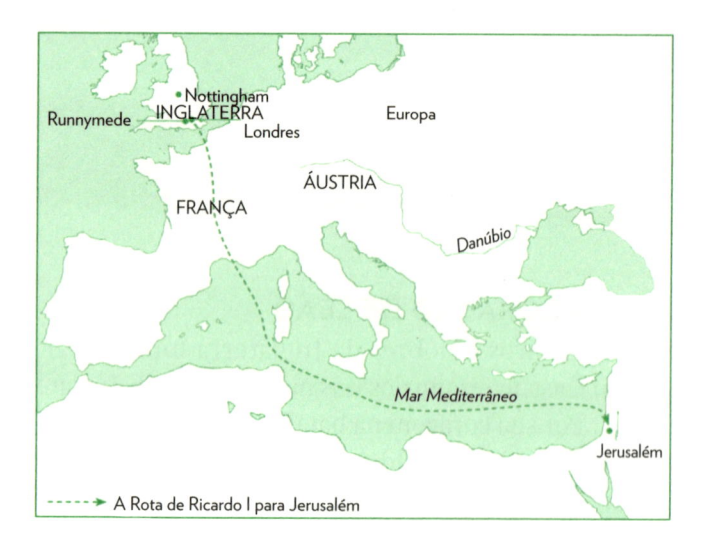

Ricardo e as Cruzadas

Quando Ricardo chegou à Terra Santa, uniu forças com o rei da França e o duque da Áustria. Mas logo brigou com o rei da França, que decidiu que seria mais fácil voltar à França do que continuar lidando com Ricardo. E, então, Ricardo anunciou que o duque da Áustria não deveria estar brandindo sua bandeira ao lado dele. Afinal, Ricardo era um rei e o duque era apenas um duque. Quando o duque se recusou a mover sua bandeira, Ricardo mandou seus homens roubá-la e jogá-la na lama. Com isso, o duque levou seus soldados e foi para casa. Ricardo havia perdido todos os seus aliados.

Ele marchou em direção a Jerusalém com seus cruzados ingleses. Mas o exército de Saladino saiu para encontrá-lo e impediu que ele chegasse à cidade. Uma vez que Ricardo lutou para chegar Jerusalém. Mas, embora seus exércitos olhassem ansiosamente, o próprio Ricardo se recusou a olhar para a cidade.

– Eu nem vou olhar – ele anunciou – para as paredes da cidade que Deus não me permite libertar.

Enquanto isso, Ricardo passou a ouvir rumores de casa. Seu irmão mais novo, João, estava tentando roubar seu trono. Então Ricardo começou a voltar para a Inglaterra para proteger sua coroa. Ele decidiu usar um atalho na Áustria, e não encontrou outro senão o duque da Áustria. O duque não esqueceu os insultos de Ricardo. Então ele o pegou e o prendeu em uma alta torre de prisão. Ninguém sabia onde Ricardo estava. Toda a Inglaterra lamentou sua morte (exceto, claro, João). Mas Ricardo estava deitado em uma pilha de palha suja, olhando através de sua minúscula janela gradeada para o azul do céu.

Mas uma pessoa não acreditava que Ricardo estivesse morto. Segundo a lenda, o fiel amigo de Ricardo, Blondel, cruzou a Europa a pé, espiando em todas as masmorras e parando do lado de fora de cada fortaleza. Ele cantava uma música em inglês e fazia uma pausa para ver se alguém respondia. Mas, geralmente rostos franceses, alemães ou italianos, espreitavam das ameias, sem entender as palavras em inglês.

Blondel caminhou pelas margens verdes e sinuosas do Danúbio, parando e cantando em cada castelo. Estava quase escuro uma noite quando ele parou em uma torre alta e sombria, esperando que os habitantes pudessem lhe oferecer uma cama para a noite. Ele se sentou na base da torre, encostando as costas na pedra fria. E enquanto ele ponderava, cantarolou preguiçosamente as primeiras falas de uma melodia antiga... *Greensleeves.* Enquanto sua voz se perdia no silêncio, ele ouviu alguém assobiando a segunda linha acima dele.

Blondel saltou de pé. Ele cantou a terceira linha e uma voz cantou a quarta linha em inglês. Ele olhou para cima e viu a cabeça loira de Ricardo, suja e emaranhada, a barba muito longa e esfarrapada, na janela bem no alto.

Blondel voltou para a Inglaterra e anunciou: *Ricardo está vivo!* A maioria da Inglaterra se regozijou ao ouvi-lo. Eles enviaram embaixadores ao Duque da Áustria, implorando a ele que libertasse Ricardo. O duque concordou em libertar Ricardo em troca de 150 mil marcos.

Isso era uma quantia enorme de dinheiro, o equivalente a quase 3 milhões de dólares hoje. João sugeriu que seria mais fácil simplesmente deixar Ricardo na cadeia. Mas o povo da Inglaterra discordou. Eles pagaram o resgate e Ricardo voltou para a Inglaterra.

Mas ele não ficou muito tempo. Logo partiu novamente, desta vez para lutar contra o rei da França pelas cidades francesas que Ricardo alegou pertencer a ele.

Em 1199, Ricardo estava lutando contra os defensores de um minúsculo castelo francês sem valor quando foi morto por uma flecha perdida. Ele havia sobrevivido aos ferozes exércitos de Saladino, apenas para cair em uma batalha sem sentido perto de casa. Agora seu irmão João finalmente herdaria o trono da Inglaterra.

JOÃO SEM-TERRA E A MAGNA CARTA

O apelido de Ricardo era *Coração de Leão*. Mas o apelido de João não era tão bonito. O povo o chamou de *João Sem-Terra*.

Por quê? João era o filho mais novo do rei da Inglaterra. Lembre-se, a Inglaterra era um *sistema feudal*. O rei *possuía* todas as terras que ele governava. Então, quando o pai de João morreu, Ricardo herdou toda a terra da Inglaterra. João não herdou terras, portanto ele era *sem-terra*.

Mas quando Ricardo morreu, João se tornou o rei. Agora ele não era João Sem-Terra. Ele era o rei e dono de toda a Inglaterra.

O irmão mais velho de João, Ricardo, sempre o tratou como um garotinho que não poderia governar um país. Enquanto Ricardo estava na guerra, João tentou o que pôde para reivindicar o trono. Mas quando Ricardo chegou em casa e tomou o trono de volta, ele *riu* de seu irmão.

– Como você é criança – disse Ricardo, e ordenou ao cozinheiro que desse a João seu jantar favorito para animá-lo. Mas João tinha 27 anos de idade!

Então, quando João se tornou rei, ele estava determinado a mostrar que ele era um governante forte e adulto. Mas ele teve todos os tipos de problemas. Por um lado, ele não era alto e de cabelos dourados como Ricardo. Ele era baixo, gordo e perdia o cabelo. Os nobres da Inglaterra não o respeitavam. E o rei da França estava tentando tomar os castelos que a Inglaterra possuía na França.

João sabia que se conseguisse derrotar o rei francês, poderia provar que era um grande guerreiro como seu irmão mais velho. Então, lutou batalha após batalha na França. Essas batalhas custaram caro. Ele teve de pagar seus soldados, alimentá-los e comprar-lhes cavalos. Então, para arrecadar dinheiro, João teve algumas ideias para conseguir mais dinheiro de seus nobres. Ele declarou que, em emergências (como guerras com a França), seus nobres lhe deviam dinheiro extra. Ele anunciou que sempre que um nobre morresse e deixasse sua terra para seu filho, o filho teria de pagar uma quantia extra para o rei, um *imposto sobre a herança*. E, além disso, se o filho ainda fosse criança, João poderia assumir o controle da terra do nobre e ganhar dinheiro dela.

Bem, todos esses foram modos pelos quais os reis tinham arrecadado dinheiro extra antes de João subir ao trono. Mas João usou-os para arrecadar muito dinheiro. Logo, seus nobres começaram a se sentir pobres. João tornou-se cada vez mais impopular. E então João fez algo ainda mais tirânico. Ele ordenou que seu sobrinho, o único outro possível herdeiro do trono inglês, fosse assassinado.

Finalmente, os nobres se revoltaram. Eles se reuniram em um exército, marcharam até Londres (capital da Inglaterra) e capturaram-no. Nós chamamos isso de guerra civil (quando soldados lutam em seu próprio país, contra seu próprio povo).

João percebeu que ele não seria capaz de recapturar Londres. Assim, no verão de 1215, vestiu-se com suas vestes reais, reuniu sua corte e foi ao encontro dos rebeldes em um campo chamado Runnymede.

Em Runnymede, os nobres apresentaram a João uma carta e disseram-lhe para assiná-la. A carta descrevia novas leis que o rei tinha que seguir. De acordo com essas leis, o rei só poderia receber dinheiro extra de seus nobres se o pagamento fosse justo e se ele obtivesse a permissão dos nobres para pedi-lo. As leis também diziam que o rei não poderia jogar seus nobres na prisão, a menos que eles tivessem cometido um crime. Esse artigo foi chamado de *Magna Carta*, ou *Grande Carta*.

João não quis assinar essa carta. Afinal, ele era o homem mais poderoso da Inglaterra. Ele poderia fazer o que quisesse, contanto que seus soldados fossem fortes o suficiente para forçar as pessoas a obedecê-lo. Ele não precisava seguir a lei. Ele era o rei, então ele era a lei. Tudo o que ele dissesse tinha de ser feito.

Mas ele sabia que, a menos que assinasse a Magna Carta, perderia a coroa. Então, ele assinou. Agora o rei da Inglaterra tinha que obedecer a lei como todo mundo em seu reino. Esta era uma ideia nova. Pela primeira vez, a lei era a força mais poderosa de um país, em vez do rei.

Hoje, ainda seguimos as ideias da Magna Carta. Se você mora no Canadá, nos Estados Unidos, ou no Brasil, seus líderes não são *donos* do seu país. Em vez disso, eles têm de seguir a lei como todo mundo. O presidente ou o primeiro-ministro não podem decidir de repente: *Hoje quero que todos em meu país me paguem cinquenta reais para que eu possa começar uma guerra.* Eles precisam pedir permissão às pessoas para aumentar impostos e iniciar guerras.

Mas em vez de viajar para Washington, DC (onde mora o presidente dos Estados Unidos) ou para Ottawa, Ontário (onde o primeiro-ministro do Canadá tem seu escritório), ou Brasília (onde fica o Palácio do Planalto) e dar-lhes permissão pessoalmente, escolhemos *representantes* – pessoas que vão a Washington, Ottawa, ou Brasília, e falem com nossos líderes por nós. Se o presidente ou o primeiro-ministro quiser iniciar uma guerra ou aumentar os impostos, esses *representantes* devem dar permissão. Nos Estados Unidos e no Brasil, esses eleitos são chamados de *deputados* e *senadores*. Eles se reúnem no *Congresso*. No Canadá, esses representantes são eleitos para a *Câmara dos comuns*. Eles são chamados de *membros do Parlamento*. Esse sistema começou há oitocentos anos, quando o rei João da Inglaterra assinou a Magna Carta.

ROBIN HOOD

Quando João governava a Inglaterra, antes da assinatura da Magna Carta, o povo da Inglaterra era pobre e infeliz. Quando João recebia dinheiro de seus nobres, seus nobres tiravam dinheiro de seus camponeses e servos. E não havia ninguém para ajudá-los a resistir a essa tirania.

Exceto Robin Hood.

O povo da Inglaterra contava histórias sobre um homem misterioso que vivia nas florestas reais com um bando de foras da lei. Ele usava uma jaqueta e um capuz verdes para se camuflar na floresta. Quando os nobres do rei João tiravam dinheiro do povo da Inglaterra injustamente, esse bandido roubava o dinheiro e o devolvia aos pobres. Ele era leal ao rei Ricardo, não ao rei João, e esperava que Ricardo voltasse logo das Cruzadas. Em alguns contos, esse misterioso bandido chamava-se Robin de Locksley; dizem que ele era um nobre cujas terras haviam sido tomadas pelo rei João. Mas, em outras histórias, ele é simplesmente chamado de Robin Hood. Aqui está um dos contos de Robin Hood.

ROBIN HOOD E O AÇOUGUEIRO

Muito tempo atrás, nos dias em que Ricardo Coração de Leão estava lutando nas Cruzadas, seu irmão mais novo, João, governou a Inglaterra. Ora, João era um homem ganancioso e nomeou outros homens gananciosos para administrar as aldeias de seu país. O pior de todos os seus homens era o xerife de Nottingham, que roubou do seu povo e deu dinheiro ao rei João. O povo de Nottingham mal podia sobreviver com os restos e moedas que o xerife e seus homens lhe deixavam. E embora vivesse à beira de uma floresta cheia de cervos gordos, abundantes o suficiente para alimentar toda a aldeia durante o inverno frio, era proibido de matar um único macho. Pois a floresta pertencia ao rei João. E, embora ele nunca tenha entrado nela, ameaçou enforcar qualquer homem que atirasse em um de seus cervos.

Um dia, Robin Hood estava andando com seu companheiro João Pequeno. Ele era um homem corpulento, que podia lutar até com o guerreiro mais forte com nada além de seu bastão e sair vitorioso. Os dois amigos passeavam pela floresta densa, ao longo da estrada que levava a Nottingham, quando ouviram o barulho dos cascos de cavalos. Então, Robin e João Pequeno saíram da estrada e se esconderam atrás de uma árvore. Enquanto eles observavam, uma carroça de açougueiro apareceu, carregada de carne fresca.

– Aha! – disse Robin a João Pequeno. – Este homem está indo para a casa do xerife. Ninguém além dele compra comida tão cara! Vamos lá conversar com ele.

Então, Robin e João Pequeno saíram de trás de sua árvore. Assim que o açougueiro os viu, ele virou o carroça, pois sabia

Robin Hood

(como todo mundo) que bandidos aterrorizavam a floresta. Mas João Pequeno agarrou o freio do cavalo e Robin disse:

– Caro açougueiro, vou trocar de roupa e lugares com você por dez moedas de ouro. Deixe-me levar sua carroça para a cidade, enquanto você descansa aqui na floresta com meus homens.

O açougueiro não queria descansar na floresta, mas João Pequeno segurava o freio do cavalo com uma das mãos e um cajado grosso com a outra. Então, ele desceu, tremendo de medo, e deu suas roupas para Robin Hood. Robin fixou um tampão preto em um dos olhos para esconder o rosto, subiu na carroça e foi para Nottingham, para a casa do xerife. Quando ele chegou lá, ofereceu à esposa do xerife um preço tão bom por suas peças de carne mais tenras e deliciosas, que ela o convidou para jantar.

Então Robin, o bandido, amarrou o cavalo na cerca do xerife e foi comer com ele. Sentou-se à mesa, rindo para si mesmo enquanto o xerife reclamava daquele incômodo pestilento Robin Hood. Mas ele ergueu os ouvidos quando ouviu o xerife dizer:

– E o pior de tudo é que esse camarada Blondel, que uma vez conheceu Ricardo, insiste que Ricardo não está morto e que nosso gracioso rei João não é mais que um usurpador!

– De fato? – Robin disse educadamente. – Ele acha que Ricardo vai voltar?

– Ele jura que irá encontrá-lo – disse o xerife, tomando um bom gole de cerveja. – Ele foi caminhar pelo mundo, procurando por Ricardo. Se ele o encontrar, nossos dias de tranquilidade acabarão! Mas talvez ele morra de peste primeiro. Mais carne?

– Eu agradeço – disse Robin –, mas, não. Devo voltar para minhas manadas e meus rebanhos.

– Por nossa senhora – jurou o xerife –, se seus rebanhos são tão bons e gordos quanto estes, eu mesmo os compraria.

– Posso vendê-los para o senhor! – Robin disse. – Venha comigo na minha carroça e eu lhe farei um preço tão bom quanto o fiz pela carne deste dia. Mas não se esqueça de trazer todo o seu dinheiro.

Bom, o xerife era muito ganancioso para resistir a tal oferta. Então ele encheu uma sacola com ouro e foi com Robin imediatamente. Os dois levaram a carroça do açougueiro até a densa floresta de Nottingham. E quanto mais eles iam, mais desconfortável o xerife se tornava.

– Açougueiro! – ele sussurrou. – Onde estão suas manadas?

– Perto! – Robin prometeu a ele.

– Aquele rapaz Robin Hood pode estar por perto – murmurou o xerife.

– Robin Hood não é problema para mim! – Robin respondeu, honestamente. – Mas não precisamos ir mais longe. Apenas deixe-me chamar meus vaqueiros.

E com isso ele colocou o chifre nos lábios e soprou três notas claras. Imediatamente, uma enorme manada de cervos gordos atravessou a estrada à sua frente. E logo depois veio uma multidão de homens em verde, com arcos nas costas e cajados nas mãos. Ao vê-los, o xerife ficou branco e começou a tremer de medo.

– Estes são os meus homens – disse Robin, tirando o tapa-olho –, e esses cervos são meus rebanhos. Eles vagam pela floresta, protegidos pelas leis injustas de João, enquanto as pessoas de Nottingham morrem de fome. Mas você trouxe dinheiro para comprar carne! Entregue sua bolsa, senhor xerife.

O xerife, com as mãos trêmulas de medo, entregou seu dinheiro. O João Pequeno abriu seu manto na estrada e despejou um rio de ouro sobre ela, enquanto os homens de Robin gritavam com aprovação.

– Leve-o até a beira da floresta, vende-o e deixe-o lá – ordenou Robin. – Deixe-o voltar e dizer a João que o povo de Nottingham serve ao rei Ricardo, não ao cruel príncipe que os mata de fome e os mendiga. Viva Ricardo, rei da Inglaterra!

– Viva Ricardo, rei da Inglaterra!

Todos os homens aplaudiram. Mas o xerife rosnou:

– Um dia eu vou enforcar você, Robin Hood, e todos os seus homens também!

– Talvez você o faça – disse Robin Hood. – Mas, primeiro, você terá de aprender a diferença entre um açougueiro e um fora da lei.

✦

CAPÍTULO

20

A DIÁSPORA

A DISPERSÃO DOS JUDEUS

Nós lemos sobre a era das Cruzadas, os anos em que cavaleiros de todo o mundo lutaram pela cidade de Jerusalém. Mas Jerusalém foi construída pelos judeus. Por que o povo judeu não governava sua própria cidade?

Muito tempo atrás, antes do início deste livro, o Império Romano ainda era forte e poderoso. A terra dos judeus, chamada Judeia, era governada por Roma. E alguns dos governadores nomeados por Roma tributaram pesadamente o povo judeu, prenderam e executaram-nos sem motivo algum, e se recusaram a deixar o povo venerar a Deus à sua maneira.

Finalmente, os judeus de Jerusalém se revoltaram. Eles se levantaram contra o exército romano que ocupava Jerusalém. Os soldados romanos em Jerusalém não estavam prontos para uma rebelião e tiveram que recuar. Mas, logo, Roma ouviu falar dessa rebelião em Jerusalém e enviou um grande exército de 60 mil homens à Judeia. Esse exército marchou pelo campo, destruindo as aldeias onde os combatentes da liberdade judeus, chamados *Zelotes*, estavam escondidos. Finalmente chegaram a Jerusalém e sitiaram a cidade. O cerco durou meses, até que os soldados romanos derrubaram as muralhas de Jerusalém e invadiram a cidade. No ano de 70 AD (EC), os exércitos romanos incendiaram o templo, onde os judeus rezavam, e levaram o povo judeu capturado.

Agora a Judeia estava sob domínio romano novamente. Mas os romanos estavam cansados de derrubar rebeliões judaicas. Eles pensaram: *Desde que deixemos os judeus em sua própria cidade, eles continuarão tentando tirá-la de nós.* Assim, os romanos espalharam os judeus por todo o império. E se recusaram a reconstruir o templo.

Este era um problema para os judeus. Afinal, eles eram judeus por causa de sua veneração a Deus! Um inglês era alguém nascido na Inglaterra e um francês alguém nascido na França. Mas um judeu era alguém que venerava Deus no templo. Sem o templo, como os judeus poderiam ser judeus?

Um erudito judeu, Yochanan ben Zakai, acreditava que os judeus ainda podiam ser judeus, mesmo que não pudessem venerar no templo. Ele acreditava que a *Torá*, os escritos sagrados dos judeus, poderia ser a *cola* que mantinha o povo judeu unido. Se todos pudessem lembrar e seguir a Torá, ainda seriam judeus, mesmo se estivessem espalhados pelo mundo todo.

Mas Yochanan tinha um problema. Ele estava em Jerusalém e os romanos estavam derrubando as muralhas. Ele sabia que Jerusalém estava condenada. Então, comprou um caixão e se deitou nele, fingindo estar morto. Ele fez com que seus alunos o levassem para fora de Jerusalém, chorando e gemendo o tempo todo, dizendo a todos que os paravam que estavam indo enterrar seu líder.

A dispersão dos judeus

Uma vez que estavam a salvo, Yochanan ben Zakai saiu do caixão. Ele foi para uma pequena cidade perto do mar com seus alunos, e lá montou uma escola para o estudo da Torá. Ele treinou outros professores, ou *rabinos*. Estes rabinos foram para outras cidades onde os judeus dispersos estavam vivendo, e ensinaram-lhes como venerar a Deus em pequenos *templos* locais chamados *sinagogas*. Por centenas de anos, os judeus seguiram vivendo em todo o mundo, venerando a Deus em suas sinagogas e lendo a Torá. Ao longo da Idade Média, os judeus viviam em muitos países diferentes: Inglaterra, Espanha, França, Rússia, Itália, Egito e muito mais. Mas, embora fossem ingleses, espanhóis, franceses, russos, italianos, egípcios e todas as outras nacionalidades, os judeus também permaneciam *judeus*.

Os judeus eram frequentemente vistos com desconfiança pelos reis dos países em que viviam. Na Inglaterra e na França, eles não eram considerados *bons ingleses* ou *bons franceses* porque sua veneração a Deus era mais importante do que sua lealdade à Inglaterra ou à França. Então, os judeus eram frequentemente maltratados. Durante a Idade Média, a Inglaterra e a França declararam que os judeus não eram bem-vindos em seus países! Mas muitos judeus haviam se estabelecido na Espanha, porque os governantes muçulmanos eram mais abertos ao judaísmo do que os reis cristãos. O reino islâmico da Espanha era tão amigável com os judeus que eles falam sobre seu tempo na Espanha como a *Idade de Ouro dos judeus*.

Os judeus não teriam uma terra própria até o século XX. Mas por causa dos rabinos e da Torá, eles permaneceram judeus, mesmo sem um país para chamar de seu. Chamamos essa dispersão dos judeus de *diáspora*.

UM CONTO DA DIÁSPORA

Depois que o povo judeu se espalhou, eles viviam em muitos países diferentes. Em cada país, eles aprenderam a língua e os costumes das pessoas que viviam em volta deles. As crianças judias na França aprenderam a falar francês e ouviram contos de fadas franceses. Os judeus da Inglaterra ouviam histórias de ninar da Inglaterra. E os que moravam na Espanha começaram a falar como os mouros e contavam histórias que ouviam deles.

Mas, embora os judeus emprestassem histórias de muitas outras terras, também as mudaram, de modo que as histórias fossem apropriadas por eles. Em muitas dessas histórias, esperteza e fé triunfam sobre a maldade e o ódio. Aqui está uma dessas histórias: *O Rabino Esperto de Córdoba*, uma história contada pelos judeus que viviam na Espanha.

O RABINO ESPERTO DE CÓRDOBA

Há muito tempo, um rabino inteligente morava na cidade de Córdoba, nos dias em que o Emir de Córdoba estava disposto a permitir que o povo judeu vivesse em sua cidade. Mas o Emir ficou mais velho, ouviu os maus conselheiros e permitiu que sua mente fosse mudada. Um dia, o Emir decidiu que os judeus deveriam deixar Córdoba para nunca mais voltar.

Mas ele não queria que os outros habitantes da cidade pensassem que ele era um governante cruel e sem coração, então, decidiu fazer seu comando parecer um teste. Ele anunciou:

– Os judeus devem provar sua dignidade de viver em nossa bela cidade. Eles devem escolher um entre eles para vir ao meu palácio e passar por três testes. Só se esse homem conseguir passar em todos os meus três testes, os judeus poderão ficar.

Bom, as pessoas no *aljama* (a parte judaica da cidade de Córdoba) ficaram aterrorizadas ao ouvir esse decreto. Elas não queriam deixar suas casas e seus jardins, vacas e burros, lojas e fazendas. Então elas se reuniram e elegeram seu rabino esperto para ir ao palácio do Emir.

O rabino foi para o palácio com o coração pesado.

– Como posso salvar meu povo, se o governante está determinado a nos expulsar? – Ele suspirou para si mesmo. – Nosso destino deve estar nas mãos de Deus.

Ele andou sob os arcos frios até a presença do Emir.

Bem, o Emir havia decidido estabelecer três testes que nenhum homem poderia passar. Então, ele disse ao rabino:

– Seu primeiro teste determinará o quão estudioso é seu povo. Responda-me: quantas estrelas brilham no céu?

– Cinco milhões, quatrocentos mil, trezentos e duas – respondeu prontamente o rabino.

O Emir encarou o rabino, incrédulo, pois tinha certeza de que nenhum homem poderia responder a essa pergunta.

– Como... como você sabe tal coisa? – ele gaguejou.

– Eu as contei – disse o rabino. – Se você não acredita em mim, conte-as e diga-me se estou certo.

O Emir percebeu que ele havia sido enganado. E então ele disse:

– Muito bem. Meu segundo teste determinará o quão sábio seu povo é. Responda-me: qual é a distância entre a verdade e uma mentira?

Agora essa era mais difícil, e o rabino precisou pensar. Assim que o Emir estava abrindo a boca para dizer:

– Os judeus devem deixar minha cidade!

O rabino exclamou:

– Eu sei! A largura de uma mão.

– O quê? – o Emir questiona, intrigado.

– A verdade é o que você vê com os próprios olhos – explicou o rabino. – Uma mentira é o que o outro lhe diz ser verdade, mas que você não consegue ver. A distância entre seus olhos e seus ouvidos é a largura de uma mão. Portanto, esta também é a distância entre a verdade e uma mentira.

O Emir não sabia o que dizer sobre isso. Então ele limpou a garganta e disse:

– Você tem mais um teste para passar. Agora veremos o quão afortunado seu povo é.

Ele gesticulou para seu servo e o homem trouxe uma tigela. Nesta tigela havia dois pedaços de papel.

– Em um pedaço de papel – disse o Emir –, escrevi a palavra *Fique*. No outro, escrevi *Vá*. Escolha um pedaço de papel. Qualquer que seja a sua escolha, você e seu povo devem fazer o que diz.

Agora, de fato, o rabino esperto ficou angustiado, pois sabia que, tão certo quanto o Sol nasce, o Emir escrevera a palavra *Vá* em ambos os pedaços de papel. Qualquer que fosse o escolhido, os judeus seriam forçados a deixar Córdoba. Então ele enfiou a mão na tigela, escolheu um pedaço de papel, e colocou a boca!

– O que você está fazendo? – gritou o Emir. – Por que você está mastigando o papel? Tem o destino do seu povo nele!

O rabino mastigou e engoliu seco. Quando o papel estava seguro em seu estômago, ele sorriu para o Emir.

– Ó, poderoso Emir – ele disse –, agora vou obedecer ao seu julgamento. O papel que escolhi, destruí. Mas o seu oposto ainda está na tigela. Qualquer que seja o papel na tigela, escolhi o outro.

O emir, sem palavras, espantado, desdobrou o papel restante. Com certeza, dizia *Vá*.

– Então aí está – disse o rabino –, o papel que escolhi deve ter dito *Fique*. Assim como o senhor decretou, ficaremos em Córdoba.

Então o rabino fez uma reverência e deixou o palácio do Emir, depois de passar pelos três testes. E o Emir, preso em sua própria armadilha, honrou sua palavra e deixou os judeus de Córdoba permanecerem em suas casas, enquanto ele reinasse naquela bela cidade.

❖

CAPÍTULO

21

OS MONGÓIS DEVASTAM O ORIENTE

GENGIS KHAN, IMPERADOR DE TODOS OS HOMENS

Enquanto os exércitos cristão e islâmico estavam lutando entre si no Ocidente, um tipo diferente de batalha estava acontecendo no Oriente. Os reinos orientais da China e do Japão não precisaram se preocupar com a invasão dos exércitos muçulmanos. Mas eles tinham que se preocupar com os mongóis.

Os mongóis vieram das montanhas selvagens e frias ao norte da China. Eles viviam em tendas de feltro que desmontavam todas as manhãs, deixando apenas as cinzas de suas fogueiras para trás. Eram nômades que vagavam pelo campo, conquistando e matando. O frio arrepiante do norte não os impedia; eles usavam peles e couro e esfregavam a pele com graxa para barrar o vento. Eles nunca se assentavam ou cultivavam; em vez disso, eles comiam raposas, coelhos e outras pequenas criaturas selvagens. Mas eles podiam ficar sem comida por dias a fio. Se eles estivessem prestes a morrer de fome, eles abriam as veias de seus cavalos, bebiam um pouco de sangue e então suturavam-nas e seguiam em frente.

As tribos mongóis invadiam aldeias chinesas no extremo norte da China. Matavam comerciantes e roubavam suas mercadorias. No entanto, nunca tentaram invadir a própria China, até que Gengis Khan se tornou líder.

Gengis Khan nasceu por volta de 1167, em uma pequena tribo mongol chamada Yakka. Seu pai era o chefe, ou *Khan*, dos Yakka. Mas eles eram apenas um dos muitos clãs mongóis. E os mongóis brigavam entre si com a mesma frequência com que lutavam com os chineses.

Gengis Khan teve uma ideia melhor. Ele achava que os mongóis deveriam se unir e atacar a China. Logo, do outro lado da Grande Muralha ficava a rica cidade chinesa de Pequim, onde as pessoas viviam em casas quentes, aquecidas por fogueiras, com camas macias, muita comida e sacos de ouro. Gengis Khan queria conquistar essa cidade rica.

Mas primeiro ele teve de convencer todas as tribos mongóis a segui-lo. Quando seu pai morreu, Gengis se tornou líder dos Yakka. Então, partiu imediatamente para conquistar os outros clãs mongóis também. Lutou selvagemente contra eles, forçando seus líderes a jurar lealdade a ele. Ele prometeu:

– Qualquer um que não me seguir será morto. Vou achatar sua tenda no chão, de modo que um cavalo galopando à meia-noite não tropeçará. A maior alegria da minha vida é matar meus rivais e roubar suas posses!

Você se renderia a um homem que falasse desse jeito? A maioria dos mongóis o fez. E aqueles que não se renderam foram mortos. Depois que Gengis Khan matou um líder rival, ele colocou sua tenda em cima do corpo. Então, ordenou que seus servos removessem o corpo através do buraco de fumaça da tenda, tarde da noite, enquanto todos observavam a frente da tenda. De manhã, ele anunciou que os deuses haviam matado seu rival e feito o corpo desaparecer como punição por desafiar Gengis Khan. Depois disso, *todos* o seguiram.

Gengis Khan

Agora era hora de liderar os mongóis unificados contra a China. Eles invadiram o norte, destruindo todas as cidades que encontravam, nivelando todos os edifícios até o chão. Eles atravessaram a Grande Muralha para a China. E enquanto o rei João assinava a Magna Carta na Inglaterra, Gengis Khan estava conquistando a cidade de Pequim.

Mas, então, Gengis Khan decidiu virar seus exércitos para o Ocidente. Ele disse a seus seguidores que o deus do céu, Tengri, os escolhera para conquistar a terra. E então ele os levou até as fronteiras do Império Islâmico.

Ninguém poderia parar essa invasão horrível! Gengis Khan e sua horda mongol pareciam o castigo de Deus. Os muçulmanos o chamavam de *O Flagelo*. Ele aterrorizou a parte ocidental do Império Islâmico por cinco anos e conquistou cidades quase até o Mar Cáspio. Os aldeões tinham tanto medo dele que, quando os guerreiros mongóis surgiam, eles se deitavam com no chão e se entregavam sem sequer tentar lutar. Um historiador muçulmano, Ibne Alatir, conta a história de dezoito homens que cavalgavam quando um único cavaleiro mongol apareceu.

"O mongol ordenou a eles que se amarrassem", escreveu Ibne Alatir, "e eles ficaram tão aterrorizados que começaram a fazê-lo."

Então um deles disse:

"Há apenas um dele e dezoito de nós. Por que simplesmente não o matamos e seguimos nosso caminho?".

Mas os outros dezessete estavam com muito medo.

"Ele vai nos matar se o desafiarmos!", lamentaram-se e continuaram a se amarrar.

Então o décimo oitavo homem cavalgou e derrubou o mongol de seu cavalo, e os outros dezessete galoparam, se lamentando:

"Alá nos preserve! Um mongol está aqui!".

Não é de se admirar que Gengis Khan tenha conquistado um império tão grande. Seus inimigos tinham muito medo de revidar.

Gengis Khan ainda estava lutando quando, por volta de 1227, ficou doente e morreu. Seu povo o levou de volta para a China a fim de enterrá-lo. Seus guerreiros mataram todos os que viram a procissão fúnebre passar, para que ninguém soubesse onde estava seu túmulo. Ainda hoje ninguém descobriu o local de sepultamento de Gengis Khan.

A CONQUISTA MONGOL DA CHINA

Quando Gengis Khan morreu, os mongóis governavam um enorme império, e seu reino logo se expandiu ainda mais. Os mongóis tomaram território do Império Islâmico. Eles conquistaram parte do Império Bizantino. Seu reino se estendia desde o Mar Amarelo ao oeste, até o Mediterrâneo.

O Império Mongol no seu auge

Quando o neto de Gengis Khan, Kublai Khan, subiu ao trono em 1260, ele completou o que seu avô havia começado. Ele se tornou o imperador da China.

Kublai Khan já tinha o controle da cidade de Pequim, que Gengis havia conquistado. Agora ele começou a lutar a caminho do sul. Não foi uma luta fácil. Os mongóis eram guerreiros ferozes, mas os chineses eram perspicazes e instruídos. Seus cientistas desenvolveram novas armas para se defender da invasão. Eles sabiam como fazer nevoeiros venenosos que poderiam ser soprados através de um campo de batalha: o *nevoeiro caçador de almas*, que tinha arsênico; o *nevoeiro de cinco léguas*, feito de pólvora, esterco de lobo e outros ingredientes estranhos; e a *fumaça mágica*, pó de cal lançado no ar para criar uma nuvem sufocante.

Mas, no final, a ferocidade mongol derrotou a sabedoria chinesa. Kublai Khan marchou até a China e removeu o imperador do trono. No ano de 1279, ele se tornou o governante indiscutível da China. E fundou uma nova dinastia, uma dinastia mongol, chamada Dinastia Yuan, para se sentar no trono chinês.

Kublai Khan vivia em grande luxo. Ele construiu um enorme palácio na cidade de Pequim e contratou 10 mil guarda-costas para protegê-lo. Todos que entravam em seu palácio tinham que tirar seus sapatos para mostrar humildade na presença do Khan. E sempre que seus funcionários gritavam *curve-se e venerem!* todos os seus visitantes se curvavam até que suas testas tocassem o chão.

Agora que ele era o imperador, Kublai Khan queria conquistar os países da costa chinesa. A Coreia, a pequena nação na costa leste da China, foi derrotada imediatamente. Mas quando Kublai Khan atacou o Japão, ele sofreu sua única grande derrota.

No início, Kublai Khan enviou uma mensagem aos japoneses.

– Rendam-se e suas vidas serão poupadas! – anunciou ele.

Mas os japoneses se recusaram a se render. Então, os mongóis construíram uma frota de navios de guerra e tentaram atravessar o mar até a costa do Japão. Os mongóis não sabiam muito sobre lutar no mar, mas nunca chegaram perto do Japão. Um enorme vento soprou e forçou os navios de volta à costa chinesa. Muitos dos guerreiros mongóis se afogaram. E o enfraquecido exército mongol recuou para a China para reunir forças.

Sete anos depois, os mongóis retornaram com ainda mais navios de guerra e um exército maior. Eles navegaram até o Japão e encontraram os navios japoneses para uma batalha no mar. A batalha durou muito tempo. Mas justamente quando o exército mongol parecia estar ganhando, outro grande vento uivou no Mar do Japão. Os navios mongóis foram levados de volta para a China mais uma vez. Muitos afundaram. Uma tempestade salvou o Japão pela segunda vez! Os japoneses acreditavam que os deuses haviam enviado essas duas tempestades. Eles chamavam essas tempestades de *kamikaze*, ou *ventos divinos*. Mil anos depois, pilotos de caça japoneses lembrariam essas batalhas quando se chamaram de *pilotos kamikazes*, porque desciam do ar para destruir seus inimigos.

Embora nunca tenha conquistado o Japão, Kublai Khan governou o maior império do mundo. Durante 23 anos, ele foi o imperador da China e o Grande Khan, dos mongóis. Seu nome era temido em todo o mundo.

Mas o Império Mongol não durou. Depois que Kublai Khan morreu, seus parentes dividiram seu império em pequenos reinos, cada um governado por um líder menor. Na China, a dinastia que Kublai Khan fundou ficou cada vez mais fraca. Logo, os descendentes de Kublai Khan perderam o trono chinês. O enorme Império Mongol tinha sido como um cogumelo que cresce e cresce até atingir um tamanho enorme durante a noite, e depois desaparece com a mesma rapidez. Ao todo, a dominação mongol do mundo durou menos de cem anos.

❖

CAPÍTULO

22

EXPLORANDO O ORIENTE MISTERIOSO

MARCO POLO VAI À CHINA

Para as pessoas que viviam na Europa, a China ficava do outro lado do mundo. A longa estrada que levava à China, a Rota da Seda, atravessava montanhas e seguia ao longo das margens de íngremes penhascos rochosos. Ela serpenteava por desertos secos, onde a única água era encontrada em pequenas poças sob os oásis espalhados pela região. Comerciantes que seguiam a Rota da Seda para comprar especiarias e joias na China podiam perder-se em uma tempestade de areia no verão, ou uma tempestade de neve no inverno. E a China estava tão distante que poderia levar cinco anos para viajar pela Rota da Seda e retornar.

Mas os mercadores que *conseguiram* viajar pela Rota da Seda encontraram coisas maravilhosas no final: ouro, cravo, gengibre, jade, laca, flores raras e belas, vinho, madeira de cheiro adocicado, tapetes com ricos padrões complicados e o misterioso pano de seda brilhoso que só os chineses sabiam fazer. Os europeus maravilhavam-se com esses tesouros e apressavam-se a comprá-los assim que chegassem as caravanas da China.

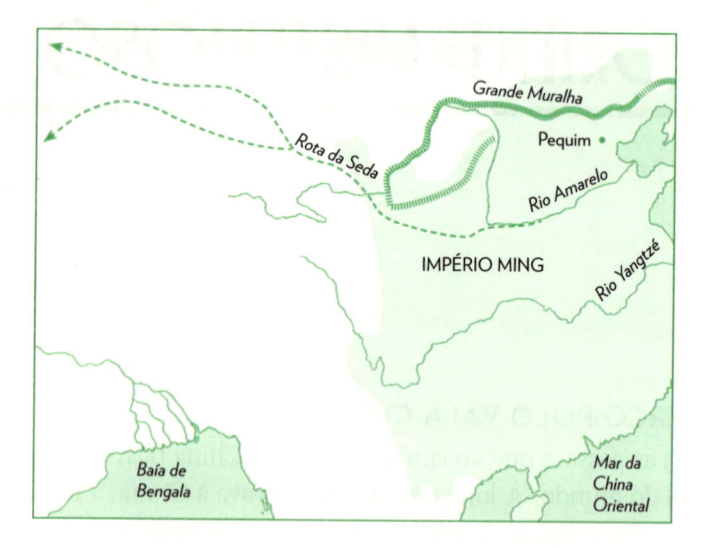

A Dinastia Ming e a Rota da Seda

Kublai Khan sabia que o comércio com a Europa tornaria a China ainda mais próspera. Então, fez o melhor que pôde para encorajar comerciantes e mercadores a irem para as cidades chinesas. Ele transformou seus soldados mongóis em guardiões e policiais de estradas e enviou-os para guardar as rotas e proteger os viajantes contra os bandidos. À medida que a jornada se tornou mais segura, cada vez mais mercadores e aventureiros viajavam pela Rota da Seda para ver as maravilhas das cidades chinesas.

Um desses aventureiros chamava-se Marco Polo. Ele era filho de um comerciante italiano chamado Niccolò. Antes de Marco nascer, Niccolò partiu em uma viagem para a China. Ele não voltou até que Marco tivesse quinze anos de idade. Quando ele voltou, disse ao filho:

– Demorei três anos para viajar ao palácio do Grande Khan. Quando cheguei, o Khan me deu as boas-vindas e me elegeu em uma posição como seu mensageiro. Todo esse tempo, tenho trabalhado para o imperador da China! Ele me mandou de volta para casa a fim de pedir ao papa uma centena de homens sábios que possam explicar o cristianismo. Ele quer que eu traga de volta um pouco de óleo sagrado de Roma. Você é um menino forte e está se tornando um homem. Pode viajar comigo para a China.

Então, Marco e seu pai começaram a caminhar pela Rota da Seda, carregando óleo sagrado para o imperador da China. A viagem levou quatro anos! Marco e seu pai foram atacados por bandidos. Eles tiveram que fazer um desvio para evitar uma guerra em um dos países pelos quais passaram. Marco ficou doente e teve de descansar por um ano inteiro.

Mas finalmente Marco e seu pai chegaram na cidade de Pequim. Lá encontraram o imperador Kublai Khan. Nós sabemos o que Marco Polo pensou sobre esse encontro, porque ele escreveu um livro sobre sua jornada para a China. Esse livro, que ele chamou de *As Viagens de Marco Polo*, foi lido em todo o mundo. Por muitos anos, seu livro era o único jeito de as pessoas no ocidente descobrirem como era a China.

Marco Polo, mercador e explorador

Em seu livro, Marco Polo descreveu o palácio de mármore do Khan. O palácio ficava num enorme jardim murado, onde animais selvagens vagavam pelo terreno. Uma montanha artificial surgia no centro do jardim, com belas árvores de todas as partes do mundo plantadas por todos os lados. Um lago cheio de peixes ficava no sopé da montanha, e um pequeno palácio para o Khan relaxar foi construído no topo.

Dentro do palácio, esculturas de dragões e pinturas coloridas de cenas de batalha cobriam as paredes. Marco Polo foi levado a um refeitório, onde 6 mil pessoas podiam comer ao mesmo tempo. Em seu livro, ele escreveu:

"Tudo é pintado em ouro, com muitas histórias e representações de bestas e pássaros, de cavaleiros e damas e muitas coisas maravilhosas. Sobre todas as paredes e todo o teto não se vê nada além de pinturas em ouro."

Ali os grandes banquetes do Khan foram realizados, e Marco Polo saboreou seu primeiro sorvete.

Ele ficou impressionado com as roupas bonitas que os chineses usavam, pela abundância de carne e legumes frescos nos mercados e pelo tamanho das frutas.

"Certas peras enormes", escreveu ele, "pesam até quatro quilos e meio cada uma". E ele ficou surpreso ao ver fogueiras feitas de pedras negras que queimavam. Marco Polo nunca tinha visto carvão antes!

Marco e seu pai ficaram na China por quase vinte anos. Marco viajou por todo o território, vendo suas grandes cidades com seus belos edifícios e suas pequenas aldeias cheias de camponeses e fazendeiros. Quando Marco Polo cresceu, Kublai Khan o encarregou de governar diferentes cidades em seu império. Ele, às vezes, pedia a Marco para julgar entre autoridades chinesas que discutiam entre si. E uma vez ele até pediu a Marco para descobrir se seus soldados estavam conspirando contra ele.

Quando Marco e seu pai finalmente voltaram para casa, seus parentes se recusaram a deixá-los entrar. Marco era agora um homem de quarenta anos e Niccolò tinha uma barba branca. E eles estavam vestindo roupas sujas e esfarrapadas.

– Vocês não são Marco e Niccolò! – seus parentes zombaram. – Eles estão mortos há anos! Vocês são apenas mendigos.

Então Marco e Niccolò rasgaram as costuras de seus casacos. Joias caíram: esmeraldas, rubis e safiras. Os dois homens vestiram suas roupas mais velhas e inseriram suas joias nas costuras para que os ladrões não os atacassem. Finalmente, seus parentes os deixaram entrar. Marco e Niccolò haviam retornado da China.

A CIDADE PROIBIDA DE MING

Marco Polo teve a sorte de fazer sua viagem à China durante o reinado de Kublai Khan. O Grande Khan queria que os europeus viessem a seu país, então ele tentou tornar a Rota da Seda segura. Mas depois da morte do Grande Khan, viajar para a China tornou-se cada vez mais difícil. A terra entre a Europa e a China havia sido controlada por Kublai Khan e protegida por seus soldados. Mas agora outros líderes mongóis dividiram essa terra intermediária entre si. Eles lutavam um com o outro ao longo das fronteiras de seus novos reinos pequenos. Agora havia guerras ao longo da rota. Os mercadores viajavam para a China cada vez menos e, com o passar do tempo, quase nunca.

Enquanto isso, os novos governantes da China, os imperadores da Dinastia Ming, passavam o tempo melhorando suas próprias cidades e palácios. Um desses imperadores, o imperador Yongle, construiu um palácio bem no centro da capital da China, Pequim. Ele queria que esse palácio mostrasse a beleza da arquitetura chinesa e a habilidade dos construtores chineses. A família real viveria nela. A casa do imperador e todos os seus edifícios oficiais seriam parte do palácio. E nenhum estrangeiro jamais poderia entrar. Chamamos a esse palácio de *Cidade Proibida* porque era tão grande quanto uma cidade pequena, e também porque os visitantes estrangeiros eram proibidos de vê-la.

Yongle ordenou que a construção começasse em 1421. A Cidade Proibida levou catorze anos para ser construída. Suas paredes eram feitas de enormes pedras cortadas de pedreiras fora de Pequim. As pedras eram pesadas demais para que os bois as puxassem até a cidade, especialmente durante o inverno, quando as estradas estavam cobertas de sulcos congelados. Então, trabalhadores chineses cavaram um poço a cada 90 ou 120 metros ao longo da estrada. Eles despejavam água na estrada e esperavam que ela congelasse, e então deslizaram as pedras no gelo, direto até Pequim.

As paredes de pedra que cercavam o palácio tinham nove metros de altura. Dentro dessas muralhas, os chineses construíram 9.999 edifícios menores. Estes edifícios foram feitos não só de pedra, mas de tijolos vermelhos feitos de arroz e cal. Os tijolos foram unidos com um cimento feito de purê de arroz e claras de ovo. Esses tijolos permanecem fortes há séculos.

Amarelo é a cor da realeza na China, então, os edifícios foram decorados com dragões de ouro e pinturas amarelas, e os telhados foram cobertos com telhas amarelas. Cada prédio dentro da Cidade Proibida tinha um nome especial.

Os maiores edifícios, onde o imperador trabalhava no negócio de governar seu país, eram chamados de Salão da Suprema Harmonia, Salão da Força Militar, Salão da Paz e Salão da Tranquilidade Terrestre. A sala do trono do imperador ficava no Salão da Pureza Celestial, que tinha paredes laqueadas de vermelho, um piso de mármore e dragões dourados esculpidos ao redor das paredes.

O próprio imperador vivia em grande luxo. Ele tinha edifícios inteiros só para ele! Ele comia sozinho, servido por dezenas de criados. Um degustador de comida estava ao lado dele e pegava um pedaço de cada prato antes que o imperador comesse, para se certificar de que nenhum dos alimentos estivesse envenenado. Os cozinheiros da Cidade Proibida faziam frango assado, cervo assado, pato assado, pães doces, bolos gelados, arroz, vários tipos de sopa, uma dúzia de legumes e vinho para cada refeição, só para esse homem. Havia tanta comida em cada uma das refeições do imperador que suas sobras eram servidas aos outros que viviam no palácio.

A família do imperador e outros parentes também viviam dentro da Cidade Proibida. Uma criança real podia crescer dentro da Cidade Proibida e nunca precisaria sair. As crianças podiam passar o tempo fazendo lições, mas também pintando, empinando pipas, patinando no gelo e brincando com pássaros de estimação. Elas podiam assistir peças e concertos, realizados para elas em um teatro especial chamado Pavilhão de Melodias Alegres. Mas elas provavelmente se divertiam mais criando grilos. Grilos especiais como animais de estimação eram mantidos em gaiolas para grilos e levados para caminhadas em coleiras estreitas feitas de linha. Brigas de grilos eram realizadas para descobrir qual era o mais forte. Em um museu na China, você ainda pode ver as gaiolas de grilos dos últimos imperadores da China quando eram crianças!

Apesar de estrangeiros terem sido impedidos de entrar na Cidade Proibida para ver o imperador Yongle, Yongle queria saber mais sobre o resto do mundo. Ele ordenou a construção de navios e pagou a exploradores chineses para sair em expedições às terras distantes. Os exploradores navegaram milhares de quilômetros. Um navio pode até ter chegado na América do Norte!

Mas os imperadores Ming que vieram depois de Yongle não *queriam* descobrir terras novas e distantes. Eles acreditavam que a China já era o melhor país do mundo. Eles achavam que a arte e a ciência chinesas já eram perfeitas e que o modo de vida chinês não poderia ser melhorado. Então, ao invés de negociar com o mundo exterior, ou enviar o povo chinês para começar novos assentamentos em diferentes países, os imperadores Ming fizeram a Grande Muralha ainda mais forte, para proteger contra os invasores, e ficaram em casa. Um dos imperadores chegou a proibir a construção de navios oceânicos. Ele disse aos marinheiros que qualquer um que tentasse navegar para outros países e negociar com eles seria executado.

Os imperadores Ming viveram na Cidade Proibida, separados do resto do mundo, durante séculos. Cerca de noventa anos atrás, os últimos imperadores chineses foram expulsos da Cidade Proibida. Alguns dos edifícios foram destruídos. Mas hoje a Cidade Proibida foi restaurada e reconstruída. Os turistas podem visitar o palácio que nenhum viajante medieval jamais viu.

✤

CAPÍTULO

23

OS PRIMEIROS RUSSOS

OS RUS CHEGAM EM CONSTANTINOPLA

Vamos deixar a Cidade Proibida agora e viajar de volta para o oeste, para a grande cidade de Constantinopla. Constantinopla era a capital do Império Bizantino (lembre-se, o Império Bizantino era a metade oriental do antigo Império Romano). O imperador de Bizâncio vivia em Constantinopla. E quem conquistasse Constantinopla poderia governar todo o Império Bizantino. Então, os guerreiros muçulmanos tentaram conquistar Constantinopla, e falharam. Guerreiros mongóis tentaram conquistar Constantinopla, e falharam. Mas agora, Constantinopla enfrentaria outro ataque de outro bando de guerreiros: os *rus*.

Os rus viviam ao norte de Constantinopla, no meio do continente da Europa. Eles eram guerreiros altos, loiros, de olhos azuis, descendentes de exploradores vikings. Quando os vikings invadiram a França e a Inglaterra, um guerreiro viking chamado Rurik perambulou pela Europa central e decidiu ficar ali. Ele e seus homens se assentaram para governar seu próprio pequeno reino. As pessoas que já moravam lá, os eslavos, tinham que obedecê-los. Eles chamavam esses invasores vikings de rus, porque *rus* soava como o nome de Rurik.

Os primeiros russos

Os vikings não trouxeram muitas mulheres com eles, então eles se casaram com eslavas. Os filhos e netos dos vikings e dos eslavos formaram suas próprias tribos, construíram suas próprias cidades e negociaram com os outros países ao redor deles. Logo, as tribos dos rus estavam se tornando um povo poderoso.

Os rus eram bons marinheiros, como seus antepassados vikings, e muitas vezes navegavam para o sul até o Mar Negro para negociar com a cidade de Constantinopla. Os rus levavam presas de marfim de morsa, mel e cera de abelhas de suas próprias colmeias, nozes de suas árvores e escravos que haviam capturado em suas batalhas com outros países. Eles trocavam estes por seda, vidro e prata em Constantinopla, que eles chamavam de *Grande Cidade*.

Mas navegar até Constantinopla era um trabalho árduo, mesmo para os netos dos vikings. Os rios que levam ao Mar Negro estavam cheios de corredeiras (águas rasas, passando por cima de rochas pontiagudas). Às vezes, os rios eram tão rasos que os rus precisavam puxar os navios para fora da água sobre rolos gigantescos, rolar os navios para além das partes rasas e depois rolá-los de volta para o rio. Cada viagem a Constantinopla levava semanas, ou até meses.

– Sabe que – diziam os líderes rus entre si – seria muito mais fácil simplesmente conquistar Constantinopla do que continuar navegando por esses rios rasos.

Então eles se armaram com espadas, escudos e lanças, juntaram seus navios em uma enorme frota de guerra e partiram para atacar a Grande Cidade.

Conquistar Constantinopla não seria fácil! A cidade foi construída em uma pequena península, de modo que a água a rodeava em três lados. Três muralhas grossas circulavam a cidade, e entre as muralhas e a beira do mar havia um fosso de vinte metros de largura (largo como seis ou sete carros estacionados de ponta a ponta). De um lado da cidade, elevavam-se torres para que os arqueiros pudessem disparar para o mar. Do outro lado, uma enorme corrente foi esticada sobre a água, entre duas torres, de modo que navios inimigos não pudessem se aproximar da costa da cidade.

Mas os rus tinham certeza de que poderiam conquistar Constantinopla. Afinal, eles eram vikings! Navegar para a batalha era o que eles faziam de melhor.

Enquanto isso, o exército bizantino preparava sua arma secreta: fogo do mar! O fogo do mar era um óleo que continuava queimando mesmo quando era espalhado na água. Quando os navios rus apareceram no horizonte, os defensores de Constantinopla jogaram esse óleo na água e o incendiaram, e a própria água queimou. Os navios de madeira dos rus não conseguiram passar pelo o fogo do mar. Então, eles tiveram que deixar Constantinopla e voltar para casa.

"Os gregos possuem algo como o raio do céu!", eles escreveram em suas histórias. "Eles o liberaram e nos queimaram. Por essa razão, não os conquistamos."

Um dos mais poderosos dos príncipes rus decidiu que seria melhor fazer amizade com Constantinopla, em vez de atacar a cidade novamente. Esse príncipe, chamado Vladimir, enviou ao imperador bizantino um presente de paz: 6 mil ferozes guerreiros rus, que lutariam pelo Império Bizantino. O imperador bizantino ficou encantado com seu novo exército. Ele os transformou em sua própria guarda pessoal. De agora em diante, os rus seriam os guardiões oficiais do imperador. Eles foram chamados de *Guarda Varegue*. Logo ficaram conhecidos em todo Bizâncio por sua ferocidade e força.

O imperador ficou tão grato que prometeu aos rus comida, camas e banhos gratuitos sempre que eles fossem a Constantinopla para fazer negócios. Por fim, o próprio Vladimir se casou com uma princesa bizantina, e foi batizado como cristão ortodoxo oriental. Muitos de seu povo o seguiram e se tornaram cristãos ortodoxos orientais também.

Logo o país dos rus ficou conhecido pelo nome deles. Hoje, chamamos esse reino de Rússia, em homenagem aos rus.

IVAN, O GRANDE, E IVAN, O TERRÍVEL

Nos seus primórdios, a Rússia (a terra dos rus) não era um país com um único governante. Em vez disso, príncipes guerreiros governavam várias tribos rus diferentes. Vladimir era o príncipe de Kiev, mas outras cidades russas fortes – como Moscou – frequentemente brigavam com ele. Antes que a Rússia pudesse ser um grande país, as cidades russas teriam que se unir.

O príncipe que finalmente reuniu as cidades russas era chamado Ivan. Ele era descendente de Rurik, o invasor viking que se estabeleceu na Rússia. Como ele transformou a Rússia em um país, ele é lembrado como *Ivan, o Grande*. Mas o neto de Ivan não foi tão bondoso. Na verdade, ele era um governante tão medonho que se chamava *Ivan, o Terrível*.

Ivan, o Grande, era o príncipe da cidade russa de Moscou.[1] Quando Ivan começou a governar em Moscou, no ano de 1462, sua primeira tarefa foi libertar Moscou do reino mongol local. Lembre-se: depois da morte de Kublai Khan, o enorme Império Mongol se dividiu em reinos menores governados pelos senhores da guerra chamados khans. Um desses reinos mongóis reivindicou parte da terra da Rússia.

---

[1] Ivan, o Grande, tornou-se czar após a queda final de Constantinopla para os turcos, descrita no próximo capítulo. Sua história é contada aqui para conectá-lo com a história antiga da Rússia.

E o khan mongol local exigiu que Ivan lhe pagasse tributo – dinheiro para mostrar que Ivan reconhecia os mongóis como os verdadeiros governantes da terra russa.

Quando Ivan se recusou a pagar o tributo, o khan mongol enviou uma mensagem dizendo:

– Pague, ou vou atacar você!

Ivan simplesmente respondeu:

– Ataque!

Então o khan reuniu seu exército e marchou até as muralhas de Moscou.

Ivan reuniu *seus* soldados e se preparou para revidar. E então o khan virou seus homens e marchou para casa. Seu exército não era forte o suficiente para derrotar os russos de Ivan. Ele estava blefando, esperando que Ivan pagasse tributo para evitar uma briga. Mas a verdade era que Ivan era mais poderoso que os mongóis. Agora, Moscou estava livre do domínio mongol.

A próxima tarefa de Ivan era conquistar as outras cidades russas e torná-las fiéis a ele. Ele capturou Kiev e as outras grandes cidades russas, tirou seus príncipes de seus tronos e os substituiu por governadores que seriam leais a ele. Fez de Moscou a capital dessa nova Rússia unificada. Uma antiga fortaleza chamada *Kremlin* ficava no centro de Moscou; Ivan, o Grande, construiu muralhas fortes ao redor do Kremlin e contratou um arquiteto famoso para construir belas catedrais dentro dele. Ele governou o país da Rússia de seu palácio dentro do Kremlin. Hoje, Moscou ainda é a capital da Rússia, e o Kremlin ainda é o centro do governo russo.

Ivan, o Grande, foi um bom rei russo. Mas seu neto, Ivan, o Terrível, tornou-se lendário por sua maldade. Quando Ivan,

O Kremlin

o Terrível, tornou-se rei, o povo de Moscou gostava de chamar sua cidade de *Terceira Roma*, a cidade mais importante do mundo depois da própria Roma e de Constantinopla.[2] E o governante dessa Terceira Roma era um homem poderoso! De fato, durante o reinado do pai de Ivan, o Terrível, os líderes de Moscou anunciaram:

– Por natureza, o rei é como qualquer outro homem. Mas no poder, ele é como o mais elevado Deus.

Ivan, o Terrível, levou esse poder a sério. Ele chamou a si mesmo de *czar*, que significa *César*, para mostrar que ele era tão poderoso quanto os antigos imperadores romanos. E a princípio, ele usou seu poder para fortalecer a Rússia.

Mas, então, a amada esposa de Ivan morreu. E depois de sua morte, Ivan começou a enlouquecer. Seus cabelos e barba começaram a cair. Ele acusou seus conselheiros de traição e ordenou que fossem executados. E ele formou um grupo secreto especial de policiais que deveria cuidar de qualquer um que estivesse conspirando contra o czar. Esses policiais secretos montavam cavalos negros, com selas e freios negros. Cada um carregava uma bandeira com a imagem de uma vassoura e a cabeça de um cachorro, para mostrar que eles estavam empenhados em farejar os malfeitores e varrê-los.

A polícia secreta acabou por ser a pior malfeitora entre todas. Matavam pessoas inocentes, tomavam terras e casas de qualquer pessoa que quisessem, roubavam lojas e incendiavam

---

[2] Moscou também foi chamada de *Terceira Roma* por causa de sua importância para a Ortodoxia Oriental; Roma era o centro da fé católica e Constantinopla era o centro (ou *Roma*) da fé ortodoxa oriental. Contudo, depois da queda de Constantinopla para os turcos, Moscou se tornou o centro mundial da ortodoxia oriental.

as casas de qualquer um que tentasse se opor. O próprio Ivan às vezes se juntava em seus crimes. Se a polícia secreta lhe dissesse que uma aldeia continha traidores, Ivan ordenava que toda a aldeia fosse executada. E, quando o arcebispo ortodoxo oriental repreendeu Ivan por sua crueldade, Ivan saqueou a catedral, despiu as roupas do arcebispo e mandou-o embora na neve.

Os nobres da Rússia queriam que o filho de Ivan, agora um homem adulto, se tornasse czar no lugar de seu pai. Mas Ivan se recusou a desistir de seu trono. Um dia, ele e seu filho começaram a discutir sobre o futuro da Rússia. Ivan ficou tão zangado que atacou seu filho com seu cetro, um pesado bastão de carvalho com ponta de ferro. O golpe atingiu a cabeça do jovem e o matou.

Quando Ivan percebeu o que havia feito, tentou se jogar da torre mais alta do Kremlin. Mas seus cortesãos o detiveram. Pelo resto da vida, Ivan, o Terrível, vestiu preto. Ele passeava pelos corredores de seu palácio à noite, chorando e gemendo. Quando ele viu um cometa no céu noturno, ele anunciou:

– Minha morte está próxima!

Pouco depois, ele desmaiou e morreu. O neto de Ivan, o Grande, estava morto e a dinastia de Rurik chegou ao fim.

✥

CAPÍTULO

24

O IMPÉRIO OTOMANO

O ATAQUE DOS TURCO-OTOMANOS

O Império Bizantino resistiu aos muçulmanos e mongóis. Permaneceu forte contra os russos e uma dúzia de outros invasores. Mas quando os turco-otomanos atacaram, a grande cidade de Constantinopla foi finalmente forçada a abrir seus portões.

A princípio, os turco-otomanos eram apenas um bando de nômades que vagavam pelo centro da Ásia, caçando sua comida e brigando com seus vizinhos.[1] Quando os exércitos

---

[1] Os turcos só ficaram conhecidos como *otomanos* um pouco mais tarde em sua história, mas esse nome será usado ao longo deste capítulo para evitar confusão.

mongóis começaram a atacar a Ásia, os turcos fugiram para o oeste. Eles vagaram pelas montanhas e pelos desertos, procurando por um novo lugar para morar. Em suas jornadas, eles atacaram aldeias e roubaram comida. Mas eles também negociaram com comerciantes muçulmanos, ouviram o Alcorão lido em voz alta, e se tornaram muçulmanos.

Logo esses nômades se assentaram à beira do Império Bizantino. Eles começaram a construir casas e a desenvolver cultivos, jardins e pomares. Levantavam-se com o nascer do Sol e trabalhavam muito para plantar no solo duro e pedregoso de seu novo lar. Alguns turcos tornaram-se pastores e vagaram com suas ovelhas de pasto a pasto, procurando capim fresco e vendendo manteiga, queijo e lã à medida que se deslocavam. Outros turcos viajaram através de seu pequeno reino, entretendo cada aldeia com histórias, canções e ursos que dançavam de acordo com a música. Uma das histórias contadas por esses artistas itinerantes descreve o terreno acidentado e rochoso da terra onde os turcos muçulmanos agora viviam. Essa lenda turca é chamada de *As Rochas-Ovelhas*.

AS ROCHAS-OVELHAS

Um dia quente e seco no verão, um pastor decidiu levar seu rebanho para as encostas frias da montanha acima dele. Então ele reuniu as ovelhas ao longo da estrada sinuosa e poeirenta, subindo cada vez mais. Suor escorria pelo seu rosto e sua garganta ficava cada vez mais seca. Lentamente, o ar ficou mais frio. Finalmente, o pastor parou em um campo verde e arejado no alto da montanha. As ovelhas abaixaram a cabeça e começaram a comer a grama suculenta, e o pastor se deitou para descansar. Mas

> ele estava com tanta sede que logo se levantou e começou a procurar água. Ele olhou e olhou, mas não havia água, nem mesmo uma única gota.
>
> – Alá! – gritou o pastor. – Envie-me água e prometo sacrificar sete das minhas melhores ovelhas para você! Só não me deixe morrer de sede!
>
> Imediatamente uma fonte clara de água jorrou da terra aos seus pés. Ele se abaixou e bebeu, e as ovelhas se aglomeraram em torno dele e também beberam. Mas uma vez que sua sede foi saciada, o pastor não conseguiu cumprir sua promessa. Ele disse para si mesmo:
>
> – Bem, ao invés de matar sete das minhas ovelhas, vou matar sete dos insetos que vivem em sua lã. Isso será um sacrifício suficiente.
>
> Então ele procurou entre a lã grossa das ovelhas mais gordas e encontrou sete piolhos. Ele os alinhou e esmagou todos de uma vez, e os jogou na água.
>
> – Aqui está o meu sacrifício! – ele anunciou a Alá.
>
> Imediatamente o pastor e todas as suas ovelhas se transformaram em pedra. Como ele não voltou para casa, os homens de sua aldeia saíram à sua procura. Mas tudo o que encontraram foi um pasto verde cheio de pedras e um riacho borbulhando silenciosamente do chão.

Nem todos os turcos eram agricultores e pastores, no entanto. Muitos eram ferozes e disciplinados guerreiros que estavam determinados a tornar o reino turco maior. Famílias muçulmanas devotas frequentemente criavam seus jovens para se tornarem ghazi, soldados muçulmanos que se dedicavam a conquistar os infiéis e a disseminar o islã. Esses guerreiros decidiram aumentar o tamanho do reino turco-otomano e disseminar o islã ao mesmo tempo.

O reino dos turcos tornou-se cada vez maior. Sob a liderança de seu rei, chamado de sultão, os turco-otomanos atacaram as fronteiras do Império Bizantino repetidamente. Cidade após cidade caiu para seus exércitos. O Império Bizantino encolheu à medida que o Império Otomano crescia.

Logo apenas Constantinopla restava para o imperador bizantino. O povo de Bizâncio recuou atrás de suas muralhas quando os turcos atacaram. Mas as três muralhas grossas derrotaram os guerreiros turcos. Eles não conseguiram passar! Então eles recuaram, deixando o imperador no comando de sua cidade. O povo de Constantinopla começou a acreditar que sua cidade não poderia ser capturada.

– A cidade só cairá quando a Lua ficar escura – disseram um ao outro.

Mas os turcos não haviam recuado para sempre. Eles estavam planejando um novo ataque às muralhas de Constantinopla.

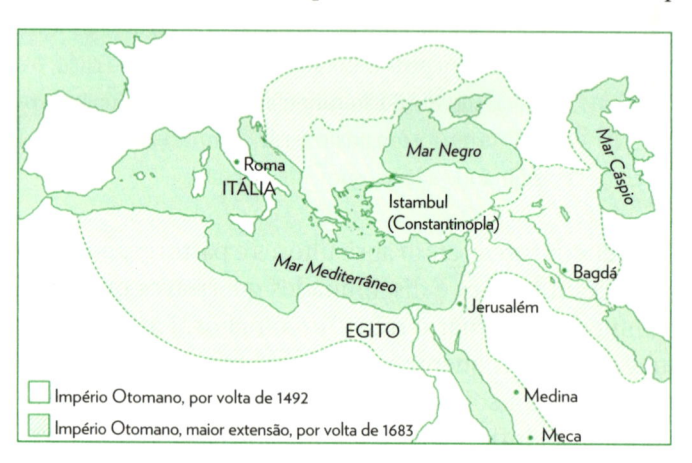

O Império Otomano

A CAPTURA DE CONSTANTINOPLA

Após anos de luta e conquista, os exércitos turcos expandiram as fronteiras do Império Otomano a um tamanho enorme. E quando o Império Otomano se expandiu, o Império Bizantino encolheu. Agora, o imperador bizantino só tinha uma cidade para chamar de sua: Constantinopla. Os turcos atacaram-na muitas vezes, mas não conseguiram atravessar suas muralhas.

Em 1444, um novo sultão subiu ao trono otomano: Mehmed, o Conquistador. A partir do momento em que se tornou sultão, Mehmed estava determinado a tomar Constantinopla para si.

Mehmed era um guerreiro astuto. Ele passou meses fingindo estar em boas relações com o imperador bizantino, enviando mensagens amistosas para a corte. Mas o tempo todo ele planejava atacar, e vinha construindo canhões tão grandes que cada um deles tinha de ser puxado por cem bois. Ele estava se preparando para lutar com pólvora, além de estar contratando *mercenários* (soldados pagos de outros países). E ele estava silenciosamente reunindo seu exército, pronto para enviar seus guerreiros contra Constantinopla em uma tentativa final de tomar a cidade.

Quando o imperador bizantino percebeu que Mehmed estava se preparando para a guerra, ele enviou mensageiros para protestar. Mehmed cortou a cabeça deles. A guerra havia começado!

Mehmed marchou com seus exércitos até a parede oeste da cidade – a única muralha que podia ser alcançada por terra. (Lembre-se, Constantinopla era cercada por água em três lados.) Ele enviou uma mensagem ao imperador, convidando-o a se render. Os soldados bizantinos dentro de Constantinopla eram superados em número pelo exército turco de Mehmed, de doze para um. Mas o imperador se recusou a desistir sem lutar. Então Mehmed começou a disparar seu canhão contra a parede. Os soldados defensores não sabiam como proteger sua cidade contra essas novas e destrutivas armas. As balas de canhão racharam as paredes e desmoronaram os topos das torres.

As paredes aguentaram firmes, no entanto. Apenas balas de canhão não derrubariam Constantinopla.

Mehmed sabia que a única maneira de conquistar a cidade era cercá-la com seus navios de guerra e atacá-la de todos os lados. Mas, apesar de ter suas tropas alinhadas ao longo da muralha oeste e seus navios de guerra atacarem a muralha sul a partir do mar, ele não conseguiu alcançar a muralha ao norte de Constantinopla. A única maneira de chegar a essa muralha ao norte seria transportar seus navios até o Corno de Ouro, o *porto* (uma massa de água profunda e silenciosa onde os navios podem ancorar) no lado norte da cidade. Mas a entrada para o Corno de Ouro era guardada por navios bizantinos, e os navios de guerra otomanos não conseguiram derrotá-los.

Certa manhã, os exércitos bizantinos observavam as muralhas ocidentais quando se depararam com uma visão extraordinária: embarcações navegando pela terra! Mehmed ordenou a seus exércitos que prendessem centenas de cordas aos navios de guerra ancorados no lado sul da cidade. Milhares de homens e bois arrastaram essas cordas para puxar os navios de guerra para a terra, passando pela muralha oeste da cidade, até as águas do norte. Setenta navios passaram pelos espectadores horrorizados e deslizaram até o Corno de Ouro, longe dos navios bizantinos que guardavam a outra extremidade do porto. Agora os turcos poderiam atacar a cidade de todos os lados.

Conforme a luta seguia, a cidade começou a ficar sem comida. A água ficou escassa. Algumas pessoas de Constantinopla tentaram escapar da cidade tarde da noite, quando o acampamento turco estava dormindo. Mas outros disseram:

– Constantinopla não vai cair. Lembre-se: a cidade está segura até a Lua ficar escura!

Quase dois meses após o início do cerco, o exército turco permanecia fora de Constantinopla, esperando pelo amanhecer. A Lua brilhava intensamente, lançando longas sombras claras ao lado das tendas. De repente, a Lua começou a desaparecer, um pouco de cada vez, como se alguma criatura enorme a estivesse lentamente devorando. Os soldados turcos começaram a murmurar e apontar, e depois a gritar de alegria. E dentro da cidade, os defensores bizantinos ficaram horrorizados. Isso era um sinal de desastre?

Na verdade, foi um eclipse. A Terra se moveu entre o Sol e a Lua, bloqueando a luz do sol de modo que não pudesse refletir a partir da superfície da Lua. Mas ninguém sabia disso. Os turcos muçulmanos e os cristãos bizantinos pensavam que o eclipse previa o fim da guerra. Os turcos começaram a se preparar para um ataque final. Os sacerdotes em Constantinopla realizaram um serviço cristão final na Santa Sofia, a grande catedral cristã construída por Justiniano centenas de anos antes. O último imperador bizantino participou desse serviço e depois saiu para se juntar a seus soldados em sua luta contra os invasores.

Os turcos se atiraram contra as paredes. Finalmente, um dos portões da cidade foi forçado a abrir. Mehmed, vendo os defensores caírem, gritou para seus homens:

– Amigos, nós tomamos a cidade!

Os turco-otomanos entraram na cidade. O imperador foi morto nos combates. E os turcos invadiram Constantinopla, saqueando-a e matando inúmeras pessoas.

"Algumas das tropas se dirigiram às casas dos ricos", escreveu o historiador grego Critobulos, que viveu durante esse período.

Eles roubaram os ricos. Outros saquearam as igrejas. Eles jogaram cruzes e cálices sagrados na rua, quebraram-nos em fragmentos e queimaram livros sagrados. E ainda outros foram para as casas do povo. Eles roubaram, saquearam, assassinaram e levaram escravos – homens e mulheres, crianças e idosos, padres e monges. Dez mil atos terríveis foram cometidos!

Os turcos invadindo Constantinopla

Mehmed foi direto para a Hagia Sophia e colocou seu trono bem no centro do edifício. Seus homens começaram a transformar a catedral em uma mesquita muçulmana. Quatro dias após o último culto cristão na Hagia Sophia, o primeiro culto muçulmano foi realizado lá. E a cidade de Constantinopla foi renomeada para *Istambul*, o nome que possui ainda hoje.

A queda de Constantinopla, em 29 de maio de 1453, é um dos grandes acontecimentos da história medieval. A partir deste momento, o modo de vida iniciado pelos romanos séculos antes estava realmente acabado. Os últimos remanescentes do antigo Império Romano haviam desaparecido. Às vezes, a conquista de Constantinopla é chamada de fim da Idade Média.

SOLIMÃO, O LEGISLADOR

Agora os turco-otomanos tinham o maior império do mundo, que cobria o Oriente Médio e se espalhava pelo norte da África. Constantinopla, agora chamada de Istambul, era a capital deles. Os turco-otomanos consertaram as paredes quebradas, colocaram novas pedras nas ruas e cavaram novos poços. Eles reabriram os portos para o comércio. Logo os países ao redor deles reconheciam o sultão dos turcos como um dos governantes mais poderosos do mundo.

"Ninguém duvida de que você agora seja o imperador de Roma", escreveu um estudioso ao sultão. "Constantinopla é o centro do Império Romano, e quem governa Constantinopla é o imperador!"

O maior imperador e sultão de todos foi Solimão. Solimão tornou-se sultão em 1520. Ele recebeu o nome do rei hebreu Salomão,[2] o mais sábio governante dos tempos antigos; e assim

---

[2] Em árabe, o nome do sultão é Suleiman, que significa Salomão. Mas o nome Suleiman foi traduzido para o português pelos historiadores como Solimão. (N. T.)

como seu homônimo, ele se tornou conhecido em todo o seu reino por sua justiça. Solimão queria ter certeza de que todas as pessoas de seu país fossem tratadas de maneira justa e que as leis por ele aprovadas fossem seguidas. Essa era uma grande tarefa – em um império tão grande quanto o Império Otomano, havia muitos tribunais diferentes, em muitas aldeias e cidades distintas. E partes diferentes do império às vezes seguiam leis variadas.

Então Solimão pegou todas as leis diferentes que o povo otomano seguia e as reuniu em um conjunto de leis que todo o seu império seguiria. Justiniano, o grande imperador bizantino, fez o mesmo quando chegou ao trono de Bizâncio. Esses dois grandes governantes sabiam que só poderiam manter seus grandes impérios unidos se todos tivessem o mesmo conjunto de leis a serem obedecidas.

Solimão foi um passo além de Justiniano. Ele escolheu governadores que supervisionariam as diferentes partes de seu império e assegurariam que suas novas leis fossem seguidas. Mas ele queria ter certeza de que esses governadores estavam sendo justos. Então ele se disfarçava, de modo que ninguém soubesse quem ele era, e viajava ao redor de seu império, observando todos os seus governadores para se certificar de que eles estavam se comportando corretamente.

Solimão também tinha a maior rede de espiões do mundo. Seus espiões viviam em todo o império, vigiando todos os oficiais. Eles diziam a Solimão sempre que um funcionário agia injustamente. E os espiões lhe diziam se ele era ou não popular.

O sultão sabia que ele só poderia ser um bom governante se seu povo gostasse dele. Então ele disse a seus espiões para irem ouvir as orações de sexta-feira por todo o império. Os fiéis muçulmanos rezavam todos os dias, mas às sextas-feiras, eles deviam orar para que seu sultão vivesse por muito tempo e que fosse saudável. Os espiões deveriam dizer a Solimão se o seu povo orava por ele às sextas-feiras. Se todos rezassem para que o sultão vivesse por muito tempo e fosse saudável, Solimão saberia que seu povo gostava dele e queria que ele continuasse a governar. Mas se decidissem não orar por ele, Solimão saberia que estava em apuros.

Solimão não era apenas o líder de seu império. Ele também declarou que era califa – o líder de todos os muçulmanos do mundo inteiro. Nem todos os muçulmanos do mundo concordaram que Solimão deveria ser seu líder espiritual. Mas ele tinha uma vantagem: seu império havia se espalhado até incluir Meca, Medina e Jerusalém, as três cidades mais sagradas do islã. Qualquer peregrino muçulmano que quisesse viajar para uma cidade sagrada deveria entrar no império de Solimão. Então, quando anunciou *Eu sou o califa!*, ninguém discordou dele muito alto.

Solimão era tão cuidadoso em ser um bom líder espiritual quanto em ser um bom imperador. Histórias antigas nos dizem que, embora Solimão tenha garantido a todos os peregrinos uma viagem segura para as cidades sagradas em seu império, ele não se preocupou em reconstruir as muralhas ao redor de Jerusalém, que haviam sido destruídas durante as Cruzadas. Certa noite, Solimão estava dormindo quando teve um sonho terrível. Ele estava de pé na planície em frente a Jerusalém, observando os peregrinos entrarem na cidade, quando dois imensos leões dourados apareceram atrás das muralhas da cidade, rosnando para ele. Ele tentou correr, mas os leões o atacaram e começaram a despedaçá-lo! E uma voz disse severamente para ele:

— Isso aconteceu porque você não protegeu a cidade santa de Jerusalém.

Quando Solimão acordou, pensou:

Esse sonho veio de Deus! É uma ordem para reconstruir a muralha ao redor de Jerusalém.

Ele ordenou que seus artesãos e pedreiros começassem a trabalhar imediatamente em uma muralha espessa e forte para proteger as partes sagradas de Jerusalém de qualquer invasão. E também mandou que construíssem um portão nessa muralha com um leão esculpido de cada lado, como lembrança de seu sonho. Hoje, o Portão do Leão ainda permanece em Jerusalém.

Na época em que Solimão morreu, ele governava tantas terras que foi denominado *Escravo de Deus, Mestre do Mundo, Xá de Bagdá e do Iraque, César de todas as terras de Roma* e *Sultão do Egito*. Na verdade, o Império Solimão nunca se espalhou para a Itália, onde ficava Roma. Mas ele governou o maior império do mundo. E o resto do mundo o chamava de Solimão, o Magnífico.

Após a morte de Solimão, seu filho herdou o trono. Mas esse novo sultão era um governante fraco; seu povo o chamava de *O Bêbado* porque ele passava mais tempo em festas do que governando seu país. O Império Otomano começou a encolher. Durou por mais de trezentos anos antes de desaparecer completamente, mas nunca mais foi tão poderoso quanto na época de Solimão, o Magnífico.

❖

O Portão do Leão

CAPÍTULO

25

O FIM DO MUNDO

A PESTE

Os povos que viviam na Idade Média tiveram que enfrentar um exército invasor após o outro: muçulmanos, vikings, cruzados, mongóis, russos e turcos! Mas o inimigo mais perigoso de todos não era um exército. Foi uma doença que se espalhou pelo mundo e matou mais pessoas do que todos esses exércitos juntos.

A princípio, histórias estranhas começaram a vir das partes distantes da China. Viajantes falavam de uma doença misteriosa que matava quase todos os que a contraíam. Começava com terríveis dores de cabeça e febres altas. Os doentes tossiam, espirravam e sofriam dores terríveis nos braços e nas pernas. Nódulos inchados do tamanho de bolas de beisebol apareciam sob seus braços. Rumores diziam que 35 milhões de pessoas haviam morrido dessa doença.

Logo os rumores se tornaram realidade! As pessoas que viviam perto do Mar Negro começaram a ficar doentes. Nas aldeias e planícies próximas, centenas morreram. Uma velha história nos diz que os aldeões culpavam os comerciantes estrangeiros da Itália por terem trazido a doença. Eles se reuniram em um exército e expulsaram os comerciantes italianos para a cidade de Caffa, na beira do Mar Negro.

O povo de Caffa (e os comerciantes italianos) barraram os portões da cidade e lutaram. Bem, os atacantes colocaram os cadáveres dos que haviam morrido da doença em catapultas e atiraram-nos por cima das paredes. Logo a doença irrompeu em Caffa também. Os comerciantes italianos entraram em pânico! Eles correram de Caffa, embarcaram em seus navios e voltaram para a Itália. Mas, quando chegaram lá, quase todos a bordo dos navios estavam doentes ou mortos. O povo da Itália recusou-se a deixá-los desembarcar. Apesar disso, a doença logo apareceu em terra. Ela se espalhou pela Itália, pela Europa, pelo mar até a Inglaterra e pelo norte da África. Milhões de pessoas morreram. Ninguém conseguia parar essa doença que as pessoas chamavam de *Peste Negra*.

Um escritor italiano chamado Giovanni Boccaccio, que viveu durante a Peste Negra, a descreve em seu livro *Decameron*. Aqui está uma releitura de parte de sua história:

Os médicos estavam desamparados. A maioria das pessoas que adoecia morria em três dias. Qualquer um que se aproximasse do doente ou tocasse em suas roupas adoecia também. Com meus próprios olhos, vi as roupas de um mendigo que morreu de peste lançadas na rua. Dois porcos vieram e tocaram nas roupas. Nem uma hora depois, os dois porcos começaram a girar e girar, e então, como se tivessem sido envenenados, caíram mortos na estrada.

Milhares de pessoas adoeciam todos os dias e não restava ninguém para cuidar delas. Muitos caíram nas ruas e morreram onde estavam. Corpos estavam por toda parte. Havia tantos mortos que não havia sacerdotes suficientes para enterrar todos eles. Muitas vezes um padre começava a liderar uma procissão fúnebre e então olhava para trás e descobria que três ou quatro outros caixões haviam aparecido atrás dele para se juntar à missa funerária. E quando os corpos chegavam aos cemitérios da igreja, eram jogados em enormes trincheiras com centenas de outros, cobertos apenas por uma fina camada de terra.

Quando a doença chegou às cidades, muitas pessoas se fecharam em suas casas e se recusaram a sair. Outros fingiam que nada estava errado, e cantavam, comiam, bebiam e faziam festas a qualquer hora. Eles entravam em qualquer casa que quisessem e usavam-na como se fossem deles, e ninguém se importava, porque muitas casas foram deixadas vazias pelos mortos.

Alguns carregavam com eles, não importava para onde eles fossem, flores e ervas perfumadas que eles seguravam em seus narizes. Outros deixaram a cidade e fugiram para

As pessoas achavam que roupas como essa os protegeriam da Peste Negra

o campo. Mas muitas dessas pessoas adoeceram também. Agricultores morreram; suas colheitas jaziam nos campos, e seus bois e jumentos vagavam livremente pelos campos, saturando-se de grãos.

Quantos senhores e senhoras morreram, deixando suas casas ricas vazias; quantas famílias pereceram, não deixando um único herdeiro; quantos homens valentes, mulheres bonitas e jovens fortes tomavam café da manhã com suas famílias e amigos, e naquela mesma noite jantaram com seus antepassados no mundo que está por vir! E não havia lágrimas, velas ou lamentações. Tantos morreram que logo ninguém mais se importava se eram cadáveres de pessoas ou cadáveres de cabras.

Hoje, os cientistas sabem que a Peste Negra era uma doença que chamamos de peste bubônica. A peste era uma infecção transmitida por pulgas que viviam em ratos. Quando os comerciantes se moviam ao longo da Rota da Seda da China, de volta para o Mar Negro, os ratos vinham com eles, comendo os grãos que carregavam escondidos em seus fardos de pano. Os ratos (e as pulgas) correram pelo campo e entraram na cidade de Caffa. Quando os comerciantes italianos saíram de Caffa, os ratos foram com eles nos porões de carga de seus navios. E quando os navios italianos chegaram à Itália, os ratos desceram as cordas das âncoras para a costa, embora os marinheiros doentes permanecessem a bordo.

De lá, as pulgas que transportavam a doença iam de rato para rato, por toda a Europa. Os ratos estavam em toda parte na Idade Média. As cidades jogavam o lixo e restos de comida nas ruas, então sempre havia muita comida para eles. E aonde quer que os ratos fossem, a Peste Negra ia com eles.

Mas as pessoas da Idade Média não sabiam que os ratos estavam espalhando a doença. Alguns achavam que a peste era o julgamento de Deus. Outros achavam que tinha sido causada por terremotos, maus espíritos ou comida ruim. Ninguém sabia como evitá-la. Eles carregavam flores e ervas com eles, comiam cebolas e alho para manter a doença longe, e dormiam de barriga para baixo ao invés de barriga para cima para que a doença não entrasse por seus narizes à noite.

Mas nada ajudou. Uma história medieval nos diz:

"Morreram tantos que todos acreditavam que era o fim do mundo."

UMA NOVA MANEIRA DE VIVER

A Peste Negra durou anos. Quando a peste finalmente terminou, o mundo era muito diferente. Uma em cada três pessoas morreu! Aldeias e vilas inteiras foram dizimadas. Campos ficaram cheios de emaranhados e ervas daninhas; grãos apodreceram antes que pudessem ser colhidos. Vacas, ovelhas e porcos perambulavam soltos e selvagens, ou morriam porque não havia ninguém para cuidar deles.

Os nobres que possuíam grandes propriedades queriam que seus campos fossem novamente cultivados. Mas tantos camponeses morreram que não conseguiram encontrar ninguém para trabalhar em suas terras. Um padre escreveu:

"Tão poucos servos e obreiros restaram que ninguém sabia onde procurar por ajuda. No outono seguinte não foi possível obter um trabalhador... Por causa disso, muitas colheitas foram deixadas para apodrecer no campo.[1]"

A Europa durante a Peste Negra

Os camponeses e fazendeiros que *sobreviveram* encontraram-se em alta demanda. Todo mundo os queria! Eles não precisavam mais trabalhar sem salário na terra de fazendeiros ricos. Em vez disso, eles poderiam receber salários mais altos.

---

[1] Essa citação vem do relato mantido por Henry Knighton, da Abadia de Leicester.

Os nobres que tiveram que pagá-los ficaram mais pobres; como eles não podiam pagar trabalhadores para cultivar todas as suas terras, suas enormes propriedades ficaram cada vez menores. Os camponeses e fazendeiros ficaram um pouco mais ricos e puderam comprar terras próprias. O sistema feudal, no qual os camponeses trabalhavam para nobres em troca de terras, começou a desmoronar.

Muitas das aldeias eliminadas pela peste nunca foram reconstruídas. Os sobreviventes foram para as cidades. À medida que cada vez mais pessoas deixaram o campo, as cidades começaram a crescer. Então artesãos (trabalhadores que sabiam fabricar rodas de carroças, barris, ferramentas de ferro, tecidos e outros bens) também foram para as cidades, onde podiam vender seus produtos para mais pessoas. Sacerdotes, agora com igrejas vazias, se mudaram para a cidade também. Nós chamamos esse movimento para fora do campo e para a cidade de *urbanização*. *Urbe* é a palavra latina para *cidade*, por isso urbanização significa *tornar-se cidade*.

Mas no campo, centenas de fazendas e casas ficaram vazias. Alguns dos camponeses que permaneceram se mudaram para essas casas sem dono e cultivaram a terra deserta como sua. Eles tomaram as camas, roupas, ferramentas e rebanhos dos seus mestres. E não havia ninguém para expulsá-los. Eles se tornaram os novos donos desta terra.

Uma velha história nos diz que, em uma cidade da Escandinávia, todos morreram, exceto uma garotinha. Ela viveu com os animais por anos, até que socorristas vieram e a descobriram. Até então, ela havia esquecido como outras pessoas eram. Ela sentia medo delas e preferia os animais. Mas os socorristas a acolheram e ensinaram-na a ser humana novamente. Quando ela cresceu, eles lhe deram toda a terra da cidade, já que ela era a única sobrevivente. Ela e sua família se tornaram os novos nobres daquela cidade.

Tornar-se um artesão também havia ficado mais fácil. Antes da Peste Negra, qualquer um que quisesse seguir um comércio especial, como tecelagem, construção de carroças, carpintaria ou ferraria, tinha que ser um aprendiz, ou estudante, por muitos anos. Mas depois da peste, poucos artesãos sobreviveram. Rodas de carroça, ferramentas de ferro e cobertores logo ficaram em falta. Então, o tempo que um aprendiz tinha de estudar antes de montar sua loja acabou ficando muito mais curto.

A Peste Negra até mudou a terra em si. Antes da peste, florestas por toda a Europa haviam sido derrubadas e a terra transformada em campos. Mas agora, com tão poucos agricultores, as árvores começaram a crescer. Florestas surgiram em toda a Europa. Setenta anos após o fim da Peste Negra, a mata crescera tão perto das fronteiras da imensa cidade de Paris que os lobos rondavam ao longo da periferia da cidade. E 150 anos depois da peste, enormes e densas florestas cobriam quilômetros e quilômetros, onde antigamente havia pasto e aldeias.

A Peste Negra já passou há muito tempo, mas deixou seus rastros em todo o povo e na terra da Idade Média. Você já ouviu essa canção de ninar?

> Anel ao redor de um rosa
> Um bolso cheio de flores.
> Cinzas, cinzas
> Todos nós caímos!

Algumas pessoas acreditam que esta cantiga infantil teve início nos dias da Peste Negra. *Anel ao redor de uma rosa* descreve a erupção vermelha que eclodia em pessoas doentes. *Um bolso cheio de flores* é o buquê de flores e ervas que muitas pessoas carregavam para manter a doença longe. Hoje, dizemos *cinzas, cinzas*, mas na versão mais antiga dessa rima, a terceira linha dizia *Atchim! Atchim!* – o som de uma pessoa doente espirrando. E *Todos nós caímos!* nos lembra que a maioria das pessoas que pegou a peste morreu.

Outros historiadores insistem que a canção de ninar nada tem a ver com a Peste Negra. Mas se *Anel ao redor de uma rosa* começou ou não nos dias da peste, uma coisa é certeza: a Peste Negra mudou para sempre os países da Europa.

❖

CAPÍTULO

26

FRANÇA E INGLATERRA EM GUERRA

HENRIQUE V E A BATALHA DE AGINCOURT

Quando a Peste Negra assolou a Europa, interrompeu uma guerra entre a Inglaterra e a França. Durante dez anos, os reis da Inglaterra e da França estavam lutando por terras francesas que os ingleses afirmavam pertencer à Inglaterra. (Você se lembra de que Ricardo Coração de Leão foi morto na França enquanto tentava capturar um castelo francês para a Inglaterra? Os ingleses e franceses já estavam brigando por terra há muito tempo!)

Quando soldados de ambos os lados começaram a morrer de peste, os dois países desistiram de lutar por um tempo.

Mas assim que a Peste Negra passou, a guerra recomeçou. No total, a França e a Inglaterra lutariam entre si por mais de cem anos. Nós chamamos esta longa guerra de a Guerra dos Cem Anos.

Inglaterra e França

Quando Henrique V se tornou rei em 1413, ele estava determinado a pôr fim à guerra entre a Inglaterra e a França de uma vez por todas. E ele tinha um plano para recuperar aquela terra *inglesa* dos franceses. Veja, a tataravó de Henrique, Isabel, era uma princesa francesa que se casou com um inglês. Então, Henrique enviou uma mensagem ao rei francês dizendo:

"A terra que eu quero realmente pertence a mim, porque eu deveria tê-la herdado de minha tataravó, a princesa francesa Isabel. Dê a terra para mim e também me dê sua filha Catarina para ser minha esposa. Ou então eu vou invadir a França com meu exército!"

O rei francês, que se chamava Carlos VI, sabia perfeitamente que não podia dar a Henrique a terra *e* sua filha. Se desse a Henrique a terra, ele estaria admitindo que a terra pertencente a uma princesa francesa deveria realmente ir para os filhos da princesa, mesmo que essas crianças fossem inglesas. Então, se Henrique se casasse com Catarina e tivesse filhos, Henrique poderia alegar que os filhos de Catarina deveriam herdar todas as terras pertencentes a ela. E como Catarina era filha do rei da França, Henrique poderia alegar que ela tinha o direito de possuir toda a França. As exigências de Henrique eram uma maneira sorrateira de tomar a França para si.

Então Carlos VI enviou de volta uma mensagem rejeitando as alegações de Henrique. Seu filho, o herdeiro do trono francês, enviou a Henrique um insulto rude junto com a mensagem de seu pai. Ele empacotou várias bolas de tênis e disse a Henrique:

"Você está simplesmente agindo como uma criança. Pare de se excitar ameaçando a França e jogue tênis para queimar toda essa energia extra."

Essa foi a última gota. Henrique V preparou-se para invadir a França. Na peça de Shakespeare, Henrique V enviou ao príncipe francês de volta esta mensagem depois que ele abriu o pacote com as bolas de tênis:

"Diga ao príncipe que estou feliz que ele possa fazer piadas comigo. Diga-lhe que, quando eu acertar essas bolas com a minha raquete, vou atirar a coroa do pai dele para fora do campo. Diga ao príncipe brincalhão que essa piada dele transformou suas bolas de tênis em balas de canhão. E embora algumas pessoas possam ter rido de sua piada, milhares mais irão chorar por causa disso."

Aqui estão as palavras reais de Shakespeare (lembre-se que *Delfim* é a palavra francesa para *príncipe*):

Estamos contentes que o Delfim é tão agradável conosco...
Quando combinarmos nossas raquetes com essas bolas
Na França, pela graça de Deus, jogaremos uma partida
Que colocará em perigo a coroa de seu pai...
E diga ao simpático príncipe que esta sua farsa
Tornou suas bolas em pedras canhão...
E diga ao Delfim
Que de sua brincadeira vai saborear, mas de sagacidade superficial,
Quando milhares chorarem mais do que riram disso.

(Henrique V, Ato I, cena II)

Quando o exército de Henrique desembarcou pela primeira vez na França, tudo deu errado. Ele foi derrotado em várias pequenas batalhas com os franceses. Seus soldados ficaram doentes. Seus sapatos começaram a se desgastar. E então o inverno começou a cair sobre eles. Henrique sabia que seu exército não sobreviveria a um longo e frio inverno acampado ao ar livre. Então ele decidiu que deveria voltar para a Inglaterra e tentar novamente no ano seguinte.

Mas os franceses não pretendiam deixá-lo tentar de novo. O exército francês cortou a retirada de Henrique e encontrou seu grupo de soldados em um campo chamado Agincourt. Henrique estava em desvantagem, mas ele não tinha escolha. Ele teve de lutar, embora seus soldados estivessem cansados, com frio, com fome, com medo e em menor número.

Na peça de Shakespeare, Henrique inspira seus homens a lutar com um famoso discurso em que diz terem sorte de estar em Agincourt, porque os homens sempre se lembrarão deles. E ele diz aos seus homens que a batalha fará todos iguais. Mesmo aqueles que são camponeses, ou *vis* (a palavra *vil* costumava significar *de uma parte inferior da sociedade*) serão como a nobreza (eles serão *gentilizados* ou *tornados cavalheiros*). Esta é parte do discurso de Henrique antes da batalha:

> *Nós poucos, poucos de nós felizes, somos irmãos...*
> *Pois aquele hoje que derrama seu sangue comigo*
> *Será meu irmão; seja ele jamais tão vil pois*
> *Este dia suavizará sua condição...*
> *E senhores na Inglaterra, que agora jazem na cama,*
> *Se acharão próprios malditos por não estarem aqui,*
> *E questionarão sua valentia enquanto qualquer um disser*
> *Que lutou conosco no dia de São Crispiniano.*
>
> (Henrique V, Ato IV, cena III)

(O dia de São Crispiniano foi o dia em que os franceses e ingleses lutaram em Agincourt.)

Claro, não sabemos exatamente o que Henrique V disse aos seus homens antes da Batalha de Agincourt. Seu discurso provavelmente não foi tão emocionante quanto o que Shakespeare imaginou! E nós não sabemos se ele convenceu seus homens de que eles tiveram sorte de lutar contra os franceses. Mas sabemos que os ingleses venceram a batalha, embora o exército francês fosse muito maior.

A Batalha de Agincourt, travada em 1415, foi um ponto de virada na Guerra dos Cem Anos. Henrique passou a assumir o controle de grande parte da França. E o rei da França, Carlos VI, concedeu a Henrique a mão de sua filha, Catarina, como sua esposa. Carlos também concordou que, quando ele morresse, Henrique V se tornaria o rei da França, assim como da Inglaterra.

Mas embora Henrique V tivesse conquistado a França, ele nunca chegou a ser seu rei. Ele morreu apenas sete anos depois da Batalha de Agincourt, dois meses antes de Carlos VI também morrer. Com os dois homens mortos, o filho de Catarina, Henrique VI, tornou-se o rei da Inglaterra e da França, embora ele tivesse apenas um ano.

JOANA D'ARC

O bebê Henrique VI tornou-se o rei da Inglaterra e da França enquanto ainda estava de fraldas. Mas muitos franceses não queriam que um rei inglês os governasse. Em vez disso, eles queriam que o Delfim fosse coroado rei da França. Você se lembra do Delfim, o príncipe da França? Ele enviou bolas de tênis a Henrique V, quando Henrique ameaçou atacar a França pela primeira vez. Se não fosse por Henrique, o Delfim teria herdado o trono francês de seu pai, o rei da França. E agora que Henrique estava morto, ele queria sua coroa de volta.

Mas nem todos os franceses queriam que o Delfim reinasse. Alguns franceses achavam que o bebê Henrique VI cresceria para ser um rei melhor que o Delfim, e também esperavam que os ingleses lhes dessem dinheiro e terras. Esses franceses seguiram um nobre poderoso chamado o duque de Borgonha. Eles eram chamados de *borgonheses*.

Agora a França estava dividida em uma *guerra civil* (uma guerra em que o povo de um país luta entre si). Os franceses que queriam que o Delfim governasse estavam de um lado. Do outro lado estavam os borgonheses (os franceses que queriam que o inglês Henrique VI fosse rei). E soldados ingleses também lutaram ao lado dos borgonheses.

O Delfim e seu exército precisavam manter o controle de uma das cidades mais importantes da França – a cidade de Orleães. Mas os borgonheses e os ingleses a cercaram e a sitiaram. A menos que o Delfim e o resto de seu exército pudessem afastar os atacantes, Orleães teria de se render. Um dia, o Delfim e seus generais planejavam a próxima ação em seu quartel-general quando um mensageiro chegou.

– Senhor – ele anunciou –, uma garota quer lhe ver.

– Quem é? – perguntou o Delfim.

– É Joana, a criada – disse o mensageiro. – Ela conta que Deus lhe disse para salvar a cidade de Orleães do cerco.

Agora, o Delfim sabia quem era Joana. Durante vários anos, ele ouvira rumores sobre essa camponesa. Joana d'Arc afirmou que santos e anjos apareceram para ela em visões e lhe disseram para liderar os franceses numa batalha contra os inimigos do Delfim. Muitas pessoas acreditaram nela. Um cavaleiro francês até lhe dera um cavalo, armadura e soldados para segui-la. Agora Joana estava aqui no quartel-general do Delfim. Mas como essa garota poderia ajudá-lo a recuperar o trono?

— Mande-a embora! – ele ordenou. Mas seus conselheiros o convenceram a receber Joana.

— As pessoas a amam! – sussurraram para ele. – Elas acreditam que ela foi enviada por Deus para libertar a França dos ingleses. E, senhor, um de seus guardas já a insultou.

Ela lhe disse:

— Não zombe de Deus, tão perto de sua morte. – E não mais que uma hora depois, ele caiu no fosso e se afogou!

Finalmente o Delfim suspirou.

— Muito bem – disse ele. – Envie-a para cá. Se Deus a enviou, ela vai me reconhecer, mesmo que ela nunca tenha me visto antes.

Ele deu sua coroa e manto real para um de seus amigos para vestir, e se escondeu na multidão que enchia a sala.

Quando Joana entrou na sala do trono, ela ignorou o homem que usava a coroa. Ela empurrou a multidão até encontrar o Delfim, e se ajoelhou na frente dele.

— Delfim – disse ela –, vim ver-te coroado rei da França!

Com isso, o Delfim estava quase convencido de que Joana havia sido enviada por Deus. Mas ele ordenou que seus sacerdotes e estudiosos fizessem perguntas sobre a fé cristã, para se certificar de que ela era uma verdadeira cristã e não uma feiticeira. Quando os sacerdotes lhe disseram que Joana era uma seguidora de Deus, o Delfim concordou em deixá-la atacar o exército de borgonheses e ingleses que cercava Orleães.

Quando Joana chegou a Orleães à frente de seu exército, ela pediu aos ingleses que se rendessem. Mas eles gritaram de volta:

– Nós vamos te queimar se em algum momento colocarmos as mãos em você! Você não é nada além de uma vaqueira. Volte e cuide de seus animais em casa!

Então, Joana ordenou aos seus generais: *Ataquem!* Os soldados franceses, certos de que Joana fora abençoada por Deus, lutaram ferozmente contra o inimigo. Finalmente, os borgonheses e ingleses foram obrigados a retirar-se de Orleães. Joana teve sua primeira grande vitória! De agora em diante, ela era frequentemente chamada de *Joana, a donzela de Orleães*.

Joana estava determinada a levar o Delfim à grande catedral de Reims, o centro da fé cristã na França, para que ele pudesse ser coroado rei. Ela marchou para Reims com o Delfim e seu exército, derrotando os inimigos enquanto avançava. Finalmente, o Delfim chegou a Reims e foi coroado rei. Agora, ele era chamado Carlos VII da França. Tudo o que ele tinha de fazer era derrotar os últimos borgonheses remanescentes e expulsar o resto dos ingleses de seu país. E Joana estava pronta para ajudá-lo.

Mas o Delfim hesitou. Em vez de lutar, ele tentou fazer acordos com alguns dos líderes da Borgonha. Ele disse a seu exército para esperar enquanto ele enviava mensageiros de um lado para o outro. Com o passar do tempo, seus soldados começaram a abandoná-lo. E então todos os seus acordos falharam. Os borgonheses atacaram-no, o seu exército foi derrotado e Joana foi capturada.

Carlos VII nem tentou resgatar Joana; deixou que os ingleses e os borgonheses levassem-na a julgamento por feitiçaria.

Joana d'Arc

Durante o julgamento, ninguém que gostasse de Joana pôde testemunhar por ela. Testemunhas que a odiavam inventaram histórias falsas sobre ela. Ela foi considerada culpada e sentenciada à fogueira. Mas ainda assim, Carlos VII não fez nada! E, assim, em 1431, Joana foi queimada viva. Muitas das pessoas, que a viram sendo executada, choraram. Até mesmo alguns ingleses gritaram: *Nós queimamos uma santa!*.

Após a morte de Joana, Carlos VII e seus generais finalmente conseguiram expulsar os ingleses da França. Os borgonheses juraram lealdade ao rei francês e Henrique VI perdeu sua reivindicação ao trono da França. A França estava livre da Inglaterra mais uma vez.

Levou mais quinze anos para que Carlos VII se lembrasse de Joana. Talvez, ao ficar mais velho, ele tenha começado a se sentir culpado por abandoná-la com seus inimigos. Qualquer que seja a causa, ele finalmente pediu à Igreja para reexaminar o caso contra Joana. Vinte e cinco anos depois de sua morte, ela foi declarada inocente de todas as acusações contra si, mas era tarde demais.

✤

CAPÍTULO

27

GUERRA PELO TRONO INGLÊS

A GUERRA DAS ROSAS

Os franceses não foram os únicos a lutarem entre si sobre quem deveria ser o rei. A Inglaterra teve sua própria guerra civil pelo trono! Primos de um lado da família real, chamado *Lencastre*, lutavam contra primos do outro lado da família, chamado *Iorque*. Os Iorques tinham uma rosa branca em seus estandartes e os Lencastres tinham uma rosa vermelha nos seus. Então hoje nós chamamos estas guerras pelo trono inglês de *Guerra das Rosas*.

A Guerra das Rosas começou durante o reinado de Henrique VI, o filho de Henrique V. Quando Henrique VI cresceu, ele começou a governar a Inglaterra por si só. Ele era um homem muito bom, passava horas e horas em oração e recusava-se a ter seus inimigos mortos. Certa vez, ele abandonou uma dança oferecida em sua homenagem porque achava que os vestidos usados pelas moças não eram decentes o suficiente! Mas Henrique VI preferia ler e rezar a governar. Em outra ocasião, ele lia em seu quarto quando seus duques vieram lhe perguntar sobre um problema em seu país. O rei Henrique VI suspirou e disse ao padre que estava com ele:

– Eles me interrompem de dia e de noite. Eu mal consigo encontrar um momento para ler os ensinamentos sagrados sem perturbação!

Depois de ter sido rei durante anos e anos, Henrique VI teve um ataque de loucura. De repente, ele parou de falar com as pessoas. Ele se sentava e permanecia parado no mesmo lugar, olhando para a frente, por horas. Não parecia ouvir seus amigos quando falavam com ele, mesmo quando lhe disseram que sua esposa acabara de dar à luz um filho.

A loucura de Henrique VI foi provavelmente herdada. Seu avô, o rei da França, havia sofrido com ataques de insanidade por toda a vida. Ele até acreditava que sua pele era feita de vidro e que iria quebrar se caísse. Agora essa loucura passara para a família real inglesa.

A Inglaterra precisava de alguém para administrar o país até que Henrique VI se recuperasse. Assim, a família de Henrique pediu ao seu primo distante, o duque de Iorque, que se tornasse Protetor ou substituísse o rei. O duque de Iorque concordou. Mas quando Henrique VI começou a melhorar, a família de Iorque não queria desistir do trono. Henrique e sua rainha tiveram de reunir um exército e marchar contra o exército do duque de Iorque. Depois de uma grande batalha, os partidários de Iorque foram derrotados e o próprio duque foi morto. A rainha mandou pendurar sua cabeça na muralha da cidade, com uma coroa de papel!

Agora Henrique VI poderia governar novamente. Mas a tentativa dos Iorques de tomar o trono não tinha acabado. O filho do duque de Iorque, Eduardo, reuniu outro exército e atacou novamente as forças reais. E dessa vez os Iorques saíram vitoriosos. Eles colocaram Henrique VI na cadeia. Em 1461, Eduardo assumiu o trono, proclamando-se Eduardo IV, o legítimo rei da Inglaterra.

Eduardo era um belo jovem de dezenove anos, de um metro e oitenta de altura, um bom dançarino e um bom guerreiro. Também era um rei capaz. Ele aprendeu os nomes de todos os homens importantes em seu reino, para que pudesse cumprimentar cada um como um amigo. Mas Eduardo se apaixonou por uma mulher que sua família não gostou. Elizabeth Woodville era mais velha do que ele. E ela havia se casado antes, com um cavaleiro que morreu lutando do lado de Henrique VI! Eduardo sabia que sua mãe e seus conselheiros nunca aprovariam Elizabeth. Logo, ele se casou com ela em segredo. Meses depois, quando seus conselheiros tentaram lhe arranjar um casamento com uma princesa estrangeira, ele teve de admitir que já era casado. Eduardo solicitou que Londres fosse decorada com papel colorido e ouropel e trouxe Elizabeth Woodville para a cidade em um grande desfile. Ele também deu aos cinco irmãos dela importantes empregos em seu governo.

Muitos dos nobres ingleses não gostaram disso. Eles achavam que os Woodvilles estavam ganhando muito poder. Então vários nobres se uniram aos apoiadores de Henrique VI e o deixaram sair da prisão. Eles marcharam em direção ao palácio de Eduardo no meio da noite para prendê-lo. Mas ao ouvir que estavam chegando, ele pulou da cama e fugiu do país!

Henrique VI se tornou rei de novo, mas não por muito tempo. Eduardo estava ocupado juntando outro exército. Ele marchou de volta para a Inglaterra e tomou Henrique VI como prisioneiro.

– Meu primo – disse Henrique VI, quando foi levado cativo –, sei que nas suas mãos a minha vida não estará em perigo.

Mas ele estava errado. Enquanto ele estava na prisão, alguém o matou. Nós não sabemos quem foi o assassino, mas Eduardo provavelmente deu a ordem para a morte de Henrique VI.

Agora que seu rival se foi, Eduardo IV pôde reinar por doze anos ininterruptos. Quando ele morreu, em 1483, seu filho de doze anos tornou-se rei em seu lugar. Mas esse jovem rei, Eduardo V, era pequeno demais para governar sozinho. Então seu tio Ricardo, irmão de Eduardo IV, se ofereceu para ajudar.

Esse foi o fim do reinado do rei de doze anos. Ricardo assumiu o trono e anunciou que ele era agora o rei Ricardo III da Inglaterra. O jovem Eduardo V e seu irmão mais novo desapareceram misteriosamente. Os cidadãos da Inglaterra fofocava sobre a crueldade de Ricardo. Eles sussurraram que ele havia ordenado que os dois filhos de seu irmão fossem assassinados para que ele pudesse assumir o trono. O povo contou histórias sobre sua maldade. De acordo com uma delas, Ricardo nasceu com um conjunto completo de dentes e comia sapos vivos para se divertir! De acordo com outra, ele tinha um braço retorcido porque Elizabete Woodville, a mãe do jovem rei, havia colocado uma maldição sobre ele.

A Inglaterra na época da Guerra das Rosas

Ricardo pode ter obtido sua coroa pela maldade, mas ele não a manteve por muito tempo. Dois anos depois de se tornar rei, outro primo real, Henrique Tudor, reuniu outro exército e desafiou a reivindicação de Ricardo ao trono.

Em 1485, Ricardo marchou com seus próprios soldados para encontrar Henrique em um campo de batalha chamado Bosworth. Ricardo deveria ter vencido a *Batalha do Campo de Bosworth*, porque seu exército era duas vezes maior do que o de Henrique. Mas seus soldados não lutaram muito. De fato, apenas algumas centenas de homens foram mortos na batalha. O resto se rendeu!

Quando os conselheiros de Ricardo viram que Henrique estava ganhando, disseram a Ricardo para fugir. Mas ele recusou.

– Eu não vou ceder um pé! – ele gritou. – Eu vou morrer rei da Inglaterra! – E ele o fez. Foi morto na batalha e a pluma real em seu capacete foi cortada e entregue a Henrique Tudor. Henrique a colocou no seu capacete e anunciou que ele era agora o novo rei da Inglaterra. A Guerra das Rosas finalmente havia acabado!

OS PRÍNCIPES DA TORRE

Quando Ricardo III morreu na Batalha de Bosworth, ele deixou um mistério para trás. Lembre-se, a princípio, Ricardo não era rei. Ele era o *regente* de seu sobrinho, Eduardo V. Mas Eduardo V e seu irmão mais novo desapareceram. O que aconteceu com esses dois garotos?

Ninguém sabia.

Essa é a história dos dois Príncipes da Torre: Quando Eduardo IV se casou com Elizabete Woodville (a mulher que sua família não gostava), eles tiveram dois filhos. O menino mais velho foi chamado de Eduardo, como seu pai. O menino mais novo foi chamado de Ricardo, como seu tio. O menino mais novo vivia com a mãe, a rainha, em Londres, mas o pequeno Eduardo vivia em um castelo silencioso no campo, com criados e tutores para cuidar dele. Um dos irmãos da rainha morava com ele como seu mestre. Ele se certificava de que Eduardo terminasse todos os trabalhos escolares e fizesse o que lhe era dito.

Quando Eduardo IV morreu, seu filho mais velho tinha apenas doze anos. Alguém precisava ajudá-lo a governar a

Inglaterra até que ele tivesse idade suficiente para reinar por conta própria. Eduardo tinha deixado os papéis ao tornar seu irmão Ricardo, o Protetor, ou rei substituto, do menino. Mas a mãe do jovem Eduardo e os irmãos dela queriam ser os que ajudavam o novo rei a governar. Então eles não disseram a Ricardo, que estava longe no norte da Inglaterra, que Eduardo IV estava morto. Em vez disso, eles planejaram trazer o menino para Londres e mandar coroá-lo imediatamente. Uma vez que o jovem Eduardo fosse coroado rei, ele poderia escolher seus próprios ajudantes.

Eduardo V

Mas um dos amigos de Ricardo viu o que estava acontecendo e lhe enviou uma mensagem frenética.

– Apresse-se para a capital com um exército forte! – escreveu ele. – Vingue o insulto feito pelos seus inimigos! Você deve tomar o posto do jovem rei sob sua proteção imediatamente!

Assim que Ricardo recebeu essa mensagem, partiu para Londres com um bando de soldados. Ele encontrou Eduardo, seus servos e seu mestre a caminho de Londres para a coroação do jovem rei. Quando Ricardo viu Eduardo, ele se ajoelhou e abaixou a cabeça. Mas também disse ao sobrinho:

– Sua mãe e seus irmãos estão tentando dominar o seu reino. E se você permitir que eles decidam por você, eles podem tentar se livrar de você. Temo pela sua vida!

Eduardo insistiu:

– Minha mãe e meus irmãos são inocentes de qualquer delito!

Mas Ricardo e seus soldados discordaram. Eles trancaram o mestre de Eduardo em uma pousada próxima e prenderam seus criados e soldados. Então Ricardo colocou todos os *seus* próprios soldados no lugar e enviou uma mensagem para a mãe de Eduardo e seus irmãos, dizendo:

"Eu não sequestrei o rei, meu sobrinho. Eu o resgatei. Estou mais preocupado com o bem-estar dele do que qualquer um de vocês. Vou levá-lo a Londres muito em breve para que ele possa ser coroado."

A rainha e seus irmãos não acreditavam em Ricardo. Eles tinham certeza de que Ricardo mataria Eduardo e tomaria a coroa. Mas a maioria das pessoas em Londres confiava em Ricardo e se recusava a se juntar à rainha na luta contra ele. Então ela levou seu filho mais novo, irmão mais novo de Eduardo, e se escondeu em uma igreja onde estariam seguros.

Enquanto isso, Ricardo fez exatamente o que ele disse que faria: levou o jovem Eduardo, agora rei Eduardo V, para Londres e cavalgou com ele pelas ruas, enquanto as pessoas comemoravam: *viva o rei!*. Ele fez com que todas as pessoas importantes de Londres jurassem lealdade a Eduardo V.

Mas ele ainda não permitiria que a rainha ou seus irmãos vissem Eduardo. E logo ele sugeriu que Eduardo ficaria mais seguro caso se mudasse para a Torre de Londres. A Torre foi construída centenas de anos antes por Guilherme, o Conquistador, como uma cadeia! Desde então, outros reis acrescentaram muralhas e edifícios à Torre, de modo que era um palácio e também uma prisão. Eduardo tinha seu próprio apartamento na Torre, com seus próprios criados e seus próprios soldados. Mas todos eles haviam sido escolhidos por Ricardo.

Em seguida, Ricardo enviou um grupo de homens armados para a igreja onde a rainha estava hospedada. Ele ordenou que a rainha mandasse o irmãozinho de Eduardo para a Torre de Londres para morar com Eduardo.

"Eduardo está solitário", dizia a mensagem. "Ele não tem ninguém com quem brincar."

A rainha não queria mandar seu filho mais novo para ficar na Torre. Então, Ricardo teria controle sobre ambos os herdeiros do trono. Mas com todos aqueles homens armados em torno dela, ela não tinha escolha. Então, enviou o menino para o tio dele. E Ricardo levou seu sobrinho para morar na Torre com seu irmão Eduardo.

No dia seguinte, Ricardo anunciou que a *coroação* do sobrinho (a cerimônia em que ele seria coroado rei) seria adiada. Alguns dias depois, um famoso padre pregou um sermão dizendo que Ricardo, e não Eduardo, deveria ser rei. E alguns dias depois, um grupo de nobres se reuniu e pediu a Ricardo que tirasse a coroa de Eduardo para o bem da Inglaterra. Muitas pessoas suspeitavam que Ricardo havia ordenado que o padre e os nobres dissessem essas coisas.

"As pessoas que o amavam como protetor", escreveu um homem de Londres em seu diário, "começaram a reclamar dele quando ele se tornou rei."

Mas a maioria das pessoas não reclamava muito alto, especialmente depois que Ricardo ordenou que o mestre de Eduardo fosse decapitado. Ninguém queria ser o próximo.

Apenas algumas semanas depois, Ricardo foi para a Torre de Londres, para sua própria coroação. Seus partidários o coroaram rei. Agora Ricardo, o tio do rei, era Ricardo III, rei da Inglaterra.

Mas e quanto a Eduardo e seu irmão mais novo?

Eles ainda moravam na Torre. Mas cada vez menos pessoas tiveram permissão para vê-los. Logo o povo de Londres começou a murmurar que os príncipes haviam sido mortos. Os rumores se espalharam pela Inglaterra e até pela França. Mesmo nos dois anos seguintes ninguém sabia ao certo onde estavam os príncipes ou o que lhes acontecera.

Então Henrique Tudor invadiu a Inglaterra, matou Ricardo na Batalha de Bosworth e tornou-se rei. Quando Henrique chegou a Londres, mandou revistar a Torre, mas não havia sinal dos meninos.

Ninguém jamais descobriu o que aconteceu com os príncipes. Vinte e cinco anos depois, um dos cavaleiros de Ricardo afirmou que ele havia assassinado os dois garotos, mas ele confessou para evitar ser torturado, então ele poderia ter inventado essa história. Dois historiadores importantes escreveram que Ricardo ordenou que os meninos fossem mortos. Mas ambos os historiadores queriam agradar a Henrique VII, que havia substituído Ricardo ao trono, por isso estavam ansiosos para fazer Ricardo parecer o pior possível. Outros historiadores mais tarde sugeriram que Henrique VII matou os meninos quando a Torre foi revistada, para que ele não tivesse problemas em manter seu trono.

Quase duzentos anos depois, trabalhadores estavam limpando uma desordem de prédios antigos na Torre de Londres quando encontraram um baú antigo, enterrado no chão. Quando abriram o baú, encontraram dois esqueletos. Quase todos concordaram que esses dois esqueletos eram os dos príncipes. Mas quem os matou?

Nós nunca saberemos com certeza, mas uma coisa é certa: no final da Idade Média, ser o herdeiro do trono era perigoso!

❖

CAPÍTULO

28

OS REINOS DA ESPANHA E PORTUGAL

FERNANDO E ISABEL UNEM A ESPANHA

Agora vamos deixar a Inglaterra e viajar pela Europa. Atravesse o Canal da Mancha, a água no lado sul da Inglaterra (lembre-se que o sul é para *baixo* no seu mapa). Você se encontrará na França, o país que lutou com a Inglaterra na Guerra dos Cem Anos. Agora vá para o sudoeste (para *baixo* e para a esquerda) e você passará para outro país poderoso: a Espanha.

    Nós já lemos sobre a Reconquista da Espanha, quando os reinos cristãos da Espanha conquistaram a terra que tinha sido governada por muçulmanos por centenas de anos. A Reconquista foi realizada por pequenos reinos cristãos divididos em toda a Espanha. Mas com o passar do tempo, esses pequenos reinos se uniram. Dois grandes e poderosos reinos chamados Aragão e Castela cresceram até cobrir a maior parte da Espanha. Um terceiro reino, menor, Portugal, ficava na costa ocidental da Espanha.

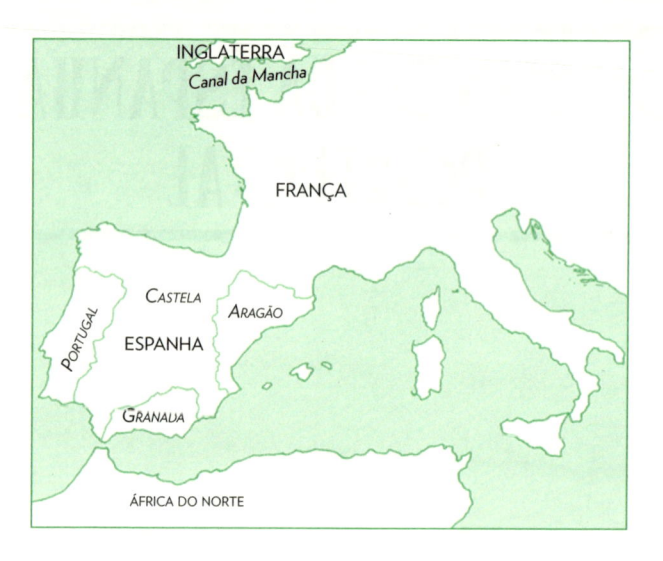

Espanha e Portugal

O rei de Castela, Henrique, era um jovem com grandes ambições. Ele queria fazer de Castela o maior reino da Espanha. Mas para fazer isso, ele precisava de mais soldados para o seu exército. Então ele prometeu a um de seus nobres, um famoso guerreiro chamado Pedro Giron, sua irmã Isabel em casamento, em troca de muitos soldados que fariam o exército de Henrique mais forte.

Pedro Giron ficou encantado com essa oferta. Ele poderia se tornar o cunhado do rei ao se casar com a princesa castelhana! Mas Isabel ficou horrorizada. Ela tinha apenas treze anos e Pedro Giron tinha mais de quarenta. E ele era um canalha com uma reputação de beber, brigar e matar. Ela implorou a seu irmão que cancelasse o casamento, mas ele recusou. Um grande banquete de casamento foi planejado. Logo o castelo estava cheio de comidas, costura e panificação. Mas Isabel ficou chorando em seu quarto, rezando para que algo impedisse esse casamento horrível.

Pedro Giron partiu para o seu casamento de bom humor, gabando-se de sua grande sorte. Mas na viagem ele começou a se sentir mal. Antes que pudesse chegar ao castelo de Isabel, ele morreu com dores no estômago. Isabel ficou cheia de alegria e alívio!

Mas o alívio dela não durou muito. Quatro anos depois, seu irmão decidiu que ela deveria se casar com o rei de Portugal, para que Portugal e Castela pudessem se unir em um reino mais forte. O rei de Portugal era um homem gordo e ofegante, com idade suficiente para ser o pai de Isabel.

Mais uma vez Isabel implorou a seu irmão que mudasse de ideia. Porém, mais uma vez ele se recusou.

– Você vai se casar com o rei de Portugal, quer você goste ou não! – ele lhe disse.

Então Isabel enviou uma mensagem secreta a Fernando, o jovem príncipe do reino de Aragão. Ela nunca conhecera Fernando, mas ele tinha exatamente a idade dela, e ela ouvira dizer que ele era bonito, cortês e gentil.

"Meu irmão está determinado a fazer um grande acordo para mim", ela escreveu para ele. "Eu não vou me casar com o rei de Portugal, mas você é um par tão bom quanto aquele velho. Encontre-me em um lugar secreto em Castela e decida se, em vez dele, você vai se casar comigo."

Fernando concordou. Mas ele não queria que Henrique soubesse que ele estava vindo para Castela. Então reuniu seis dos seus cavaleiros e lhes disse que se vestissem como mercadores numa caravana comercial. Fernando colocou trapos e fingiu ser seu criado e cuidador de jumento. Enquanto isso, Isabel saiu do quarto no meio da noite, roubou um cavalo dos estábulos de seu irmão e galopou para longe. Quando os dois se encontraram no lugar secreto, conversaram por duas horas e decidiram se casar imediatamente. Quatro dias depois, eles se tornaram marido e mulher.

O irmão de Isabel, Henrique, ficou furioso. Mas quando ele morreu, seis anos depois, Isabel se tornou a rainha de Castela. E quando Fernando herdou o trono de Aragão, Isabel e Fernando uniram seus dois reinos em um grande reino da Espanha.

Fernando e Isabel decidiram que terminariam a tarefa de unificar a Espanha, conquistando o último pedaço da Espanha ainda sob o domínio muçulmano. Esta última fortaleza muçulmana era um pequeno reino montanhoso do sul chamado Granada, onde um rei muçulmano governava seus súditos de um castelo chamado Alambra. Durante dez anos, Fernando e Isabel sitiaram Granada. O próprio Fernando liderou o exército para a batalha. Isabel viajou por toda a Castela a cavalo, implorando aos homens da Espanha para se juntarem ao exército e lutarem.

Finalmente, em 1491, os exércitos espanhóis foram vitoriosos. O rei muçulmano de Granada entregou o castelo de Alambra e fugiu. Segundo a lenda, ele se virou, enquanto saía de Granada, e suspirou com a última visão de seu reino perdido. Mas sua mãe, que estava andando atrás dele (e que estava muito zangada por perder sua casa), exclamou:

– Não chore como uma mulher por causa do que você não pôde defender como um homem!

O lugar onde o rei parou para suspirar ainda é chamado O Último Suspiro do Mouro.

Agora que Granada era deles, Fernando e Isabel declararam que toda a Espanha era um reino cristão. Eles tornaram ilegal praticar qualquer outra religião na Espanha. Os judeus que viviam na Espanha foram forçados a sair. E quase todas as aldeias espanholas tinham famílias judias. Eles venderam suas casas, muitas vezes por meros centavos, e partiram da Espanha em navios superlotados. Muitos morreram na longa e perigosa viagem para fora da Espanha.

Apesar de Fernando e Isabel terem sido bons governantes em muitos aspectos, eles também são lembrados por esse ato injusto. Eles uniram toda a Espanha em um só país, mas também forçaram os judeus na Espanha a deixar suas casas para sempre.[1]

HENRIQUE, O NAVEGADOR, PRÍNCIPE DE PORTUGAL

Fernando e Isabel uniram Castela, Aragão e Granada em um só reino espanhol. Mas Portugal, o reino da costa ocidental da Espanha, manteve sua independência do resto da Espanha.

Portugal era um pequeno reino, não muito mais largo que o estado da Flórida. Tinha uma longa costa com muitas praias e portos. Gatos e porcos selvagens vagavam pelo campo. Águias

---

[1] Fernado e Isabel também presidiram a Inquisição Espanhola, um dos eventos mais importantes do seu reinado. Eu escolhi não discutir isso aqui porque é um assunto complicado e perturbador para crianças do ensino fundamental.

e falcões sobrevoavam acima; flamingos viviam nos pântanos à beira da água. Os portugueses eram conhecidos por suas uvas, suas azeitonas e suas tripas. Tripa era um prato medieval feito do forro de estômagos de vaca, cozido junto com pés de bezerros, cebolas, gordura de vaca e cidra de maçã fermentada. A tripa portuguesa era uma das maiores iguarias do mundo.

Como Portugal tinha uma costa tão longa, era fácil para os portugueses construírem barcos e velejá-los. Um dos príncipes de Portugal, Henrique, queria usar esses barcos para mais do que viagens curtas. Ele queria que os portugueses aprendessem a navegar mais longe do que qualquer outro povo no mundo.

O príncipe Henrique era o quarto filho do rei de Portugal. Isso significava que ele nunca herdaria o trono, então ele não precisava se preocupar em aprender a governar Portugal. Ele poderia usar seu dinheiro e seu tempo de outra maneira, para transformar os portugueses em grandes navegadores e exploradores. Por causa de seu amor pelo mar, o príncipe Henrique ficou conhecido como Henrique, o Navegador.

Henrique começou a pensar em construir uma frota de navios de alto-mar quando era jovem, ajudando seus irmãos a lutar no norte da África. O pai de Henrique os havia enviado ao norte da África para capturar uma importante cidade comercial muçulmana. Mercadores da África vinham para essa cidade com marfim, ouro, prata e sal. Mercadores da Índia vinham com especiarias: pimenta, cravo e noz-moscada. Na Idade Média, não havia geladeiras, então as pessoas colocavam muitas especiarias em sua carne. Dessa forma, eles poderiam comê-la mesmo quando ela começasse a estragar. As especiarias encobriam qualquer gosto ruim! Elas eram tão importantes que a pimenta valia quase seu peso em ouro.

Mas os comerciantes muçulmanos sabiam que os portugueses eram cristãos que expulsaram os muçulmanos de seu país. E assim que os portugueses assumiram o controle da cidade, os comerciantes muçulmanos começaram a evitá-la!

Henrique percebeu que, se os portugueses quisessem ouro e marfim da África Ocidental, seria melhor navegar pela costa africana e negociar com as tribos da África Ocidental cara a cara. Então ele contratou pessoas para construir novos navios que fossem rápidos e leves, perfeitos para explorar águas estranhas. Ele pagou cartógrafos para desenhar novos mapas do litoral, para que os marinheiros soubessem exatamente onde estavam quando desembarcassem. E ele construiu uma escola de *navegação*. *Navegar* (seguindo um mapa para um determinado destino) é difícil de fazer no mar, porque não há estradas, árvores ou pontos de referência. Então os marinheiros de Henrique tiveram de aprender a ler mapas estelares para que pudessem encontrar a Estrela do Norte e outras estrelas importantes em diferentes momentos durante o ano. Eles tinham de aprender a usar um *astrolábio* (uma ferramenta de medição especial) para medir o quanto o Sol ou a Estrela do Norte ficava acima do horizonte, e então tinham de ser capazes de calcular a posição de um navio com base nessas informações. Eles tinham de saber usar uma bússola (um instrumento com uma agulha magnética que sempre aponta para o norte). E eles tinham de ser capazes de calcular a velocidade de um navio. Na Idade Média, os marinheiros mediam a velocidade com que um navio se movia amarrando nós em intervalos regulares em uma longa corda. Em seguida, eles colocavam um pedaço de madeira com peso em uma das extremidades da corda e enfiavam a outra extremidade em um carretel. Enquanto o navio navegava, os marinheiros atiravam o flutuador de madeira da parte de trás do navio e viravam uma ampulheta que continha apenas areia suficiente para durar exatamente um minuto. Eles deixavam a corda se desenrolar enquanto a areia escorria do vidro. Então eles paravam o carretel e contavam o número de nós ao longo do comprimento da corda que havia sido desenrolada. Isso lhes diria a velocidade do navio. Hoje, ainda se diz que um barco está viajando a *tantos nós*.

Um explorador usando um astrolábio

Depois que os marinheiros de Henrique aprenderam a navegar por águas desconhecidas, estavam prontos para seguir para o sul, rumo à África. Mas eles estavam assustados. Ninguém jamais havia navegado pela costa da África antes. Eles chamavam as águas misteriosas que se estendiam ao sul de *Mar das Trevas*. Eles tinham certeza de que havia monstros marinhos e redemoinhos no Mar das Trevas. Estavam com medo de que o oceano se tornasse tão raso que os navios se arruinassem no fundo do mar. Eles estavam certos de que as fortes correntes os puxariam para o meio do nada, de modo que nunca pudessem retornar. E eles achavam que o Sol no sul era tão quente que a água do mar fervia e cozinhava homens vivos!

Henrique tentou convencer seus homens a navegar mais para o sul. Ele pagou por expedição após expedição. Mas todos os seus marinheiros estavam com muito medo de ir muito longe! Finalmente, depois de catorze expedições, um corajoso explorador chamado Gil Eanes ousou se aventurar no Mar das Trevas. E descobriu que a água lá era a mesma que a água mais perto de casa.

Gil Eanes partiu em sua aventura em 1434. Nos anos após sua grande jornada, os portugueses começaram a seguir seu exemplo. Navegaram cada vez mais pela costa da África Ocidental para comercializar marfim, sal, ouro, joias, ovos de avestruz, peles de foca e escravos.

Embora Henrique, o Navegador, tivesse esperado que seus navios encontrassem o caminho para a Índia, ele morreu antes que isso acontecesse. Vejam bem, mapas na Idade Média não mostravam o quão grande a África era. Ninguém havia navegado por todo o continente, então os cartógrafos não conseguiam traçar um mapa preciso dela. E ninguém sabia exatamente até onde teriam que navegar para contornar a ponta da África. Alguns marinheiros achavam que a África poderia se estender até o fim do mundo!

❖

CAPÍTULO

29

REINOS AFRICANOS

OURO, SAL E GANA

A África era um lugar estranho e misterioso para a maioria dos europeus. Sob a costa norte-africana estava o Deserto do Saara, um trecho de terra amplo, árido e quente, onde um viajante podia se perder em uma tempestade de areia ou morrer de sede no deserto seco e sem trilhas. Poucas pessoas haviam atravessado o Deserto do Saara para descobrir o que estava ao sul dele! Portanto quase ninguém sabia o que ficava ao sul do deserto. Porque eles nunca tinham visto o resto da África, os europeus chamaram a África de *Continente Negro*.

Mas se você olhar para o seu mapa, verá que a costa norte da África e o Deserto do Saara são apenas duas pequenas partes da África. O centro da África fica entre duas cadeias de montanhas, tão altas que o topo está sempre coberto de neve e gelo. Entre essas montanhas, florestas tropicais crescem – selva verde quente, úmida e emaranhada, por centenas de quilômetros. E mais ao sul, a África não tem apenas selva, mas pradarias abertas, rios largos e colinas ondulantes.

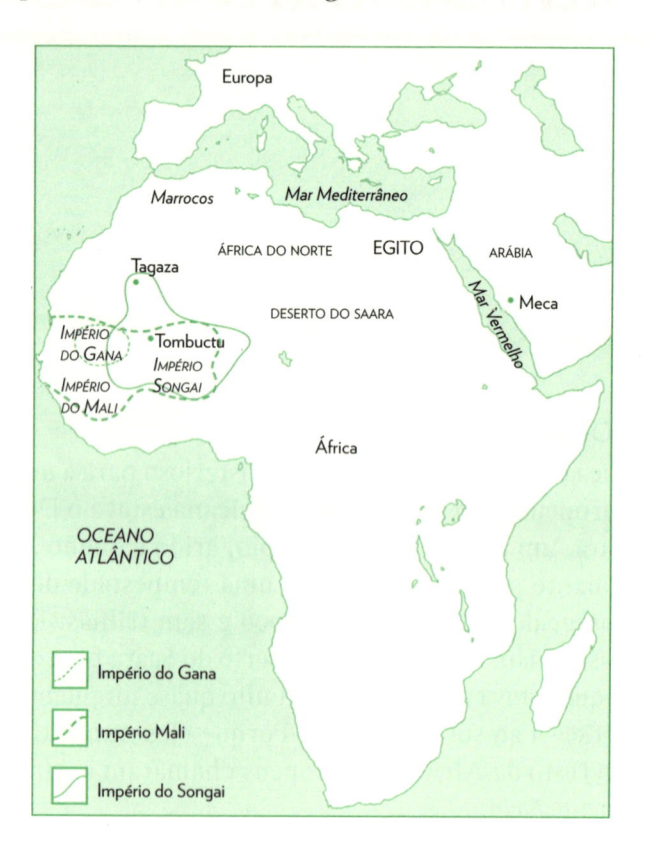

Fronteiras aproximadas dos reinos da África Ocidental

Na Idade Média, grande parte dessa terra era o lar de tribos nômades que vagavam pelas selvas e campos, caçando e pescando, indo de um lugar para outro. Essas tribos não escreveram sua história em livros ou construíram grandes cidades. Mas na África Ocidental, muitos africanos viviam em reinos com casas, estradas, palácios e escolas. Arqueólogos podem ver os restos desses edifícios hoje. E esses reinos receberam os visitantes europeus, que escreveram descrições do que viram. Portanto, sabemos muito mais sobre esses reinos da África Ocidental do que sobre as tribos que viviam no centro e no sul da África.

Na Idade Média, os três maiores reinos da África Ocidental foram Gana, Mali e Songai. Gana ficava na *protuberância* da costa ocidental da África. O povo de Gana vivia em casas feitas de barro vermelho, duras como cimento e cobertas com telhados feitos de junco ou palha. A maioria era de agricultores que cultivavam arroz, algodão, quiabo, abóboras, melancias e sementes de gergelim. Eles mantinham galinhas e caçavam búfalos, antílopes e pássaros selvagens como carne. Cada homem tinha de servir no exército por um mês a cada ano, então passava parte de todo dia de trabalho fazendo espadas, escudos, arcos e flechas. Os artesãos faziam panelas, tecidos, joias de cobre e ferramentas de ferro. Os ferreiros de Gana eram tratados como mágicos. Eles mantinham suas habilidades com ferro em segredo, de modo que ninguém sabia exatamente como as ferramentas de ferro eram feitas, e os ferreiros tinham ritos religiosos e rituais próprios!

Mas Gana não se tornou um reino rico e poderoso por causa de seu ferro e suas abóboras. Tornou-se rico tributando o ouro e o sal que o *atravessavam*.

Os europeus chamavam Gana de a *Terra do Ouro*, mas o próprio Gana não tinha muito ouro. O ouro era encontrado na terra ao sul de Gana. As tribos que viviam lá extraíam grãos de ouro do solo dos leitos e margens dos rios. Eles o extraíam do chão, cavando milhares de poços rasos, ou túneis de minas, na terra dura. Cada poço poderia render ouro suficiente para fazer uma pequena moeda. Mas todos juntos, os poços produziram toneladas de ouro. Os africanos ocidentais faziam joias, adagas, ornamentos reais e até máscaras de ouro. E eles vendiam ouro para os mercadores árabes que viviam no norte da África.

Em troca do ouro, os comerciantes árabes ofereciam sal. Em um país quente como a África, as pessoas precisavam comer sal para se manterem saudáveis. Mas ao sul de Gana, havia muito pouco sal no solo. A maior parte do sal da África era encontrada no Deserto do Saara, ao norte. Escravos escavavam-no do chão, trabalhando em minas de sal secas e quentes. Essas minas de sal eram lugares terríveis para se estar! Tudo era salgado, a água, a comida e o solo. Na cidade de Tagaza, onde as maiores minas estavam localizadas, até as casas e mesquitas eram construídas com blocos de sal, cobertos com peles de camelo. Todas as árvores e plantas haviam morrido, e não havia nada além de areia e sal até onde os olhos podiam ver. Hoje, ainda dizemos que um trabalho desagradável é como *trabalhar nas minas de sal*.

Os comerciantes árabes levavam seu sal para o sul para trocar por ouro. E os garimpeiros da África Ocidental levavam seu ouro para o norte para comercializar sal. Tanto o sal como o ouro tinham que passar por Gana.

Assim, o rei de Gana cobrava um pedágio por cada quilo de ouro e sal que passava por seu reino. Logo Gana ficou muito rico de fato.

Por fim, Gana se transformou em um poderoso império que ostentava um exército de 200 mil arqueiros e uma enorme capital. O rei vivia em sua própria seção privada da cidade, com as casas de seus sacerdotes e homens sábios em torno dele. Um historiador muçulmano chamado Albacri visitou o rei de Gana e escreveu o que viu para outros lerem. Foi assim que ele descreveu a corte real:

> Quando o rei convida seu povo para se apresentar a ele e lhe contar sobre suas queixas, ele se senta debaixo de uma tenda com os cavalos presos ao redor, cada cavalo envolto em tecido dourado. Ele usa colares de ouro, pulseiras de ouro e um gorro de tecido de ouro. Dez pajens ficam atrás dele, cada um segurando um escudo e uma espada com cabo de ouro. Seus nobres sentam-se à sua direita. Eles usam roupas lindas e têm ouro trançado em seus cabelos! Os governadores e autoridades da cidade sentam-se no chão a seus pés. A entrada da tenda é guardada por cachorros com colares de ouro e prata, e eles nunca deixam a presença de seu mestre.

O reino de Gana prosperou por muitos anos. Mas quando seus reis se recusaram a se converter ao islamismo, outros muçulmanos africanos atacaram suas cidades repetidamente. Gana começou a ficar mais fraco. E o reino islâmico mais próximo de Gana, o Mali, estava se fortalecendo.

MANSA MUSA DO MALI

Quando Gana começou a desmoronar, o reino de Mali assumiu o comércio de ouro e sal. Como Gana, o Mali ficava entre as minas de ouro do sul e as minas de sal do norte. Como Gana, o Mali ganhava dinheiro com o ouro e o sal que se moviam ao longo de suas estradas. Mas ao contrário de Gana, o Mali era um reino islâmico.

O islã se espalhou para os reinos da África Ocidental dos comerciantes muçulmanos que traziam sal do norte. E embora os reis de Gana tivessem se recusado a se tornar muçulmanos, muitos outros africanos ocidentais aceitaram a fé islâmica. Os reis do Mali construíram escolas para que o povo aprendesse a ler o Alcorão. Eles construíram universidades para que os alunos pudessem discutir as ideias importantes de sua religião, juntamente com ideias da matemática, história, filosofia e ciência. Ao crescer, o Mali tornou-se famoso por suas escolas, universidades e bibliotecas.

O povo do Mali tinha grande respeito pelos seus reis. Um aventureiro islâmico chamado Ibne Batuta viajou para o Mali na Idade Média. Ele descreveu a atitude dos súditos do rei assim:

> Eles se submetem ao rei e rastejam na frente dele! Qualquer um que for convocado para ver o rei tira a roupa boa, coloca trapos e um chapéu velho e sujo, enrola a calça até os joelhos para mostrar sua humildade, depois entra e coloca os cotovelos no chão. Sempre que o rei fala, todos eles tiram seus turbantes e chapéus e os colocam no chão para demonstrar seu respeito. E se alguém fizer uma pergunta ao rei, se o rei lhe responder, ele retira pó do chão e joga tudo sobre si mesmo o tempo todo em que o rei está falando, só para mostrar quão indigno ele é de qualquer resposta!

Todos os reis do Mali foram tratados com esse tipo de reverência! Mas o mais famoso de todos os reis do Mali foi respeitado não apenas por seu próprio povo mas pelo resto do mundo. Seu nome era Mansa Musa.

Quando Mansa Musa chegou ao trono do Mali, ele reuniu o maior exército em toda a África Ocidental. Ele comandou mais de 100 mil arqueiros, cavaleiros e soldados de infantaria. Também conquistou reinos vizinhos e expandiu o reino do Mali até que (como ele se gabava) um viajante precisaria de um ano para viajar de um extremo do Mali ao outro!

Mansa Musa era famoso na África Ocidental. Mas ele atraiu a atenção do mundo quando decidiu fazer uma peregrinação, ou *hajj*, a Meca, a cidade sagrada da fé muçulmana. Todo bom muçulmano deveria visitar Meca pelo menos uma vez durante sua vida. Mas a jornada desde a África Ocidental até Meca e vice-versa levaria mais de um ano. E por todo esse tempo, Mansa Musa teria que deixar seu país nas mãos de seus conselheiros.

Mansa Musa, o rei mais famoso do Mali

Mas ele estava determinado a mostrar sua devoção a Alá fazendo a peregrinação. E estava igualmente determinado a mostrar ao resto do mundo que ele, Mansa Musa, era um dos maiores monarcas da Idade Média. Ele decidiu levar sua esposa consigo, e não apenas ela, mas seus filhos, irmãs, irmãos, primos, sobrinhas e tios. E também seus cozinheiros, servos, guarda-costas, conselheiros palacianos, soldados e homens santos. Um escritor medieval afirma que 60 mil pessoas viajaram para Meca com Mansa Musa.

Quando a caravana seguiu em direção a Meca, Mansa Musa cavalgou no centro da coluna. Quinhentos escravos caminhavam na frente dele, vestindo roupas de seda e carregando bengalas de ouro puro e pesado. Cem camelos seguiram atrás, carregando 1300 quilos de ouro. Sempre que a caravana parava para as orações de sexta-feira, ele pagava para ter uma mesquita construída no lugar onde parava. Quando ele passou pelo Egito, doou tanto ouro que seu preço despencou. Havia tanto ouro no Egito que ele não tinha mais valor. Doze anos depois, o preço do ouro no Egito *ainda* era baixo porque Mansa Musa dera muito ouro aos egípcios enquanto viajava.

Quando chegou a Meca, Mansa Musa tirou suas vestes reais e seu ouro. Como todo peregrino muçulmano, lavou-se, vestiu um manto branco e orou na cidade santa. Deu *esmolas* (presentes de dinheiro) a outros peregrinos e aos pobres. E depois que ele completou sua reza, virou a caravana e voltou para casa. Mas ele doou tanto do seu ouro que teve de pedir dinheiro emprestado para voltar ao Mali.

A jornada de Mansa Musa para Meca o tornou famoso. Após a sua peregrinação, mapas medievais começaram a mostrar o reino do Mali, abaixo do Deserto do Saara. Um desses mapas mostra o próprio Mansa Musa, sentado no trono no meio do reino, segurando uma pepita de ouro na mão. Pela primeira vez, os mapas também mostraram estradas que levam da costa do norte da África até a África Ocidental. Por causa de Mansa Musa, os europeus agora sabiam tudo sobre o país da África Ocidental do Mali.

O IMPÉRIO SONGAI

O império da África Ocidental do Gana ficou rico e poderoso, mas depois começou a desaparecer. Então o Mali se tornou o mais rico e poderoso império da África Ocidental. Mas o Mali também começou a encolher após a morte do grande

Mansa Musa. E logo também foi substituído por um novo império: o Songai.

Gana era conhecido por sal e ouro e Mali era conhecido por seus grandes reis islâmicos, mas Songai ficou conhecido por seu tamanho. Cresceu e cresceu até cobrir grande parte das terras que pertenceram ao Gana e ao Mali. Suas cidades eram cheias de grandes mesquitas, palácios e mansões de paredes fortes, universidades famosas e mercados movimentados onde se vendiam sal, ferro, marfim, pó de ouro e comida. A cidade mais conhecida de Songai, Tombuctu, tinha 80 mil habitantes, e quase duzentas escolas.

O viajante medieval Leo, o Africano, explorou a terra dos Songai e escreveu sobre suas aventuras. Leo era um muçulmano, nascido no reino espanhol de Granada no momento em que esta estava sob o domínio muçulmano. Quando Leo tinha sete anos, Fernando e Isabel conquistaram Granada e adicionaram-no ao seu reino cristão. A maioria dos muçulmanos de Granada deixou o país. Os pais de Leo o levaram para o norte da África para viver.

Quando cresceu, Leo decidiu viajar do norte da África, através do Deserto do Saara, para o reino dos Songai. A viagem pelo deserto foi dura. Leo escreveu:

> Muitos que viajam por este deserto morrem porque não conseguem encontrar água. Suas carcaças estão na areia, queimadas pelo calor do Sol. Outros ficam com tanta sede que matam seus camelos e espremem a água de seus intestinos e a bebem! Às vezes isso os mantém vivos até que possam encontrar uma lagoa ou poço de água.

Leo, o Africano, conseguiu atravessar o Deserto do Saara sem ter que beber água do intestino de um camelo! Assim que chegou ao Império Songai, viajou de cidade em cidade, chegando finalmente a Tombuctu. Aqui está como ele descreveu essa grande cidade da África Ocidental em seu livro *História e Descrição da África e as Coisas Notáveis Contidas Nelas*:

As casas são feitas de barro, com telhado de palha. Mas o templo e o palácio do rei no centro da cidade são feitos de pedra. A cidade está cheia de poços de água doce, e há muito cereal e muitos animais, então os habitantes comem leite e manteiga. Não há muito fruto, mas há melões, pepinos, pão, carne, excelentes abóboras e uma enorme quantidade de arroz. Mas não há muito sal, porque tem que ser trazido aqui de uma mina a oitocentos quilômetros de distância.

Todas as mulheres usam véu sobre o rosto, exceto as escravas. Vários homens são muito ricos e o próprio rei tem enormes quantidades de ouro. Eu vi uma barra de ouro pertencente ao rei que pesava quase quinhentos quilos! O rei muitas vezes conduz seus exércitos à guerra, mas apenas contra seus inimigos e aqueles que se recusam a pagar-lhe tributo. Na batalha, ele e seus soldados cavalgam em cavalos comprados dos árabes. Seus servos andam em camelos. Tanto os cavaleiros quanto os soldados de infantaria disparam flechas envenenadas contra seus inimigos.

Mas o rei também honra muito o aprendizado e os livros. Tombuctu está cheia de médicos, sacerdotes, juízes e estudiosos! E o rei paga salários a homens instruídos para que possam estudar e ensinar. Os livros são a posse mais

> valiosa de todos; eles os vendem por mais dinheiro do que qualquer outro tipo de mercadoria. As pessoas são gentis e alegres. Todas as noites há canto e dança nas ruas. As pessoas caminham continuamente pela cidade à noite, tocando instrumentos musicais.

Quando Leo, o Africano, publicou seu livro em 1526, mais europeus descobriram sobre os reinos da África Ocidental. O continente não era mais tão *sombrio*! Os europeus ficaram surpresos ao descobrir que grandes cidades e impérios existiam ao sul do Saara.

Por fim, o Império Songai foi destruído por invasores que queriam tomar as minas de sal e ouro dos Songai para si. O sultão do Marrocos, no norte da África, enviou um exército de 3 mil homens pelo deserto. Esses soldados marroquinos tinham canhões e armas, e os guerreiros Songai tinham apenas lanças e arcos. Eles não resistiram às armas mais fortes dos marroquinos. O exército marroquino tomou as minas de sal no norte do império, mas os Songai recusaram-se a lhes dizer onde estavam as minas de ouro. Finalmente, depois de mais de dez anos de luta, o sultão do Marrocos desistiu de tentar encontrar as minas de ouro. Mas a guerra já havia dividido o reino Songai. O maior império da Idade Média na África Ocidental havia chegado ao fim.

❖

CAPÍTULO

30

A ÍNDIA SOB OS MOGOIS

A DINASTIA MOGOL

Quando o príncipe Henrique, o Navegador, começou a enviar expedições pela costa da África, ele esperava que encontrassem um caminho através da África para a Índia. A maioria dos europeus não sabia mais sobre a Índia do que sobre a África. Eles simplesmente pensavam na Índia como um lugar distante onde especiarias preciosas podiam ser compradas. Mas a Índia, como a África, tinha uma longa e complicada história própria.

Quando começamos a ler sobre a Idade Média, aprendemos que a Índia era composta de muitos pequenos reinos diferentes até que um rei chamado Chandragupta decidiu reunir esses pequenos reinos em um império. Os descendentes de Chandragupta, os reis da Dinastia Gupta da Índia, governaram uma forte e unida Índia. Por muitos anos, essa Índia unificada viveu em paz e conforto. Arte, ciência, literatura e música prosperaram durante a Era de Ouro da Índia.

Mas então os hunos, que já haviam atacado Roma e Bizâncio, invadiram a Índia. Os imperadores indianos lutaram contra eles, mas o esforço enfraqueceu tanto o Império Indiano que desmoronou novamente. Por centenas de anos após a invasão dos hunos, a Índia era composta de muitos pequenos reinos separados que travavam guerras constantes entre si. Um dos maiores reinos indianos, a terra que circunda a cidade de Deli, foi conquistado por um guerreiro muçulmano que se tornou seu sultão. Outros reinos indianos ainda eram governados por nobres indianos, mas suas constantes batalhas entre si tornavam a Índia cada vez mais pobre. E o país também sofreu com inundações, com secas que dizimaram colheitas e com doenças que mataram milhares de pessoas. A Índia precisava de um líder forte para torná-la mais uma vez pacífica e próspera.

Finalmente, esse líder apareceu. Mas ele não era da Índia. Ele era um turco-otomano.

Você se lembra de como os turco-otomanos conquistaram Constantinopla? Seu maior imperador era Solimão, o Magnífico. Mas agora o Império Otomano, que já foi o maior do mundo, começou a se dividir em pequenos reinos. Um deles, à beira do outrora grande império, foi herdado por um príncipe muçulmano chamado Babur. Babur era um guerreiro feroz, um descendente do próprio Gengis Khan. Seus inimigos o chamavam de Babur, o Tigre, por causa de sua coragem. Mas

Babur foi expulso de seu reino por um governante rival. Ele vagou pelo leste, procurando por um novo lar.

Quando Babur soube que o sultão de Deli estava tendo dificuldade em controlar seu reino indiano, Babur decide invadir a Índia e tomar para si Deli.[1] Ele iniciou sua invasão em 1526, o mesmo ano em que Leo, o Africano, escreveu seu livro.

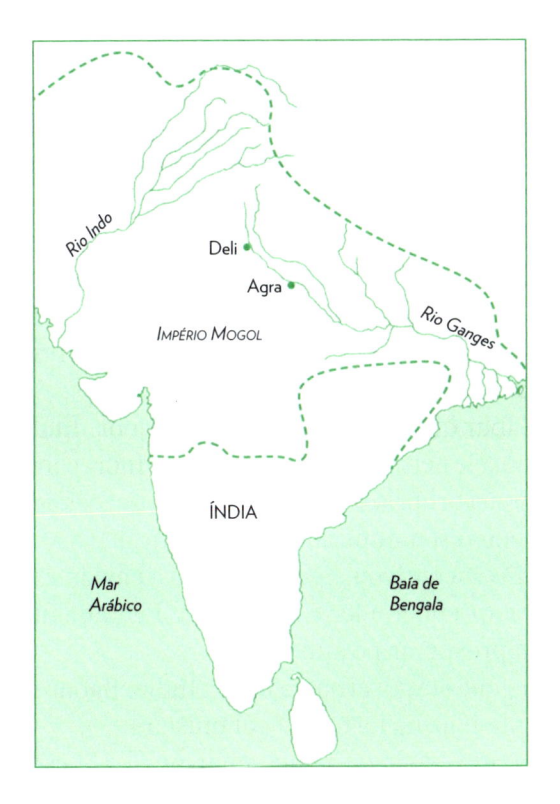

A Dinastia Mogol na Índia

---

[1] Babur e os outros mogols chamavam a Índia de *Hindustão*, não de Índia; Hindustão significa *terra dos hindus* na língua persa falada pelos otomanos.

O sultão de Deli reuniu um enorme exército de 100 mil homens e mil elefantes de guerra para revidar. Mas embora Babur tivesse apenas 12 mil homens, ele os montou em cavalos rápidos e fortes. Os elefantes montados pelos homens do sultão eram enormes, mas também lentos e pesados. Os homens de Babur podiam dar a volta nesses elefantes e atacá-los por trás. E Babur armou seus soldados com mosquetes, enquanto o exército do sultão tinha apenas lanças, espadas e arcos.

Babur conquistou a cidade indiana de Deli e nomeou-se seu imperador. Então ele voltou sua atenção para os outros reinos indianos ao seu redor. Esses reinos ainda estavam sob o domínio hindu, mas Babur os derrotou, um por um.

Esses reinos hindus estavam com medo do governo de Babur. Afinal, quando o sultão de Deli assumiu o *seu* reino indiano, ele havia matado muitos de seus súditos hindus. Ele havia saqueado templos hindus, destruído lugares sagrados hindus e destruído imagens sagradas.

Mas Babur queria ser um bom imperador. Embora fosse muçulmano, ele permitiu que os hindus da Índia continuassem praticando sua própria religião. Ele criou funções administrativas em todo o seu império para garantir que as leis fossem seguidas. Ele incentivou o povo indiano a enviar seus filhos à escola para aprender a ler e a escrever. Lentamente, a Índia começou a prosperar novamente.

Mesmo que ele governasse bem a Índia, Babur não estava inteiramente feliz na terra que conquistara.

"Este é um lugar de pouco charme!", ele escreveu no relato de seu reinado. "Não há artes, nem poesia, nem erudição, nem colégios, nem bons cavalos, nem carne, nem uvas, nem frutas. E tudo é quente e empoeirado. Não há água corrente, nem gelo, nem banhos, nem velas, e o país está seco e desolado."

Para se lembrar de sua casa, Babur plantou um belo jardim nas margens do rio na capital, Agra. Em sua terra natal, bons muçulmanos frequentemente plantavam hortas ao redor das montanhas, onde a neve derretida escorria por riachos entre os canteiros de flores. Esses jardins deviam lembrar os muçulmanos do paraíso em que iriam entrar quando morressem, um paraíso repleto de jardins de água fresca.

Não havia córregos da montanha em Agra. Mas Babur encheu tanques com água do rio. Nesses tanques, ele construiu rodas d'água com jarras amarradas a cada degrau da roda. Búfalos puxavam-nas continuamente. Quando giravam, as jarras recolhiam água e a despejavam numa pedra esculpida, pela qual se espalhava pelos córregos que atravessavam o jardim de Babur. Ao lado dos córregos, o imperador com saudades de casa plantou canteiros de lindas flores. Ele plantou ciprestes, que permanecem verdes durante todo o ano, para representar a vida eterna. Plantou árvores frutíferas, que florescem, dão frutos e depois perdem suas folhas para representar a vida na Terra. E colocou bancos de mármore em seu jardim para poder sentar-se sob as árvores e fingir que estava de volta à sua terra natal. Ele chamou seu jardim de Jardim das Flores Espalhadas, mas seu povo o chamou de Ram Bagh. Hoje, você ainda pode ver os restos do jardim de Ram Bagh na cidade de Agra, na Índia.

Babur governou seu Império Indiano por apenas quatro anos antes de morrer. Mas seus descendentes governaram a Índia por muitos anos. Eles ficaram conhecidos como a Dinastia Mogol. O nome *Mogol* vem de Mongol, porque Babur era descendente de Gengis Khan, o grande mongol.

AKBAR DA ÍNDIA

Depois que Babur, o Tigre, morreu em 1530, ele deixou seu filho mais velho Humaium no comando de seu império. Mas não muito depois de Humaium ter assumido o trono, foi expulso da Índia por invasores. Ele passou os quinze anos seguintes tentando recuperar o trono da Índia! Finalmente, Humaium conseguiu retornar ao seu palácio em Deli. Mas perdera muito do império de seu pai.

Apenas um ano após retornar à Índia, ele escorregou nos degraus de sua biblioteca, bateu a cabeça e morreu. Em 1556, seu filho de treze anos, Akbar, foi coroado imperador em seu lugar. Akbar era jovem, mas estava determinado a restaurar a glória do império de seu avô. Ele lançou uma campanha furiosa para reconquistar as terras que Humaium havia perdido. E depois de conseguir recuperar essas terras, adicionou ainda mais cidades ao seu império. No momento em que morreu, após um reinado de 49 anos, Akbar governava um império que cobria metade da Índia.

Como seu avô Babur, Akbar era um governante bom e justo. Embora ele mesmo fosse muçulmano, Akbar acreditava que precisaria ser popular entre seus súditos hindus caso quisesse permanecer no trono. Então se casou com uma princesa hindu e permitiu que a crença hindu continuasse em seu país.

Akbar tornou-se tão famoso que seu povo contava história após história, tudo sobre ele. A maioria dessas histórias provavelmente são contos folclóricos que realmente não aconteceram. Mas elas mostram o quão popular e respeitado Akbar era! Nessas histórias, Akbar sempre toma decisões com a ajuda de seu ministro do Estado, um hindu chamado Birbal. Às vezes Birbal corrige o rei, mas como ele é um homem justo, disposto

O império de Akbar cobria metade da Índia

a fazer o que é certo, Akbar sempre escuta. Aqui está uma daquelas histórias do tempo da Dinastia Mogol: *O Criado Azarado*.

O CRIADO AZARADO

Nos dias em que Akbar reinava em seu palácio em Agra, havia um criado chamado Gulshan, que todos pensavam significar azar. Sempre que os ovos estavam podres, o cozinheiro gritava:

– Gulshan, você dá azar! Esses ovos apodreceram por sua causa!

Se o pão queimasse no forno, o padeiro gritava:

– Gulshan deve ter estado aqui! Ele dá azar.

E se chovesse em um dia de festa, todo o palácio culparia o pobre Gulshan.

Quando o imperador Akbar ficou sabendo disso, ele disse:

– Esse pobre homem não pode ser a causa de toda má sorte no meu palácio. Que ele seja meu criado durante um dia e, quando tudo correr bem, minha equipe verá que ele não traz má sorte.

Então ele enviou seu ministro Birbal para dizer a Gulshan que ele traria ao imperador seu café da manhã na manhã seguinte. Gulshan ficou aterrorizado com a ideia de servir ao grande Akbar! Mas, quando se levantou pela manhã, lavou as mãos, penteou os cabelos, vestiu uma túnica limpa e levou o café da manhã do imperador para o quarto real. Akbar agradeceu e Gulshan fez uma reverência e retirou-se.

– Que bom! – Akbar pensou consigo mesmo. – Nada de ruim aconteceu. – Ele começou a comer o café da manhã, mas logo descobriu um pelo no pão. – Má sorte – disse ele em voz alta –, mas certamente isso poderia ocorrer em qualquer manhã.

Ele tirou o cabelo do pão e continuou a comer. Mas logo sua perna começou a coçar. Ele olhou para baixo e percebeu ter sido picado por uma mosca da areia. Ele deu um tapa na mosca e disse:

– Má sorte. Mas moscas já me picaram antes.

Akbar começou a se vestir. Enquanto estava colocando sua coroa, seu capitão da guarda entrou correndo e disse:

– Sua Majestade, os camponeses no norte estão se revoltando! Eles exigem impostos mais baixos e melhor comida!

– Vá para o norte e resolva o tumulto – ordenou Akbar. Mas o capitão da guarda mal havia saído quando o mordomo de Akbar bateu ansiosamente na porta.

– Sua Majestade – disse ele –, há vermes em toda a carne que preservamos para o inverno. Vou ter que jogar tudo fora!

– Jogue fora – ordenou Akbar. Mas o mordomo mal tinha ido embora quando o mestre dos cavalos chamou da porta:

– Vossa Majestade! Seu cavalo favorito ficou manco.

– Me sele outro – disse Akbar, cansado. Mas o mestre dos cavalos mal havia terminado de falar quando a rainha de Akbar entrou na sala.

– Nosso filho caiu e cortou o braço! – ela chorou. – Chame o médico imediatamente.

– Isso já é o suficiente! – Akbar gritou. – Gulshan dá má sorte. Leve-o imediatamente e enforque-o!

Bem, quando o ministro Birbal ouviu sobre a ordem do rei, ele foi para a prisão onde Gulshan havia sido jogado para aguardar sua execução.

– Venha comigo imediatamente – ordenou ao infeliz –, e falarei com o imperador em seu nome.

Akbar estava em sua sala do trono quando Birbal chegou, com Gulshan atrás dele.

– Por que você trouxe esse homem para a minha presença? – Akbar exigiu. – Ele dá azar! Foi a primeira face que vi essa manhã e nada deu certo desde então.

– Senhor – disse Birbal –, posso fazer uma pergunta a este homem, para que você possa ouvir a resposta?

– Que pergunta? – perguntou Akbar.

Birbal virou-se para Gulshan.

– Quando você se levantou esta manhã, você era um homem livre, não é? – ele perguntou.

– Sim – gemeu o homem infeliz. – E agora eu fui condenado à forca!

– Que má sorte! – exclamou Birbal. – E de quem era a primeira face que você viu esta manhã?

– Do imperador – Gulshan sussurrou.

Birbal virou-se para Akbar.

– Você viu o rosto deste homem esta manhã e teve azar – disse ele. – Mas você ainda está vivo e mestre em seu país. Ele viu seu rosto e agora ele é condenado à morte. De quem é o rosto que trouxe pior sorte: o dele ou o seu?

Akbar ficou em silêncio por um momento e então começou a rir.

– Birbal, meu velho amigo – ele disse –, você me impediu de um ato injusto. Gulshan, você está livre. Mas por favor... você poderia encontrar outra casa para servir?

✣

CAPÍTULO

31

EXPLORANDO NOVOS MUNDOS

CRISTÓVÃO COLOMBO

Quando os portugueses começaram a navegar pela costa da África Ocidental, o comércio com a África tornou-se muito mais fácil. Em vez de transportar mercadorias pelo deserto quente e seco, mercadores da Inglaterra, França, Espanha e Portugal podiam viajar por mar até os portos da África Ocidental.

Mas ainda não havia uma maneira simples de chegar à Índia. Para obter especiarias, os comerciantes tinham de fazer a longa e difícil jornada pela terra. Eles tiveram de lutar contra bandidos e bandos de guerra. E tiveram de enfrentar turco-otomanos hostis que guardavam as estradas ao leste. Muitos aventureiros tentaram navegar pela costa da África e encontrar um caminho para a Índia, mas ninguém conseguiu.[1]

Um marinheiro italiano chamado Cristóvão Colombo estava determinado a encontrar uma rota marítima para a Índia. Mas Colombo tinha uma nova estratégia que soava como loucura. Em vez de navegar pela costa da África, ele planejava navegar a oeste, direto para o Oceano Atlântico. Colombo passou anos estudando mapas e relatórios científicos. Ele sabia que os melhores cientistas acreditavam que a Terra fosse redonda. E se a terra fosse redonda, ele poderia navegar em torno dela e esbarrar na costa leste da Índia.

Rotas dos exploradores

---

[1] Embora o aventureiro português Bartolomeu Dias tivesse conseguido contornar o Cabo da Boa Esperança na ponta sul da África, em 1487, ele voltou sem continuar para a Índia porque sua tripulação estava com medo do que poderia estar à frente.

Mas antes que pudesse experimentar sua teoria, Colombo teve de convencer alguém a pagar por sua jornada. Ele precisava de dinheiro para comprar navios, para contratar marinheiros e para abastecer os navios com comida e água.

No início, Colombo foi para o rei de Portugal. Afinal, os portugueses vinham se esforçando mais do que qualquer outro povo para encontrar uma rota marítima para a Índia. Mas os cientistas do rei riram dos mapas de Colombo.

– O oceano é muito maior do que você pensa! – eles o avisaram. – Você nunca poderá armazenar comida e água suficientes para uma jornada tão longa!

Quando o rei de Portugal se recusou a comprar navios para Colombo, ele tentou fazer com que os reis da França e da Inglaterra se interessassem em suas ideias. Nenhum rei o ajudaria. Então, finalmente, Colombo foi a Fernando e Isabel, da Espanha, e contou-lhes sobre o seu plano.

Fernando prestou pouca atenção a essas ideias malucas, mas Isabel ficou fascinada com o novo mapa do mundo de Colombo. E ela também percebeu que, se Colombo pudesse encontrar um caminho para a Índia, a Espanha poderia se tornar mais rica do que a Inglaterra, a França ou Portugal. A Espanha poderia se tornar o país mais rico e poderoso do mundo.

Mas quando Colombo apresentou seu plano para Isabel, a Espanha estava no meio de sua guerra para conquistar Granada. Isabel estava usando todo o seu dinheiro para pagar soldados no exército espanhol. Só quando a guerra acabou, sete anos depois, ela poderia comprar os navios de Colombo.

Finalmente, Colombo estava pronto para testar suas novas ideias! Isabel forneceu-lhe três navios, chamados *Niña*, *Pinta* e *Santa María*. Ela contratou marinheiros, abasteceu os navios com comida e água suficientes para vários meses e forneceu a Colombo panos, ouro e outros bens que ele poderia trocar por especiarias quando chegasse à Índia.

Santa María

Cristóvão Colombo partiu em 1492. Quando o *Niña,* o *Pinta* e o *Santa María* navegaram para o Oceano Atlântico, seguindo para oeste, os três navios passaram por outras embarcações que saíam da costa espanhola. Lamentos e gritos vinham desses navios, que estavam lotados de homens, mulheres e crianças chorando. Os judeus estavam deixando a Espanha, expulsos pelas leis que Fernando e Isabel tinham passado contra eles.

Cristóvão Colombo anotou sua observação desses navios no diário e continuou navegando para o oeste, para as imensas águas sem mapas do Oceano Atlântico. No início, seus navios tinham bons ventos e a jornada correu bem. Mas com o passar dos dias, os homens de Colombo começaram a murmurar. Quando eles iriam avistar a terra? A Espanha estava ficando cada vez mais longe. E eles não conseguiam ver nada além de mais água à frente deles. Pássaros estranhos voavam acima; peixes estranhos saltavam da água. As algas ficaram tão espessas que os navios só conseguiam avançar lentamente. E os homens estavam sendo acometidos por uma doença chamada *escorbuto*, porque ficaram sem ingerir frutas frescas ou vegetais por muito tempo. Suas gengivas estavam ficando negras e alguns dos marinheiros estavam morrendo.

– Nunca chegaremos à terra! – reclamaram os homens de Colombo. – Vamos ficar sem água fresca e morrer de sede aqui! O mundo não é redondo, o mar continua para sempre e nunca chegaremos ao fim!

Outros disseram:

– E se o oceano cair do fim do mundo? Vamos navegar pela borda e cair por uma cachoeira sem fim!

Eles planejaram jogar Colombo no mar e voltar para casa. Finalmente, com medo de que seus homens se revoltassem, Colombo concordou em dar meia-volta se terra não fosse vista em mais três dias. Durante todo o dia seguinte, Colombo andou de um lado para o outro em volta do navio, forçando os olhos para ter um vislumbre de terra. Se nenhuma terra fosse vista, ele teria de voltar para a Espanha, e perder uma vida inteira de esforço.

O Sol mal tinha subido na manhã do segundo dia quando um marinheiro, no alto do cordame do navio, gritou *terra!* Com certeza, uma pequena ilha estava logo acima do horizonte. Quando os navios se aproximaram, Colombo percebeu que a ilha estava cercada por dezenas de outras. Ele tinha certeza de que chegara às ilhas na costa da Índia.

Quando Colombo e seus homens desembarcaram, Colombo reivindicou as ilhas para o país da Espanha. Ele descobriu que pessoas viviam nas ilhas, pessoas de pele morena com cabelos negros que estavam dispostas a sair e ver os bens que ele trouxera da Espanha. Ele chamou essas pessoas de índios. Mas quando Colombo olhou em volta, ficou cada vez mais intrigado. A linguagem que essas pessoas usavam não se parecia em nada com a língua indiana que ele esperava ouvir. Não viu ouro, nem pimenta, nem noz-moscada, nem riquezas. Em vez disso, o povo das ilhas trouxe-lhe bolas de algodão, papagaios verdes e amarelos e comidas estranhas, batata-doce e pimentão verde. Onde estavam as especiarias e os tesouros da Índia?

Claro, Colombo não havia desembarcado na Índia. Ele havia desembarcado nas ilhas ao largo da costa da Flórida. Seus mapas mostravam água vazia entre a Espanha e a Índia, mas duas enormes massas de terra desconhecidas estavam em seu caminho: América do Norte e do Sul.

Depois de explorar as ilhas, Colombo voltou à Espanha. Ele levou papagaios, batata-doce, pimentão verde, abacaxi e até mesmo vários índios para Fernando e Isabel, mas nenhum tempero ou ouro.

Fernando e Isabel concordaram em pagar por várias outras viagens a essa nova terra. Colombo viajou de volta pelo oceano e começou a trabalhar em um mapa de sua descoberta. Ele ainda insistiu que havia encontrado a rota marítima para a Índia. Mas outros logo começaram a perceber que Colombo havia encontrado algo novo, um continente totalmente novo.

Cinco anos depois de Colombo desembarcar nas Américas, um explorador português chamado Vasco da Gama finalmente conseguiu navegar pela África e chegar à Índia. A viagem levou um ano inteiro!

VESPÚCIO E MAGALHÃES

Muitas vezes falamos sobre Cristóvão Colombo e sua *descoberta da América*. Mas embora Colombo tenha aberto o caminho para os exploradores espanhóis que vieram para as Américas, ele não foi o primeiro aventureiro a desembarcar na América. O viking Leivo Ericsson pisou na América do Norte muito antes de Colombo nascer. E Colombo não foi o primeiro a reconhecer a América como um novo continente. Ele continuou a achar que havia descoberto uma nova rota para o leste. O primeiro explorador a perceber que esta misteriosa linha costeira era uma terra nova foi um comerciante italiano chamado Américo Vespúcio.

Em 1492, quando Colombo navegou com seus três navios, Américo Vespúcio estava na Espanha. Ele fazia negócios para seu empregador, um nobre italiano. Mas embora Américo fosse um bom homem de negócios, ele sempre quisera viajar para a Índia. Ele assistiu com inveja quando Colombo partiu em sua grande aventura.

Quando Colombo voltou com a notícia de que ele havia chegado à terra navegando para o oeste, Fernando e Isabel concordaram em pagar por mais expedições. Américo Vespúcio estava ansioso para se candidatar! Ele conseguiu levar três navios para o Atlântico. Sete anos após a primeira viagem de Colombo, Américo Vespúcio também partiu.

Nos dez anos seguintes, Américo fez várias viagens diferentes para a costa das Américas. Ele navegou pela América do Sul, quase todo o caminho até a ponta do continente. Ele navegou até a América do Norte e viu os rios que fluíam para o mar. Quanto mais Américo via dessa terra, mais certo ele estava de que Colombo estava errado. Esta não era a Índia ou a Ásia. Essa terra era algo completamente diferente. Ele escreveu uma carta ao seu empregador italiano dizendo:

"Tenho certeza de que encontramos uma nova terra. O litoral e o número de rios me dão certeza disso."

Assim, embora Colombo tenha descoberto a América, Américo Vespúcio foi o primeiro a perceber que havia encontrado um novo continente. E como Américo escreveu e publicou muitos relatos de suas viagens, mais pessoas leram sobre suas viagens do que sobre as viagens de Colombo. Quando um famoso geógrafo fez os primeiros mapas das novas terras, decidiu nomear essa nova parte do mundo de *América*, segundo Américo Vespúcio. Outros sugeriram que seria mais justo chamá-lo de *Colômbia*, mas o nome *América* vingou.

Colombo foi o primeiro europeu a desembarcar na América, e Américo Vespúcio foi o primeiro a perceber que a América era um novo continente. Mas outro explorador, Fernão de Magalhães, foi o primeiro a realmente realizar o plano original de Colombo e chegar à Índia navegando para o oeste.

Magalhães era um marinheiro português que partiu para as Américas depois de Colombo e Américo Vespúcio voltarem. Magalhães sabia que Vasco da Gama, que conseguira navegar pela África e chegar à Índia indo para o leste, havia levado um ano inteiro em sua viagem. Ele achava que seria muito mais rápido navegar para o oeste das Américas, virar para o sul e descer pela América do Sul e depois navegar para a Índia.

Claro, Magalhães realmente não achava que ele teria de ir até o extremo sul da América do Sul. Ele tinha certeza de que um rio iria cortar toda a América do Sul. Tudo o que ele tinha de fazer era navegar pela costa, encontrar o rio e navegar nele.

Em 1519, Magalhães partiu. Ele passou semanas navegando pela costa da América do Sul. Toda vez que ele encontrava um rio, ele se voltava e navegava, esperando que isso o levasse por toda a América do Sul. Mas cada rio só o levou a um beco sem saída.

Quando Magalhães estava quase chegando ao extremo sul da América do Sul, ele encontrou um rio que o levou até o outro lado do continente. Mas a jornada através deste rio foi tempestuosa. A água era tão agitada que os barcos a remo tinham de puxar o navio. Ventos uivavam ao longo da passagem estreita. Demorou mais de um mês para Magalhães navegar por este rio. Finalmente, ele saiu para o oceano do outro lado. A água era tão lisa e silenciosa, depois da água agitada da passagem, que ele chamou esse oceano de *Pacífico*, que significa *calmo*. Hoje chamamos o rio que corta a ponta sul da América do Sul, de o *Estreito de Magalhães*.

— Vamos para casa! — os marinheiros de Magalhães imploraram a ele. — Nós encontramos o caminho! — Mas Magalhães recusou. Ele tinha certeza de que a Índia deveria estar por perto.

Mas não estava. Magalhães e seus marinheiros avançaram por mais de três meses, com nada além de água à vista. Eles ficaram sem comida. Os marinheiros ficaram tão famintos que comeram serragem e estavam quase sem água.

Finalmente, eles avistaram terra. Os navios ancoraram e os homens de Magalhães se ocuparam em carregar água fresca e comida. Mas quando olhou em volta, Magalhães percebeu que ainda não havia chegado à Índia. Ele estava em um grupo de pequenas ilhas, muito longe da costa da China. (Hoje chamamos essas ilhas de Marianas.)

Ele ordenou que seus marinheiros embarcassem nos navios e continuassem navegando. Em poucos dias, avistou outro grupo de ilhas à sua frente. Agora ele estava se aproximando da Índia? Não, essas ilhas eram as Filipinas, ao sul da China. Magalhães chegaria à Índia?

Ele nunca chegou. Nas Filipinas, carregando água e comida para mais uma tentativa à Índia, Magalhães concordou em ajudar um chefe guerreiro local a combater uma batalha com outra tribo. Nesta batalha, Magalhães foi morto. Mas seu tenente continuou a viagem sem ele. Magalhães havia começado com cinco navios e 280 homens. Agora só restava um navio, com 35 homens a bordo. Mas o tenente de Magalhães navegou este último navio para o oeste em direção a casa. Ele foi para o sul da Índia, em volta da ponta da África, de volta à costa africana e, finalmente, de volta à Europa. Magalhães morrera antes de chegar à Índia, mas seu navio foi o primeiro a navegar por todo o mundo.

✤

CAPÍTULO

32

OS REINOS AMERICANOS

OS MAIAS DA AMÉRICA CENTRAL

Cristóvão Colombo e Américo Vespúcio chamavam a América de *novo mundo* porque nunca o tinham visto antes. Mas povos viviam neste Novo Mundo por milhares de anos antes de Colombo ou Américo chegarem! Esses povos *nativos americanos* às vezes ainda são chamados de índios porque Colombo lhes deu esse nome, pensando que ele havia chegado à Índia.

Mas é claro que Colombo não havia chegado à Índia; ele havia alcançado as Américas. Existem dois continentes americanos: a América do Norte (o continente no topo do mapa) e a América do Sul (o continente abaixo). A ponte de terra que os une é chamada de *América Central.* Quando Colombo desembarcou no Novo Mundo, ele ancorou em ilhas do lado da América Central. Ele escreveu em seu diário:

"Homens e mulheres vieram ao nosso encontro. Seu cabelo é preto e curto na frente, penteado para a frente. Eles se pintam com preto e branco. Alguns têm cicatrizes em seus corpos. Eles me dizem que essas cicatrizes vêm de batalhas com outros povos que vivem nas proximidades e que tentam capturá-los e torná-los escravos."

Os impérios Maia, Asteca e Inca

A América Central tinha seus próprios impérios durante a Idade Média, e esses impérios faziam guerra entre si, assim como os impérios na Europa e na Ásia!

O primeiro grande império da América Central foi o Império Maia. Os maias viviam na Península de Iucatã, que fica entre o Golfo do México e o Mar do Caribe. Hoje, a Península de Iucatã faz parte do México.

Os maias começaram a construir grandes cidades ao mesmo tempo em que Roma desmoronava. Essas cidades duraram centenas de anos. Mas nem todos os maias viviam em suas cidades. Somente as pessoas mais poderosas, reis, nobres e governadores viviam nelas. Os maias menos importantes, como agricultores e artesãos, viviam nas selvas da América Central e vinham às cidades para negociar e venerar os deuses.

Venerar os deuses era uma parte importante da vida maia. Pirâmides de pedra com templos no topo foram construídas em todas as cidades maias. Os reis maias, que sacrificavam nesses templos, eram descendentes do deus Sol. Eles tentaram se fazer parecer *divinos*, raspando seus dentes da frente como presas e pintando seus rostos. Quando os reis eram bebês, suas mães amarravam pedaços de madeira em torno da cabeça deles. A madeira fazia o crânio deles crescerem em formato pontiagudo. Então os reis maias tinham cabeças que se inclinavam para trás de suas sobrancelhas e apontavam para cima, um sinal do poder divino! Os maias também pensavam que os deuses eram vesgos, de modo que a mãe de um rei costumava amarrar um brinquedinho na frente do cabelo de seu bebê. O brinquedo ficava pendurado entre seus olhos, de modo que ele tinha de cruzar os olhos para encarar o brinquedo.

Como os maias acreditavam que seus reis eram divinos, eles permitiram que os reis tivessem poder completo. Na Europa, outras nações (como a Inglaterra) estavam começando a impor limites aos poderes do rei, mas na América Central, o rei ainda podia declarar qualquer lei e executá-la.

Apesar de seu poder, um rei maia tinha uma tarefa desagradável a fazer. Os maias lutaram muitas guerras contra as outras tribos da América Central ao redor deles. Eles acreditavam que os deuses desciam ao mundo dos homens e lhes davam a vitória, mas apenas se o rei abrisse uma porta para os deuses derramando um pouco do seu próprio sangue. Então, antes de uma batalha, o rei tinha de furar sua orelha ou seu dedo ou nariz e deixar o sangue escorrer! E muitas vezes os maias sacrificavam seus prisioneiros de uma batalha para dar mais sangue aos deuses. Até os jogos maias terminavam em derramamento de sangue. Eles gostavam de jogar um jogo de bola em que os jogadores tentavam bater uma bola através de um anel a seis metros do chão. Eles eram autorizados a usar os cotovelos, punhos e quadris, mas não suas mãos ou pés. Assim que um jogador acertasse a bola no anel, ele era declarado vencedor. Ele recebia colares de jade, pulseiras de ouro e sacos cheios de tesouros. Os perdedores eram levados para o templo, e tinham suas cabeças cortadas.

As enormes cidades maias duraram séculos. Mas no final da Idade Média, o povo maia começou a deixar suas cidades. Eles abandonaram seus templos e suas casas. Grama e ervas da selva começaram a crescer sobre as pedras. Por fim, as cidades desmoronaram na selva.

O que aconteceu? As cidades ficaram tão grandes que o solo ao redor delas não conseguia cultivar alimentos suficientes para sustentar os habitantes da cidade. Furacões e terremotos varriam a Península de Iucatã, destruindo casas e templos. As pessoas estavam ficando cansadas da crueldade e violência de seus reis. E outra tribo da América Central, os astecas, estava se fortalecendo, e atacando as cidades maias com seus exércitos. O Império Maia começou a desmoronar.

Quando Colombo chegou, o povo maia não tinha mais um império. Eles viviam em pequenas tribos dispersadas em toda a terra que haviam governado. E os astecas se tornaram a maior nação da América Central.

A CIDADE MARAVILHOSA DE TENOCHTITLÁN

Os astecas eram ainda mais guerreiros do que os maias! Não sabemos de onde vieram os astecas, mas sabemos que, enquanto vagavam pela América Central, eles lutavam batalha após batalha com as outras tribos que viviam por lá. Sempre que ganhavam, forçavam as tribos conquistadas a lhes dar comida, dinheiro e soldados para seu exército. Os astecas ficavam mais ricos e mais fortes, mas ainda não tinham pátria.

Enquanto vagavam pelas terras altas da América Central, os astecas chegaram à beira de um grande lago, cujas margens eram macias e pantanosas, cheias de juncos. Pequenas ilhas pontilhavam sua superfície. Em uma dessas ilhas, um grande cacto cresceu e nele pousou uma águia, segurando uma cobra em suas garras.

Quando os sacerdotes astecas viram a ave, gritaram:

– É um sinal do deus Sol! Ele deseja que nos estabeleçamos aqui. Seu poder divino estará conosco se construirmos nossa capital na ilha da águia!

Os astecas queriam agradar ao deus Sol. Mas quando eles lançaram suas canoas e voltaram para a ilha, descobriram que grande parte dela era macia e lamacenta. Como eles poderiam construir uma cidade na terra pantanosa?

Um guerreiro asteca

Os astecas estavam determinados a encontrar uma maneira. Então, arrastaram cestos de terra seca e pedras da terra ao redor do lago e jogaram a terra nas praias lamacentas. Eles arrastaram as cestas de lama do fundo do lago e encheram as lagoas e pântanos. Eles fizeram postes das árvores ao redor do lago, empurraram-nos até o fundo do lago e amarraram estacas de junco aos postes. Depois encheram as áreas cercadas com mais terra e lama. Lentamente, a ilha ficou maior e mais seca. Os astecas construíram cada vez mais casas em sua nova cidade. Eles a chamaram de Tenochtitlán. Hoje, o lago onde ficava Tenochtitlán é chamado Lago de Texcoco.

Cada vez mais pessoas foram morar em Tenochtitlán. Mesmo que a ilha não fosse muito grande, essa cidade flutuante tinha mais de 100 mil astecas vivendo nela. Mais partes do lago foram preenchidas para que os edifícios de pedra pudessem ser erguidos. Canais margeados por pedras canalizavam a água para longe das fundações da cidade. Os canais também agiam como ruas; muitas vezes, os astecas viajavam de canoa pela capital. Cidades menores cresceram ao redor da borda do lago. As pessoas que viviam nessas cidades plantavam milho, abóbora, tomate e feijão, remavam canoas cheias de comida até Tenochtitlán e a vendiam aos moradores da cidade. Mas os astecas de Tenochtitlán não dependiam da costa para toda a comida. Eles aprenderam a cultivar no lago. Teceram juncos em enormes esteiras e flutuaram essas esteiras na água. Cobriram a superfície das esteiras com terra e nela plantaram sementes. Quando as plantas surgiram, suas raízes cresceram pela terra, pelas esteiras e pela água. Às vezes as raízes chegavam até o fundo do lago. Essas colheitas nunca morriam devido à seca ou ao Sol; elas sempre tinham muita água. Alguns astecas até construíram pequenas casas em suas esteiras de jardim flutuantes.

Os astecas também comiam comida do lago. Eles pescavam, mas também cozinhavam e comiam lagartos, salamandras, rãs e ovos de peixe. Uma iguaria asteca era um tipo de bolo feito com algas que haviam sido prensadas e secas. Para a carne, eles caçavam os patos e pássaros que nadavam na superfície do lago, bem como veados e coelhos que vagavam por suas margens. Em ocasiões especiais, eles bebiam suco de cacto fermentado. Mas ficar bêbado era contra as leis astecas. Qualquer um que se embebedasse poderia ser morto.

Os astecas também aprenderam a fazer um novo alimento: chocolate. A rica terra ao redor do lago era um lugar perfeito para cultivar cacaueiros, pequenas árvores frutíferas que dão frutos como melões, cada um com quase trinta centímetros de comprimento. Quando o fruto púrpura do cacaueiro ficava marrom, os astecas pegavam a fruta e retiravam o interior. Mas eles não estavam atrás da polpa dentro da fruta. Eles queriam as sementes. Cada fruto de cacau pode ter trinta ou quarenta sementes nele. Os astecas refinavam esses grãos de cacau em um pó fino, cozinhavam-no com farinha de milho em uma pasta mole, coavam a pasta em um líquido marrom fino e, em seguida, acrescentavam baunilha e mel. O resultado: chocolate.

Este chocolate era provavelmente amargo e granulado, não suave e cremoso como o chocolate que temos hoje. Hoje, os fabricantes de chocolate adicionam leite, açúcar e manteiga extra ao chocolate para torná-lo mais doce e suave. Mas os astecas não achavam que o chocolate era amargo. O chocolate era uma das suas comidas favoritas. Pessoas ricas bebiam o chocolate em copos de ouro. Os grãos de cacau eram tão valiosos quanto o ouro; os astecas até os usavam como dinheiro. Chocolate, eles acreditavam, era comida digna dos deuses.

Tenochtitlán só podia ser alcançada por três estradas elevadas de terra que atravessavam o lago. E havia um fosso entre cada uma das estradas e portões da cidade. Normalmente, esse fosso estava cheio de troncos pesados que permitiam que cavalos e carroças entrassem em Tenochtitlán, mas quando os astecas estavam em guerra, eles rolavam as toras para fora do fosso. Então ninguém poderia atravessar para a cidade a pé. E os astecas precisavam ser capazes de defender sua cidade, porque lutavam com todos ao seu redor. Embora tivessem uma linda capital e muito para comer e beber, eles invadiram tribos próximas e sequestraram homens, mulheres e crianças para sacrificarem a seus deuses. Os astecas eram prósperos, mas eram também odiados pelas outras tribos da América Central.

OS INCAS

Quando exploradores espanhóis e portugueses desembarcaram no Novo Mundo, encontraram os astecas prosperando na América Central. Eles encontraram maias, vivendo em pequenas tribos espalhadas pela América Central. Mas quando eles viajaram para o sul, para o continente da América do Sul, encontraram outra grande civilização: a civilização dos incas.

Os incas viviam nas montanhas que correm ao longo da costa ocidental da América do Sul. Hoje, chamamos essa área de Peru. Como os maias, os incas acreditavam que seu rei era descendente do deus Sol. Aqui está a história que eles contaram sobre o início de sua civilização.

Inti, o deus do Sol, presidia sobre a Terra. Todos os dias ele se levantava acima de tudo, olhando para a Terra abaixo das nuvens; todas as noites, ele mergulhava embaixo da Terra e nadava através das águas que jazem sob a Terra, de volta ao lado oposto da Terra, para que ele pudesse se erguer e voar sobre ela novamente.

Mas quando Inti olhou para a Terra, ele não ficou satisfeito com o que viu. As pessoas que viviam lá eram como bestas. Elas viviam na grama e comiam o que podiam pegar com as próprias mãos. Seus cabelos eram longos e emaranhados; não usavam roupas e, quando se encontravam, brigavam como animais selvagens.

Então Inti disse para sua grande rainha, Pachamama, que governava a Terra:

– Olhe para essas pessoas! Elas vivem como animais na lama. Devemos ensiná-las a construir cidades e estradas, a usar roupas e a viver juntas em paz!

Pachamama concordou. Então o soberano do Sol e a soberana da Terra convocaram seu filho e filha para a presença deles.

– Meus filhos – disse o deus do Sol Inti –, vamos mandá-los para a Terra para ensinar às pessoas que moram lá como ser civilizadas. Levem com vocês este cajado mágico de ouro. Quando ele saltar da sua mão e afundar na terra, ali vocês construirão uma grande cidade.

O filho e a filha concordaram. Bom, os deuses podem entrar no mundo dos homens, mas devem fazê-lo através de uma porta de água parada. O filho e a filha de Inti encontraram a porta no Lago Titicaca. Eles passaram pela porta, ergueram-se do lago e começaram a andar pelo mundo dos homens. Em todos os lugares eles encontraram fome, medo e doença. Onde quer que fossem, ensinavam os homens a falar, a construir casas, a usar ervas e feitiços para curar suas doenças, cultivar comida, vestir e cortar seus cabelos. Os homens começaram a se erguer da terra e a viver como seres humanos. E o filho de Inti, Manco Capac, carregava consigo o cajado mágico de ouro para onde quer que viajassem.

Um dia, enquanto caminhavam por um vale fértil, o cajado de ouro saltou da mão de Manco Capac e afundou na terra.

– Aqui é onde devemos construir nossa cidade! – Manco Capac disse à sua irmã.

> Então eles começaram a construir. Logo vieram homens de todos os lugares para viver nessa cidade construída pelos próprios deuses. Eles nomearam esta cidade Cuzco. E os filhos, netos e bisnetos de Manco Capac, filho do deus Inti, sentaram-se no trono em Cuzco até o dia de hoje.

Cuzco era a capital do Império Inca. Esta história afirma contar como Cuzco foi construída e por que o rei dos incas tinha o direito de governar lá. Hoje, os arqueólogos podem ver pelas ruínas de Cuzco que era uma grande cidade onde milhares de incas viviam. Tinha ruas retas, pavimentadas com paralelepípedos. As casas eram feitas de pedra, cortadas com tanto cuidado que os blocos se encaixavam firmemente sem qualquer argamassa. Eles tinham portas muito pequenas e sem janelas, porque o ar da montanha é muito frio. E a própria cidade é projetada na forma de um puma, um animal sagrado para os Incas.

O povo inca nunca aprendeu a escrever e não manteve nenhum registro. Então, nós não sabemos muito sobre a maioria dos reis incas. Mas sabemos que um deles, chamado Huayna Capac, tornou-se rei dos incas em 1493, um ano depois de Colombo ter desembarcado pela primeira vez na América. Huayna Capac governou um império que se estendia ao longo da costa da América do Sul por 4 mil quilômetros, quase tão grande quanto os Estados Unidos. Ele construiu estradas boas e largas por todo o seu império. Os comerciantes iam e vinham por essas estradas, carregando suas mercadorias em lhamas. Esses produtos – tecidos belos, tecidos da lã de lhamas e ovelhas e tingidos em cores vivas; potes de cerâmica, muitas vezes feitos em forma de animais ou de cabeças de homens; joias de ouro e turquesa – viajavam de um extremo do império ao outro. Os governadores das diferentes cidades ao longo das estradas também enviavam mensagens uns aos outros, usando um código complicado de nós amarrados em cordas coloridas. Mensageiros corriam pelas estradas, carregando essas cordas de uma cidade para outra.

Mas quando Huayna Capac morreu, ele dividiu seu império entre seus dois filhos. Um governou o norte; o outro governou o sul. Logo, esses dois irmãos começaram a brigar entre si. Centenas de guerreiros incas morreram em ambos os lados. Os reinos de ambos os irmãos ficaram cada vez mais fracos.

Quando mais exploradores espanhóis chegaram, ansiosos por se estabelecerem no novo continente que haviam descoberto, os dois reis beligerantes fracos demais para resistir. Os espanhóis marcharam por aquelas estradas incas largas e lisas, de um extremo do império ao outro, e destruíram-no.

✥

CAPÍTULO

33

ESPANHA, PORTUGAL E O NOVO MUNDO

O COMÉRCIO DE ESCRAVOS

Quando Fernando e Isabel pagaram pelos navios que levaram Colombo, Américo Vespúcio e muitos outros exploradores através do Oceano Atlântico, eles não estavam apenas sendo gentis. Eles esperavam ganhar dinheiro com este Novo Mundo. Quando Colombo desembarcou na América, ele reivindicou o país para a Espanha. Isso significava que o rei e a rainha da Espanha estavam dizendo:

"Temos o direito de enviar navios para esse país, estabelecer novas cidades e pegar qualquer ouro e tesouro que descobrirmos aqui!"

Claro, outros países também queriam uma parte do Novo Mundo. Portugal também enviou exploradores para o Novo Mundo. Logo, os espanhóis e portugueses estavam enviando navios pelo Atlântico. Eles esperavam construir novas cidades na costa dos continentes americanos e também nas ilhas próximas à América do Sul, que eles chamavam de Índias Ocidentais.

Mas a terra onde eles queriam se estabelecer já estava ocupada por tribos nativas. Logo os soldados espanhóis e portugueses, chamados *conquistadores*, brigaram com os astecas, os maias e os incas que viviam nas Américas Central e do Sul. Eles brigaram com os nativos americanos que viviam nas ilhas das Índias Ocidentais. E os espanhóis e portugueses também brigaram entre si.

Os impérios da Espanha e de Portugal

Finalmente, Espanha e Portugal fizeram um acordo. Concordaram em dividir o território em América Central e do Sul.

A partir de agora, soldados espanhóis reivindicariam algumas das terras, enquanto os portugueses assentariam seus colonos em outras partes do novo país.

Esse foi o começo de um momento muito triste na história. Os espanhóis e os portugueses não trataram bem as pessoas da América Central e do Sul. Em vez de fazer tratados, eles marcharam nas cidades dos astecas e incas, e nas aldeias dos maias, e mataram milhares de pessoas. Eles destruíram templos, casas e palácios, construíram assentamentos e reivindicaram a terra como sua.

Mas quando os espanhóis e portugueses começaram a viver em seus novos assentamentos, perceberam que precisavam de mais ajuda. Eles precisavam de agricultores para cultivar alimentos para alimentar os colonos que iriam morar nas novas cidades. Precisavam de mineiros para ajudá-los a tirar ouro do solo. E precisavam de remadores para ajudar a empurrar seus navios pesados pela água.

A maneira mais fácil de obter essa ajuda era comprar escravos. Afinal, não seria necessário pagar nenhum salário a um escravo. Uma vez que você comprasse um escravo, ele deveria trabalhar para você até morrer. Assim, os espanhóis e portugueses começaram a comprar escravos dos comerciantes muçulmanos que viviam ao norte da África.

Por muitos anos, esses comerciantes muçulmanos haviam comprado escravos dos impérios da África Ocidental de Gana, Mali e Songai. A escravidão fazia parte da vida nesses impérios. Às vezes os homens pobres se vendiam como escravos para que suas famílias pudessem ter mais dinheiro. Mais frequentemente, os generais e reis da África Ocidental capturavam soldados inimigos em batalha e depois os vendiam a comerciantes muçulmanos. Esses escravos não tinham uma vida boa, mas pelo menos ainda moravam na África. E às vezes eles tinham a chance de comprar sua liberdade de volta, ou ganhar liberdade após anos de serviço fiel.

Mas quando os espanhóis e portugueses compraram escravos, eles levaram esses escravos para o outro lado do mundo, muito longe de suas casas africanas. E os escravos levados para o Novo Mundo não tiveram a chance de se libertar.

A demanda por escravos logo se tornou enorme. Os comerciantes muçulmanos que compravam escravos dos africanos não conseguiam mais fornecer escravos suficientes. Quando isso aconteceu, os espanhóis e portugueses escravizaram as tribos da América Central e eles também decidiram obter seus próprios escravos africanos. Navios espanhóis e portugueses navegaram pela costa da África Ocidental e lançaram âncoras. Eles enviaram grupos de homens armados para as aldeias da África Ocidental e sequestraram os aldeões. Estes africanos não eram homens que foram capturados em batalha. Eles eram aldeões comuns, homens, mulheres e até crianças pequenas. Foram colocados em correntes, carregados em navios e levados na longa e dura jornada para as Índias Ocidentais e para as costas da América Central e do Sul. A jornada, que levava meses, ficou conhecida como *Passagem do Meio*. Escravos na Passagem do Meio não eram permitidos nos conveses dos navios, então eles passavam meses sem ar fresco ou Sol. Eles não recebiam o suficiente para comer ou beber. Muitos morreram na longa e miserável jornada. E quando chegaram ao Novo Mundo, foram forçados a trabalhar sem qualquer esperança de escapar desta nova e horrível vida.

O comércio de escravos ajudou os europeus a construir novas e ricas colônias no Novo Mundo. Mas também matou centenas de milhares de africanos ocidentais. E até colocou os povos da África Ocidental uns contra os outros. Algumas tribos da África Ocidental perceberam que podiam ganhar muito dinheiro vendendo outros africanos como escravos. Então eles começaram a sequestrar membros de outras tribos da África Ocidental para vender aos comerciantes brancos de escravos.

O tráfico de escravos continuou por mais de duzentos anos. Naquele momento da história, muitas pessoas na Europa acreditavam que pessoas com pele escura não eram tão humanas quanto pessoas com pele clara. Elas olhavam para pessoas de pele escura com indiferença e frieza. Por isso, os europeus costumavam tratar as pessoas de pele morena da América do Sul e as pessoas de pele negra da África Ocidental como se elas não fossem realmente humanas.[1]

CORTÉS E MONTEZUMA

Quando os espanhóis chegaram à América Central, descobriram que os astecas já governavam um império. Antes que os conquistadores espanhóis pudessem se estabelecer, teriam de conquistar os astecas. E os astecas eram guerreiros hábeis e ferozes.

Mas quando os espanhóis chegaram pela primeira vez, os astecas não perceberam que estavam sendo invadidos. Eles pensaram que estavam sendo visitados pelos deuses!

---

[1] Embora a história dos Estados Unidos tenda a se concentrar no comércio escravo inglês que forneceu escravos para a América do Norte, a Inglaterra não se juntou ao tráfico de escravos até o século XVII (vol. 3 desta série).

A história começa quando um aventureiro espanhol chamado Hernán Cortés chegou nas Índias Ocidentais (as ilhas a leste da América Central). Ele esperava fazer sua fortuna nas colônias espanholas, mas ficou decepcionado. Não havia muito dinheiro nas Índias Ocidentais! No entanto, Cortés ouviu rumores de que, no continente da América Central, um rei fantasticamente rico governava uma cidade com ruas de ouro e paredes feitas de joias.

Cortés então reuniu um grupo de soldados para ir com ele, carregou cavalos de guerra espanhóis em um navio e navegou para a costa da América Central. Quando seu navio ancorou, as tribos que viviam perto da água saíram para ver quem eram esses novos visitantes. Mas quando Cortés e seus homens descarregaram seus cavalos de seus navios e os levaram para terra firme, os índios se dispersaram, com terror. Eles nunca tinham visto cavalos antes. Eles achavam que cada cavalo e cavaleiro era um monstro enorme com seis pés, dois braços e duas cabeças.

Esses índios espalharam a mensagem por todo o continente:
– Monstros estão chegando! Talvez sejam os deuses! – E Cortés e seus homens mergulharam nas selvas da América Central, em busca da cidade de ouro. Eles chegaram cada vez mais perto da borda do império asteca.

Os astecas que viviam na fronteira do império não sabiam ao certo quem eram esses visitantes. Então eles saíram com presentes para Cortés e seus homens, rodas de ouro tão altas quanto a cintura de um homem, escudos de ouro e baldes cheios de pó de ouro. Quando Cortés viu esses presentes, ficou mais convencido do que nunca de que o grande tesouro estava dentro de seu alcance. Ele ordenou a seus homens:

– Continuem! A cidade de ouro ainda está à nossa frente!

Enquanto isso, os astecas que trouxeram os presentes enviaram mensagens de volta para sua capital, Tenochtitlán.

– Os visitantes estão se aproximando! – eles avisaram. E eles descreveram Cortés, seus homens e suas armaduras.

O rei dos astecas, Montezuma, ouviu atentamente essas descrições. Ele se perguntou: poderia ser este o deus Quetzalcoatl, voltando para Tenochtitlán? Profecias astecas antigas diziam que o deus Quetzalcoatl retornaria quinhentos anos depois de deixar seu povo. E de acordo com o calendário asteca, os quinhentos anos estavam quase no fim. Além disso, a descrição de Cortés soava como as gravuras de Quetzalcoatl nas paredes do templo. (Por acaso, o elmo que Cortés usava tinha o formato do chapéu de Quetzalcoatl!) Quando Montezuma sonhou certa noite que Quetzalcoatl se aproximava para reivindicar seu trono, sua mente estava convencida: o deus estava a caminho.

Assim, quando Cortés e seus homens chegaram, Montezuma abriu os portões da cidade e deu boas-vindas a ele. Cortés não via ruas de paredes de ouro e pedras preciosas, mas havia muito ouro em Tenochtitlán. Durante oito meses, Cortés e seus homens ficaram na cidade, desfrutando do luxo e juntando joias de ouro e tesouros para si mesmos.

Mas os homens de Cortés começaram a ficar entediados. Eles começaram a brigar com os sacerdotes astecas. Uma briga começou e vários astecas foram mortos.

Quando Montezuma e seus homens viram os corpos de seus amigos, eles gritaram:

– Quetzalcoatl nunca se comportaria dessa maneira!

Eles se armaram e começaram a lutar contra os intrusos. Após os combates irromperem pelas ruas da cidade, dentro e fora do palácio, Montezuma foi morto. Cortés e seus homens foram empurrados para dentro do palácio real. Eles se trancaram lá, mas agora estavam cercados por ferozes guerreiros astecas, esperando que eles emergissem.

O que os espanhóis fariam agora? Eles esperaram e esperaram. Eles esperaram por dias dentro do palácio! Tarde da noite, um dos vigias assobiou:

– A praça ao redor do palácio está vazia!

Cortés olhou para fora. Com certeza, as ruas estavam vazias. A cidade parecia estar deserta. Talvez outra guerra tivesse afastado os guerreiros astecas.

Cortés e seus homens encheram os bolsos com todo o ouro que podiam carregar e saíram do palácio na ponta dos pés. Ao redor deles, a cidade estava quieta sob uma Lua brilhante. Eles correram pelas ruas pavimentadas de pedra, em direção ao portão mais próximo. O portão estava aberto, mas as madeiras que enchiam o fosso não estavam lá. A água se estendia dos pés deles ao começo da estrada elevada que levava à margem do lago.

– Rápido! – Cortés sussurrou. – Encontre madeira. Em qualquer lugar! Vamos construir uma ponte.

Com as mãos tremendo de pressa, os homens arrancaram a madeira dos edifícios próximos e construíram uma ponte improvisada. Eles a abaixaram sobre o fosso e começaram a atravessar. De repente, ouviram um grito. A água ao redor deles estava cheia de canoas, e cada canoa tinha um guerreiro asteca armado. Eles haviam caído na armadilha.

Os espanhóis tentaram revidar, mas estavam tão sobrecarregados com ouro que os que caíram na água do Lago de Texcoco se afogaram. Apenas Cortés e alguns de seus melhores soldados escaparam. Eles mancaram de volta ao oceano escuro e empurraram seus navios de volta para a água. Cortés teve que retornar às Índias Ocidentais, derrotado.

Mas ele ainda não tinha desistido. Ele juntou novos homens, novos cavalos e carpinteiros. Com essa força nova, navegou de volta pela costa do continente e marchou de volta para Tenochtitlán. No caminho, convenceu outras tribos a se juntarem a ele em sua guerra contra os astecas. Muitas das aldeias que viviam perto da terra asteca eram invadidas por guerreiros astecas que sequestravam seus homens e mulheres jovens e os levavam de volta a Tenochtitlán para sacrifícios humanos. Portanto eles estavam muito dispostos a ajudar Cortés a lutar contra a cidade.

Quando Cortés chegou ao Lago de Texcoco, ele mandou seus carpinteiros construírem doze pequenos navios de guerra, bem na margem do lago. Ele carregou esses navios com soldados e lançou-os na água. As canoas astecas foram lançadas no lago para encontrá-lo. O cerco de Tenochtitlán havia começado.

A batalha durou três meses. Mas Cortés havia reunido quase 100 mil soldados espanhóis e aliados índios. Ele cortou todo o acesso à costa, de modo que a cidade começou a ficar sem comida e água. Finalmente, a cidade de Tenochtitlán foi forçada a se render.

No ano de 1519, Cortés marchou para a cidade e tomou o controle. Agora ele era o governador da nova colônia espanhola na América Central.

❖

CAPÍTULO

34

AS NOVAS IDEIAS DE MARTINHO LUTERO

A LISTA DE MARTINHO LUTERO

Quando Espanha e Portugal começaram a enviar seus navios para a África Ocidental e as Américas, um novo período na história teve início. Esse período é muitas vezes chamado de a *Era dos Descobrimentos* ou a *Era da Exploração*. Pela primeira vez, países como Espanha, Portugal, França e Inglaterra não estavam apenas tentando crescer a partir da tentativa de conquistar a terra ao lado de suas fronteiras. Em vez disso, eles cresceram criando colônias, novos assentamentos, em terras distantes.

Enquanto esses países europeus expandiam seu poder para outras partes do mundo, a Igreja Católica tentava *manter* seu poder na Europa. Durante a maior parte da Idade Média, a Igreja Católica (a igreja cristã liderada pelo papa em Roma) era tão poderosa quanto qualquer país. A Igreja Católica tinha suas próprias leis e seus próprios cidadãos. O papa até poderia dizer aos reis o que fazer e, muitas vezes, eles o obedeciam.

Mas quando a Era da Exploração começou, um monge chamado Martinho Lutero começou a criticar a Igreja Católica.

Martinho Lutero cresceu na parte da Europa que agora chamamos de Alemanha. Seus pais queriam que ele fosse um advogado, mas Martinho Lutero decidiu fazer parte de um mosteiro. Como um monge, ele teve de implorar por comida e dinheiro. Ele passou longas horas rezando e estudando a Bíblia. Martinho Lutero escolheu essa vida difícil e exigente porque temia que Deus o castigasse por seus pecados, a menos que trabalhasse dia e noite para fazê-lo feliz. Ele escreveu que estava *cercado pelo terror e pela agonia* da ira de Deus.

Martinho Lutero fez tudo que a Igreja lhe disse que deveria fazer. Ele foi em peregrinação a Roma. Ele orou na frente das relíquias dos santos. Ele se arrastou em suas mãos e joelhos, recitando a oração do pai-nosso, para mostrar o quanto estava arrependido por seus pecados. Mas ele ainda temia que Deus estivesse descontente com ele.

Depois de ter sido monge por cinco anos, Martinho foi enviado para lecionar em uma universidade na cidade alemã de Wittenberg. Ele ensinou seus alunos sobre o livro de Romanos, no Novo Testamento. Ele passou horas estudando esse livro. E, enquanto estudava, começou a mudar de ideia sobre o que Deus queria dele. Ele pensou consigo mesmo:

A Europa na era de Martinho Lutero e Henrique VIII

"O livro de Romanos não me diz que tenho que ganhar o amor de Deus trabalhando duro para ser bom. Não, não! Diz que Deus me dá o poder de acreditar nele e o poder de ser bom, porque ele *já* me ama!"

Isso mudou o modo de pensar de Martinho sobre Deus! Mais tarde, ele disse:

– Pareceu-me como se tivesse nascido de novo e como se tivesse entrado no paraíso através de portas recém-abertas.

Pense dessa maneira: imagine que você tem duas tias. Ambas dizem que te amam. Mas a primeira tia mora em uma casa muito limpa com um tapete branco no chão. Quando você vai visitá-la, ela abre a porta e olha para você com muito cuidado para ver se suas mãos, sapatos e rosto estão limpos antes de deixá-lo entrar. Ela o convida a tomar chocolate quente e biscoitos com ela, mas você senta-se em um sofá de veludo branco enquanto come. Durante o lanche, ela continua checando se você está sentado ereto e mastigando com a boca fechada. Quando você pinga um pouco de chocolate quente no sofá, ela pega luvas de borracha, um grande balde de água quente com sabão e uma esponja. Ela faz você esfregar a mancha, mas não vai sair. Então ela grita:

– Saia desta casa de uma vez, e não volte até que você aprenda a comer perfeitamente!

Agora imagine que você vai ver a segunda tia. Ela abre a porta e diz:

– Estou feliz em ver você! Entre! – E ela te abraça mesmo que você tenha brincado na terra. Você passa um pouco de lama no avental dela, mas ela o limpa e diz: – Por que você não lava as mãos antes de fazer um lanche?

O banheiro tem um bom cheiro de sabonete e grandes toalhas azuis. Depois de lavar as mãos, ela leva você para a cozinha e lhe faz sentar a uma grande mesa de madeira para comer biscoitos e beber chocolate quente. Se você derrama um pouco, ela lhe oferece um guardanapo e diz:

– Essa não é a pior coisa que já foi derramada sobre esta mesa! – Quando seu lanche termina, ela arremata: – Vamos lá para cima pintar com os dedos na sala de jogos, e então você pode tomar um banho de espuma e se lavar.

Qual tia você prefere ir ver? A primeira tia é um pouco como Martinho Lutero costumava pensar de Deus. A segunda tia é mais a maneira como ele aprendeu a pensar em Deus depois de ler Romanos.

Quando Martinho Lutero olhou ao redor, viu que muitas outras pessoas também pareciam ter ideias erradas sobre Deus. E ele achava que os ensinamentos da Igreja tornavam essas ideias erradas mais fortes. A Igreja Católica começou a ensinar que Deus só perdoaria pecados se os pecadores fizessem *penitência*, ações especiais (como dar dinheiro aos pobres ou confessar seus pecados em público) para mostrar como estavam arrependidos. Mas a Igreja também ensinou que os pecadores poderiam deixar de fazer penitência pagando uma certa quantia de dinheiro para a Igreja. Essa prática era chamada de *venda de indulgências*.

Martinho Lutero acreditava que as indulgências eram erradas. Ele pregou que Deus perdoaria qualquer pecador que acreditasse em Jesus Cristo, não apenas aqueles que faziam penitência ou compravam indulgências.

"Cristo não ordenou em nenhum lugar que as indulgências sejam pregadas", escreveu ele. "Apenas o Evangelho!"

Então ele fez uma lista de 95 razões pelas quais as indulgências eram erradas. Em 31 de outubro de 1517, Lutero pregou uma cópia dessa lista, chamada de *Noventa e Cinco Teses*, à porta da igreja em Wittenberg. Essa era sua maneira de convidar outros clérigos a discutir com ele sobre suas ideias.

Mas Lutero descobriu que não apenas clérigos, mas pessoas de toda a Alemanha estavam interessadas em sua lista. Em breve, centenas de pessoas estavam discutindo as *Noventa e Cinco Teses* de Martinho Lutero. Pela primeira vez, as pessoas começaram a dizer em voz alta que a Igreja Católica nem sempre estava certa sobre Deus.

O PROBLEMA DE HENRIQUE VIII

Na Inglaterra, o rei da Inglaterra ficou encantado ao ouvir sobre as novas ideias de Martinho Lutero.

Antes de tentar entender por que o rei inglês ficou tão feliz com as *Noventa e Cinco Teses*, você deve pensar por um momento sobre a história que já lemos. Quando os Príncipes da Torre desapareceram, seu tio Ricardo tornou-se o rei da Inglaterra. Mas então Henrique Tudor marchou para a Inglaterra, matou Ricardo e tomou o trono. Em 1485, ele se tornou Henrique VII, rei da Inglaterra.

Henrique VII já havia travado uma guerra para obter o trono da Inglaterra. Ele não queria que outra guerra começasse assim que ele morresse. Queria ter certeza de que seu filho, seu neto e seu bisneto herdariam a coroa depois dele, pacificamente e sem qualquer argumento. Assim, quando seu filho mais velho, Artur, tinha apenas dois anos, Henrique VII conseguiu que ele se casasse com a filha de três anos do rei da Espanha. Os dois tiveram até uma cerimônia de casamento, com os adultos representando os noivos (já que o noivo dormia e a noiva estava ocupada mastigando a bainha de seu vestido). Isso foi chamado de casamento por *procuração*. Isso significava que os dois *teriam* de se casar assim que tivessem idade suficiente.

Quando Artur tinha quinze anos e Catarina dezesseis, o príncipe e a princesa tiveram um casamento de verdade. A jovem princesa soltou o cabelo, que chegou até os pés, e

Henrique VIII

dançou com o príncipe. Todos festejaram e cantaram canções e esperaram que os dois tivessem filhos imediatamente. Artur e Catarina foram morar em um castelo próprio. Mas apenas seis meses depois, Artur teve uma febre alta, e morreu.

Agora o herdeiro do trono era o irmão mais novo de Artur, Harry. Henrique VII conseguiu que Catarina se casasse novamente, dessa vez com Harry. Como Catarina tinha sido casada com o irmão de Harry, eles tiveram que obter permissão especial do papa para se casarem. Quando o papa concordou em dar essa permissão especial, Harry e Catarina ficaram noivos.

Mas antes que os dois pudessem se casar, Henrique VII morreu. Harry tornou-se rei Henrique VIII aos dezessete anos, no ano de 1509. Dois meses depois, casou-se com Catarina. Agora os dois poderiam ter filhos. A coroa passaria pacificamente para um menino que poderia se tornar Henrique IX.

Os anos passaram. Catarina teve uma filhinha chamada Maria, mas o pequeno Henrique IX nunca vinha. Henrique VIII ficou cada vez mais preocupado. Uma garota não poderia herdar seu trono. Ele precisava de um filho![1]

Quando Catarina ficou velha demais para ter mais filhos, Henrique VIII estava desesperado. O que ele faria? Ele só poderia ter um filho agora se tivesse outra esposa. Ele até escolheu a esposa que gostaria de ter – uma bela dama de companhia da corte, Ana Bolena. Mas ninguém se divorciava naquela época, então Henrique VIII só poderia se casar com Ana se Catarina morresse. E Catarina estava perfeitamente saudável.

---

[1] Catarina, na verdade, teve vários natimortos, vários abortos e um menino que viveu por apenas seis semanas.

Então Henrique VIII pensou em outra solução. Ele só tinha conseguido se casar com Catarina em primeiro lugar porque o papa lhe deu permissão especial para se casar com a esposa do irmão morto. Se o papa dissesse apenas que a permissão especial não contava, ele poderia agir como se ele e Catarina nunca tivessem sido realmente casados.

Mas o papa bateu o pé no chão e se recusou a cancelar sua permissão original. Henrique e Catarina estavam casados há dezoito anos. Era tarde demais para Henrique anunciar que ele nunca fora realmente o marido de Catarina. Nada que Henrique pudesse dizer mudaria a mente do papa.

Então, quando Henrique VIII ouviu as novas ideias de Martinho Lutero, ficou encantado. Afinal, Martinho Lutero disse que o papa estava errado em permitir indulgências. Henrique foi rápido em concordar. E então, Henrique anunciou que, se o papa estava errado sobre as indulgências, era igualmente provável que estivesse errado sobre o casamento de Henrique. De fato, o papa pode estar errado sobre todo tipo de coisas. Então, Henrique declarou que os cristãos ingleses não precisavam mais obedecer ao papa. Em vez disso, eles teriam de obedecer a Henrique, que não era apenas o rei da Inglaterra, mas também o líder supremo da Igreja na Inglaterra.

Como chefe supremo da Igreja na Inglaterra, Henrique VIII decidiu que poderia declarar seu próprio casamento anulado. Naturalmente, o papa ficou furioso. Mas nobres ingleses poderosos apoiaram Henrique. Eles não queriam ver outra guerra civil no trono inglês. E eles estavam dispostos a dizer que Henrique era o líder da Igreja inglesa se isso desse a Henrique um herdeiro do trono.

Logo, Henrique mandou Catarina embora e se casou com Ana Bolena. Para conseguir o que queria, ele criou uma Igreja totalmente nova, a Igreja da Inglaterra. A partir daquele momento, a Igreja da Inglaterra seria separada da Igreja Católica de Roma.

Ana Bolena e Henrique VIII viveram juntos e felizes por um tempo. Logo, Ana Bolena teve um bebê. Mas o bebê dela era uma menina, chamada Elizabete. Agora Henrique tinha duas filhas, mas ainda não filhos. Ele esperava que Ana tivesse um menino. Mas quando ela não o fez, Henrique cortou sua cabeça.

Duas semanas depois de Ana ter sido decapitada, Henrique se casou com outra garota, Jane Seymour. Um ano e meio depois, Jane Seymour teve um menino chamado Eduardo. Henrique finalmente teve seu filho! Mas ele não tinha mais esposa. Jane Seymour morreu pouco depois que seu bebê nasceu.

Henrique VIII não chorou pela morte da esposa por muito tempo antes de decidir se casar novamente. Ele enviou artistas por toda a Europa para pintar retratos das princesas com quem ele poderia se casar. Quando viu o retrato de uma linda princesa alemã chamada Ana de Cleves, ele apontou para ela.

– Traga-me essa mulher! – ele disse. – Eu vou me casar com ela!

Ana de Cleves chegou à Inglaterra num dia frio e cinzento de inverno. Henrique correu para encontrá-la. Mas quando ele a viu, percebeu que o pintor havia pintado seu retrato bonito demais. Ana não era nada como o retrato dela.

– Ela parece com uma égua! – exclamou Henrique.

Mas o casamento já havia sido planejado. Henrique temia que os parentes de Ana ficassem zangados com a Inglaterra se ele não se casasse com ela, então ele continuou com o casamento. Depois disso, anunciou que nunca moraria com ela. Já que era o líder supremo da Igreja Inglesa, ele poderia declarar que seu próprio casamento havia acabado, e assim o fez. Ana deixou o castelo de Henrique muito feliz. Afinal, Henrique VIII não era mais um belo príncipe. Ele estava mais velho e extremamente gordo.

Três semanas depois, Henrique se casou com uma jovem garota chamada Catarina Howard. Você gostaria de adivinhar o que aconteceu com Catarina Howard? Henrique *a mandou* para a decapitação também.

Menos de um ano depois, Henrique VIII se casou pela última vez. Agora ele era um homem velho e frequentemente doente. Sua nova esposa, Catarina Parr, era uma boa enfermeira. Ela cuidou dele quando ele estava doente e cuidou de seus três filhos. Ela ainda estava viva quando Henrique VIII morreu.

Hoje, Henrique VIII é mais lembrado por suas seis esposas: Catarina de Aragão, Ana Bolena, Jane Seymour, Ana de Cleves, Catarina Howard e Catarina Parr. Há até um pequeno versículo para lembrar o que aconteceu com cada esposa:

> *Divorciada, decapitada, morta,*
> *Divorciada, decapitada, sobreviveu.*

✦

CAPÍTULO

35

A RENASCENÇA

UMA NOVA MANEIRA DE PENSAR

Você se lembra do tapete mágico que você imaginou, no primeiro capítulo deste livro? Aquele tapete mágico levou você de volta no tempo aos dias do Império Romano. Nós chamamos aqueles tempos passados de *tempos antigos.* Nos tempos antigos, grandes impérios – Assíria e Babilônia, Egito e Grécia – se espalharam por vastas extensões do mundo. O último grande império antigo, Roma, foi o maior de todos. Estradas romanas largas e pavimentadas percorriam todo esse imenso império. Comerciantes, soldados e pessoas comuns podiam viajar de um extremo do império ao outro. Todas as pessoas que viviam dentro de suas fronteiras seguiam as mesmas leis. A maioria falava a mesma língua.

Quando os bárbaros invadiram Roma, o último grande império começou a desmoronar. Cidades foram destruídas; estradas tornaram-se perigosas. As pessoas já não viajavam para lugares distantes ou aprendiam a língua que antes unira o velho império caído. Elas viviam em aldeias separadas, falando suas diferentes línguas. E elas não liam mais os livros antigos, escritos em latim e grego. Passavam os dias tentando cultivar comida suficiente para se manterem vivas e se preocupando com o próximo ataque dos bárbaros.

Por centenas de anos após a queda de Roma, a história da Europa parecia seguir o mesmo padrão: um grande guerreiro, governante de um pequeno reino, lideraria seu exército contra os outros pequenos reinos ao seu redor. Ele os conquistaria e os uniria em um império maior. Seus descendentes governariam esse império por algum tempo, e então o império se desintegraria em pequenos reinos novamente. Logo outro grande guerreiro começaria a reunir um exército, e o padrão se repetiria. Enquanto esses impérios aumentavam e caíam, o cristianismo e o islamismo lutavam entre si. Nós chamamos os séculos depois que Roma foi destruída de Idade Média.

Mas na época em que Martinho Lutero e Cristóvão Colombo viveram – mil anos depois da queda de Roma –, o padrão que se prolongara por centenas de anos começava a mudar. Países como Inglaterra, França, Espanha e Itália conseguiram construir exércitos fortes que os protegiam de invasão por anos a fio. As pessoas que viviam nesses países não precisavam se preocupar constantemente com a invasão de bárbaros. Elas tinham tempo para pensar, ler e estudar, em vez de procurar um lugar para se esconder do próximo exército violento.

O que elas liam?

Quando os turco-otomanos conquistaram a cidade de Constantinopla e transformaram sua grande catedral em uma mesquita muçulmana, centenas de eruditos cristãos ortodoxos orientais deixaram a cidade e viajaram para o oeste, para a Europa. Eles levaram com eles pergaminhos escritos em grego. Alguns desses pergaminhos eram cópias de livros da Bíblia. Outros eram escritos de grandes cristãos que haviam vivido centenas de anos antes. A Igreja Ortodoxa Oriental manteve esses manuscritos seguros por séculos.

A Europa na época da Renascença

Quando os eruditos ortodoxos orientais se estabeleceram na Europa, ensinaram outros a ler esses escritos gregos. Lentamente, homens e mulheres que gostavam de ler e estudar começaram a se interessar de novo pelos velhos livros gregos e latinos que haviam sido ignorados por centenas de anos. Muitos desses escritos foram traduzidos para as línguas da Espanha, Itália, Inglaterra e França. Cada vez mais pessoas começaram a ouvir sobre as ideias, a arte e a história da Grécia e Roma antigas. Artistas começaram a tentar fazer suas esculturas e pinturas parecerem arte grega, que era *realista* (mais como uma fotografia). As esculturas começaram a parecer cada vez mais com pessoas reais, com músculos e pele reais. Os pintores tentavam fazer com que suas paisagens parecessem reais, e a luz em suas pinturas parecia estar realmente brilhando com o Sol. Construtores projetaram seus edifícios com colunas gregas e arcos romanos. Os cientistas estudaram explicações gregas e romanas para os movimentos das estrelas e planetas. Filósofos pensaram sobre ideias gregas.

Nós chamamos essa era de *Renascença*. Renascença significa *renascimento*. De certa forma, as ideias gregas e romanas *morreram* durante a Idade Média, porque tão poucas pessoas podiam ler livros gregos e latinos. Então, durante a Renascença, as ideias gregas e latinas *renasceram* quando esses livros foram lidos novamente.

Mas a Renascença não foi apenas uma época em que as pessoas reaprenderam velhas ideias. Foi também uma época de novas descobertas. Pela primeira vez, navios navegavam pelo mundo todo. Os exploradores estavam percebendo que suas velhas ideias sobre o mundo (como mares fervendo no sul e água que caía para sempre da borda do mundo) estavam erradas. Assim, durante a Renascença, homens e mulheres começaram a criar novas teorias sobre o mundo. Eles compararam suas novas teorias com as antigas ideias gregas e romanas. Eles começaram a perguntar:

"Quais ideias sobre o mundo estão certas? Tentemos descobrir por nós mesmos."

Quando o príncipe Henrique, o Navegador, enviou navios para o sul para ver as águas dos mares daquela região, em vez de apenas aceitar as antigas histórias sobre mares ferventes, ele estava pensando como um homem da Renascença. Quando Colombo insistiu em ir para a Índia navegando para o oeste, em vez de tentar sair por aí como todo mundo, agia como um homem da Renascença. Quando Martinho Lutero disse ao povo de Wittenberg que eles deviam ler a Bíblia por si mesmos, em vez de acreditar em tudo o que a Igreja lhes dizia, ele estava falando como um homem da Renascença.

Durante a Renascença, homens e mulheres começaram a acreditar que podiam descobrir a verdade *olhando* para o mundo e descobrindo como ele funcionava. Afinal, eles argumentaram, Deus criou o mundo. Por que o homem, que também foi criado por Deus, não pode olhar atentamente para este mundo e compreendê-lo? Então eles *observaram* o mundo: o céu, a terra ao redor deles, as pessoas que viviam na Terra, e tiraram conclusões do que eles observaram.

Hoje chamamos isso de método *científico* de obter conhecimento. Quando você observa algo e tenta tirar conclusões de suas observações, está pensando cientificamente. Esse modo de pensar teve suas raízes na Renascença.

A GRANDE INVENÇÃO DE GUTENBERG

Pense na Idade Média: cavaleiros com armaduras, castelos de pedra, comida cozida em fogueiras, longas viagens a cavalo, seda e especiarias da Índia. Agora pense no mundo de hoje – carros, aviões, telefones, computadores, Lego, e filmes. Qual invenção causou mais mudanças no mundo?

A resposta pode surpreender você. A imprensa!

Sem livros impressos, a Renascença poderia nunca ter acontecido. E o nosso mundo moderno seria muito diferente.

A manufatura do papel

Antes de a imprensa ser inventada, os livros eram escritos à mão. Você se lembra de ler sobre os monges medievais que copiavam manuscritos em seus mosteiros? Eles tinham de fazer um tipo de papel de peles de animais, chamado pergaminho. Então eles tinham de misturar tinta, afiar uma pena como uma caneta e escrever cada letra de cada livro. Um livro podia levar anos para ser escrito em sua totalidade. Quando estava pronto, era colocado na biblioteca do mosteiro e acorrentado à prateleira para que ninguém pudesse tirá-lo de lá! Apenas reis e homens muito ricos podiam se dar ao luxo de ter livros em suas casas. Não havia livros ilustrados, revistas, jornais, instruções ou guias impressos.

Durante a Idade Média, os comerciantes que negociavam com a China aprenderam a fazer *papel* com os chineses. Este papel era feito embebendo casca, palha ou panos velhos em água, moendo-os, prensando a polpa em folhas e secando-as. O papel era muito mais fácil e rápido de fazer do que o pergaminho de pele de animal. Agora, esses comerciantes podiam manter registros de quantas peças de seda ou cerâmica haviam vendido. Mas eles ainda tinham de escrever todos os seus acontecimentos e números à mão. Ainda não havia livros.

Imagine por um momento que você vive em um mundo sem livros impressos, instruções ou guias. Você quer jogar um novo jogo de tabuleiro que veio com cinco conjuntos diferentes de peças, uma roleta, dois dados (um preto e um amarelo) e uma corrente de metal engraçada com elos triangulares. E não há instruções. Como você vai descobrir o que fazer com todas essas partes do jogo? Eventualmente, você pode descobrir como o jogo de o tabuleiro e as peças funcionam. Mas suas regras provavelmente não serão como as de qualquer outra pessoa. Se você visitar amigos que têm o mesmo jogo, não poderá jogar com eles até que eles expliquem todas *suas* regras.

Finja que você é um cientista que quer estudar as estrelas. Mas você não sabe o que outros cientistas já descobriram sobre as estrelas, porque você não tem nenhum livro de ciências. Tudo o que você tem são seus olhos e o céu. Depois de anos e anos de estudo, você descobre alguns fatos básicos sobre as estrelas. Mas leva tanto tempo para aprender esses dados simples que você nunca descobrirá muito mais. Em todo o mundo, outros cientistas fazem exatamente a mesma coisa. Então ninguém chega muito longe em seu estudo das estrelas. Mas e se todos vocês tivessem livros?! Então cada um poderia aprender os fatos básicos em apenas alguns meses de estudo.

Suponha que você seja um cristão que queira descobrir o que a Bíblia diz sobre o certo e o errado. Mas você não tem uma Bíblia. Há uma enorme Bíblia encadeada no púlpito da igreja em sua aldeia, mas está escrita em um idioma que você não sabe ler. Então você pergunta ao seu padre o que a Bíblia diz. Ele não lê muito bem também, então ele diz a você o que o padre *dele* disse a ele anos atrás quando ele fez a mesma pergunta. Ele pode estar certo – ou ele pode estar errado.

É assim que a vida era na Europa durante a Idade Média. Como havia tão poucos livros, os cientistas não fizeram muitas novas descobertas. Os historiadores não conseguiram descobrir muito sobre o passado. Os médicos sabiam muito pouco sobre o corpo humano. E os cristãos tinham de descobrir o que a Bíblia dizia, perguntando a seus padres e confiando que eles lhes dariam a informação correta.

E, então, tudo mudou.

Um jovem na Alemanha, o país de Martinho Lutero, estava aprendendo a ser ourives. Seu nome era Johannes Gutenberg. Enquanto derretia o ouro e a prata e despejava o metal em moldes, Gutenberg começou a se perguntar se também poderia moldar letras de metal. Ele pensou consigo mesmo: *Eu poderia encaixar as letras juntas para formar uma página de metal. Então eu poderia mergulhar essa página de metal na tinta e pressioná-la no papel. Eu poderia fazer centenas de cópias em papel em pouco tempo! E, então, eu poderia reorganizar as letras para fazer outra página.*

    Gutenberg experimentou encontrar o tipo certo de metal para suas páginas. Tinha de ser suave para ser pressionado contra uma página sem quebrar, mas também forte o suficiente para manter a forma. Ele teve de fazer moldes para cada letra, preenchê-la, esperar que esfriasse e depois removê-la. Sua tinta tinha de ser da espessura certa – grossa o bastante para se agarrar ao metal quando ele o mergulhasse, mas também fina o suficiente para sair do metal sobre o papel. Ele tinha de encontrar uma maneira de levantar a página de metal e pressioná-la várias vezes, folha após folha de papel.

    Após anos de experimentação, Gutenberg fez uma prensa a partir de uma antiga prensa de vinho que havia sido usada para espremer uvas. Ele criou letras de metal com uma mistura de estanho, chumbo e um metal venenoso chamado *antimônio*. Ele criou um novo tipo de tinta com óleo e começou a trabalhar em seu grande projeto: uma Bíblia. Levou vários anos para colocar todas as letras de metal no lugar nas páginas. Mas assim que as páginas foram definidas, Gutenberg e vinte ajudantes imprimiram 450 Bíblias em um ano. Se vinte monges tivessem tentado escrever essas Bíblias à mão, seriam necessários noventa anos para cada monge.

    Gutenberg começou a imprimir suas Bíblias em 1455 e 1456. Nos anos seguintes, outros copiaram a técnica de Gutenberg. Um comerciante inglês chamado William Caxton interessou-se não apenas por imprimir livros, mas em traduzi-los para as línguas que as pessoas realmente podiam ler. Ele imprimiu livros de história e poesia em inglês. Ele também imprimiu um livro sobre como jogar xadrez, o primeiro conjunto impresso de instruções.

Com o passar do tempo, cada vez mais livros foram impressos. Livros se tornaram cada vez mais baratos. Mais e mais pessoas poderiam comprá-los e lê-los. Agora homens e mulheres comuns, todos os dias, podiam ler sobre as glórias passadas da Grécia e de Roma. Os exploradores podiam descobrir o que outros exploradores descobriram em suas jornadas. Os cientistas podiam ler o que outros cientistas estavam aprendendo e fazendo em outros países. E os cristãos podiam ler suas próprias Bíblias escritas em seus próprios idiomas.

✣

CAPÍTULO

36

REFORMA E CONTRARREFORMA

A PROPAGAÇÃO DA REFORMA

Você se lembra de Martinho Lutero e suas novas ideias sobre o pecado e o perdão? Martinho Lutero disse que Deus não exigia *penitência* (atos para mostrar arrependimento) para perdoar pecados. E ele criticou a Igreja Católica por *vender indulgências* (permitindo que as pessoas pagassem dinheiro para deixar de fazer penitência). *As Noventa e Cinco Teses* de Martinho Lutero foram impressas em prensas e distribuídas para milhares de pessoas.

As Noventa e Cinco Teses e outros ensaios que Martinho Lutero escreveu começaram uma grande discussão por toda a Europa. O argumento não era realmente sobre pecado e perdão. Era sobre a Igreja Católica.

Quando Martinho Lutero criticou indulgências, ele estava dizendo:

– A Igreja Católica está dizendo aos cristãos que acreditem nas coisas erradas. A Igreja Católica não sabe o que Deus quer.

Isso foi uma coisa incrível de se dizer! Por centenas e centenas de anos, milhões de cristãos confiaram na Igreja e em seus sacerdotes para lhes dizer o que Deus queria. A Igreja Católica acreditava que o papa podia falar por Deus e que, quando ele falava em nome de Deus, nunca se enganava.

Agora esse monge alemão estava dizendo que o papa e a Igreja estavam *errados*! Ele estava afirmando que os cristãos poderiam ler a Bíblia por si próprios e poderiam descobrir o que Deus estava dizendo a eles sem ter um sacerdote para ajudá-los. Todo homem podia aprender por si só diretamente da Bíblia, e agora que as imprensas estavam produzindo centenas de Bíblias, as pessoas comuns podiam ter suas próprias Bíblias pela primeira vez. Por toda a Europa, Martinho Lutero encontrou seguidores que queriam ler a Bíblia sozinhos em vez de aceitar os ensinamentos da Igreja Católica. Seu slogan se tornou: *Todo homem é seu próprio sacerdote.* Esses seguidores de Lutero eram chamados de *reformadores*, porque queriam que a Igreja mudasse ou se *reformasse*.

A Igreja Católica ficou horrorizada. Se todo homem fosse seu próprio sacerdote, todo homem poderia chegar a suas próprias conclusões sobre Deus. O que aconteceria com a verdade? O que aconteceria com a igreja cristã? Ela se fragmentaria em centenas de pedaços diferentes e *ninguém* saberia qual *igreja* tinha a verdade sobre Deus. E a Igreja também estava preocupada com as novas Bíblias que estavam sendo impressas na Inglaterra, na Alemanha e em outros países. Essas Bíblias estavam sendo traduzidas para o inglês, alemão e outros idiomas. Mas como alguém poderia saber se essas traduções eram *boas* ou não? Um inglês poderia traduzir a Bíblia para o inglês, e entender errado. Então os ingleses que lessem esta Bíblia inglesa seriam enganados sobre Deus.

Então a Igreja pregou fortemente contra a Reforma. O papa condenou muitos reformadores como *hereges* – homens que não mais seguiam a verdade de Deus. Mas a Reforma continuou. Um dos seguidores de Martinho Lutero, um estudioso chamado Filipe Melâncton, escreveu os ensinamentos dos reformadores em um documento chamado Confissão de Augsburgo. Essa *Confissão*, ou declaração de fé, deu aos reformadores a chance de pensar em si mesmos como um grupo, com um conjunto de ideias sobre a fé cristã. Eles ficaram conhecidos como *Protestantes*, porque *protestaram* contra as práticas da Igreja Católica.

Daquele momento em diante, a Igreja seria dividida em dois grupos. Os *católicos* continuariam a ouvir o papa e os padres católicos e a seguir os ensinamentos oficiais da Igreja Católica. Os *protestantes* insistiriam que todo homem pudesse ler a Bíblia e interpretar por si mesmo. Hoje, ainda falamos sobre cristãos como católicos e protestantes. Igrejas protestantes (incluindo luteranos, presbiterianos, batistas, episcopais, metodistas e pentecostais) são separadas da Igreja Católica por causa da reforma de Martinho Lutero, quinhentos anos atrás.

Por centenas de anos, católicos e protestantes discutiram sobre como entender e obedecer a Deus. Tanto católicos quanto protestantes queriam seguir a Deus e obedecê-lo. Os protestantes pensavam que homens e mulheres deveriam ser capazes de ler a Bíblia e descobrir o que Deus queria por si mesmos. Os católicos achavam que a Bíblia só poderia ser interpretada corretamente com a ajuda da Igreja.

Mas durante a Reforma, o ensinamento protestante também se espalhou por razões que não tinham nada a ver com a obediência a Deus. *Todo homem é seu próprio sacerdote* era um bom slogan para os tempos da Renascença, porque muitos homens e mulheres da Renascença simplesmente não gostavam da ideia de aceitar os ensinamentos de outra pessoa sem questioná-los. Eles queriam decidir por si sobre Deus, assim como queriam decidir por si sobre a forma da Terra.

E muitos países não gostaram da ideia de que um papa que vivia na Itália pudesse dizer aos cristãos ingleses, alemães e franceses o que fazer. Quando Henrique VIII se tornou protestante, montando sua própria Igreja Inglesa, ele não estava tentando obedecer a Deus. Ele estava dizendo ao papa:

"Eu sou um rei inglês e posso fazer o que quiser, não importa o que um papa italiano diga!"

Então, o desacordo entre católicos e protestantes também tinha a ver com a *política* – as maneiras pelas quais os governantes controlavam seus reinos. Ser católico ou protestante significava *mais* do que simplesmente pertencer a diferentes igrejas. Argumentos entre católicos e protestantes às vezes se transformavam em guerras entre países. E às vezes católicos e protestantes no mesmo país lutavam guerras civis entre si.

O CONCÍLIO DE TRENTO

Vinte e oito anos depois que Martinho Lutero postou suas *Noventa e Cinco Teses* na porta da igreja em Wittenberg, o papa convocou um *concílio* (uma reunião oficial dos líderes da Igreja Católica).

— Nossa fé diz que deve haver apenas uma igreja — anunciou o papa. Mas nossa unidade foi quebrada por divisão e brigas. Portanto, devemos nos reunir para considerar o que devemos fazer a seguir.

O papa ordenou que todos os líderes, ou bispos, da Igreja Católica se reunissem no ano de 1545, em uma cidade italiana chamada Trento. Esse Concílio de Trento deveria discutir as crenças da Igreja Católica e como elas diferiam das crenças protestantes. Os líderes queriam escrever uma declaração que informasse a todos exatamente o que a Igreja ensinava sobre todas as áreas importantes da crença.

Reforma e Contrarreforma na Europa

O Concílio de Trento começou em 13 de dezembro de 1545 e continuou pelos dezoito anos seguintes!

Por dezoito anos, os líderes da Igreja realizaram reuniões em Trento. Eles discutiram o perdão dos pecados, a Bíblia, a penitência, a autoridade do papa e centenas de outras questões. Às vezes as discussões ficavam um pouco barulhentas. De acordo com uma história, dois bispos que estavam discutindo sobre os ensinamentos de Martinho Lutero sobre a fé ficaram tão zangados um com o outro que um agarrou o outro pela barba e o sacudiu! Quando o rei da Espanha ouviu falar disso, ele escreveu ao Concílio de Trento e disse-lhes que, se não se aquietassem um pouco, ele viria lançar alguns bispos no rio para resfriá-los.[1]

Finalmente, depois de dezoito anos, o Concílio de Trento escreveu várias declarações diferentes sobre a crença católica. Essas declarações se tornaram as doutrinas oficiais da Igreja Católica. Mas os bispos que se reuniram em Trento foram ainda mais longe. Eles insistiram que os ensinamentos da Igreja eram todos verdadeiros e que ela não havia enganado nenhum cristão sobre sua fé. Mas eles também admitiram que os padres e bispos da Igreja às vezes *agiam* erroneamente.

Bem, durante a Idade Média, a Igreja construiu muitas catedrais, fundou muitas escolas e comprou muitas terras. De fato, no final da Idade Média, a Igreja possuía mais terras do que qualquer rei ou imperador. Isso significava que os bispos e os sacerdotes faziam mais do que pregar e cuidar das necessidades espirituais das pessoas. Eles também tinham de agir

---

[1] Will Durant conta essa história em *A Reforma* (vol. 6 de A História da Civilização).

como senhorios e prefeitos. Alguns desses padres e bispos ficaram mais interessados em ganhar dinheiro do que em pregar sobre Cristo. Os arcebispos (bispos que tinham autoridade sobre vários outros bispos) estavam até dispostos a vender os sacerdócios. Eles fariam de um homem rico um bispo em troca de um grande pagamento em dinheiro. Isso significava que a Igreja tinha bispos que não estavam realmente interessados em assuntos espirituais! Esses tipos de problemas levaram muitos dos reformadores a pregar contra a Igreja Católica.

O Concílio de Trento concordou que algumas das práticas da Igreja estavam erradas. Então, quando os bispos fizeram suas declarações sobre as crenças da Igreja Católica, eles também escreveram ideias para consertar esses problemas. De agora em diante, ninguém poderia pagar para ser um bispo. Todos que queriam ser sacerdotes tinham que ir a uma escola especial chamada *seminário*. Lá, os sacerdotes seriam treinados e ensinariam todas as doutrinas da Igreja.

O Concílio de Trento *reformou* a Igreja Católica para que ficasse ainda mais forte. Nós chamamos os anos após o Concílio de Trento de *Contrarreforma*, porque durante esse período a Igreja Católica mudou algumas das práticas que Martinho Lutero e os outros reformadores haviam criticado.

Mas a Contrarreforma não trouxe paz entre protestantes e católicos. Protestantes e católicos ainda lutavam entre si. Os reis e rainhas protestantes muitas vezes ordenavam que os católicos que viviam em seus países fossem presos, colocados na cadeia e, às vezes, até mortos. E reis e rainhas católicos fizeram o mesmo com os protestantes.

CAPÍTULO

37

O NOVO UNIVERSO

A REVOLUÇÃO DE COPÉRNICO

Durante a Renascença, jovens artistas estudaram arte antiga. Filósofos jovens leram filosofia antiga. E jovens cientistas leram livros antigos sobre o céu e a Terra. Um desses jovens cientistas se chamava Nicolau Copérnico.

Nicolau Copérnico cresceu na parte da Europa que agora chamamos de Polônia. Quando tinha dezoito anos, ele começou a estudar Ciência na universidade na grande e movimentada cidade de Cracóvia. Copérnico sempre se interessou pelas estrelas e, na Universidade de Cracóvia, estudou *Astronomia*, a ciência das estrelas. Ele aprendeu a ler *mapas estelares* (gráficos

Nicolau Copérnico

que mostram onde cada estrela está em diferentes épocas do ano) e como medir as posições das estrelas no céu. Ele também aprendeu que a Terra ficava no centro do universo e estava cercada por esferas claras, como bolas feitas de vidro. Cada bola era maior que a seguinte e cada uma tinha um planeta ligado a ela. As estrelas estavam em uma enorme esfera que rodeava todo o resto. E cada esfera girava em uma velocidade diferente.

Polônia e Itália

Essa ideia sobre o universo era baseada nos escritos do astrônomo egípcio Ptolomeu, que vivera centenas de anos atrás.

As teorias de Ptolomeu, encontradas em seu famoso livro, o *Almagesto*, explicavam por que os planetas pareciam se mover pelo céu em velocidades variadas, às vezes chegando mais perto de certas estrelas e às vezes se afastando. Também explicava por que o Sol parecia se mover pelo céu do leste para o oeste.

Mas quando Copérnico usou seus instrumentos para medir as posições das estrelas e dos planetas e depois comparou suas descobertas com o *Almagesto*, descobriu que Ptolomeu às vezes estava errado. Ele ficou surpreso! Ele sempre aprendera que o livro de Ptolomeu era o livro mais preciso sobre o universo que havia sido escrito.

Copérnico começou a ler os escritos de outros cientistas e descobriu que ele não era o primeiro astrônomo a perceber problemas com as explicações de Ptolomeu. Outros tentaram resolver os problemas sugerindo que a teoria das esferas de Ptolomeu precisava de mais esferas. Talvez houvesse mais de oitenta esferas ao redor da Terra, cada uma acelerando e desacelerando enquanto girava!

Copérnico não compreendia por que a explicação para o movimento das estrelas e dos planetas precisava ser tão complicada. Ele sabia que outro escritor antigo, o astrônomo grego Aristarco, sugerira uma vez que a Terra se move ao redor do Sol, e não o contrário. Isso poderia explicar a diferença entre as descobertas de Copérnico e as de Ptolomeu? Talvez. E isso também poderia explicar algumas outras coisas intrigantes que ele havia notado. Por exemplo, ele tinha visto que o planeta Marte era mais brilhante em algumas épocas do ano, e mais escuro em outras. Talvez Marte estivesse circulando a Terra em uma forma oval. Então, seria mais brilhante quando estivesse mais perto da Terra e mais escuro quando estivesse mais distante. Porém, Marte não podia se mover em uma órbita oval se os outros planetas estivessem ligados a esferas – Marte esbarraria nas esferas redondas ao redor dele! Por outro lado, se Marte se movesse ao redor do Sol, às vezes Marte estaria mais perto da Terra, e às vezes estaria mais longe.

Copérnico pensava que essa ideia nova e simples era muito mais provável do que o complicado sistema de esferas descrito pelos cientistas de sua época. Ele sabia que explicações simples e claras provavelmente seriam corretas. E Copérnico percebeu que quase todas as suas observações seriam explicadas se a Terra e os outros planetas circulassem o Sol.

Isso significava que as estrelas estavam muito, muito mais distantes do que alguém jamais imaginara – tão longe que era difícil medir a distância. Se a nova teoria de Copérnico estivesse correta, o universo seria muito maior do que se imaginava! Ele achava que essa nova ideia mostrava que Deus criara o universo para ser mais magnífico do que o homem poderia imaginar.

Mas Copérnico era um católico devoto. E por séculos a Igreja pregou que, como o homem era a parte mais maravilhosa da criação de Deus, o lar do homem (a Terra) deve estar no centro da criação. Copérnico temia que os líderes da Igreja Católica não aprovassem sua teoria. Então, no começo, ele só colocou suas ideias em um pequeno livro escrito à mão, chamado *O Pequeno Comentário sobre o Movimento dos Orbes Celestes*. Alguns cientistas leram o *Pequeno Comentário* e disseram que ele precisava imprimir suas ideias em um livro para que mais pessoas pudessem ler.

Copérnico trabalhou durante anos em um livro que explicaria como chegara às suas conclusões. Finalmente, em 1543, ele publicou *Sobre as Revoluções das Esferas Celestes*.

Nesse mesmo ano, ele morreu. A primeira cópia do livro foi colocada cm suas mãos em seu leito de morte.

Após sua morte, a Igreja *condenou* essa nova ideia. Muitos padres temiam que as novas ideias de Copérnico fossem interpretadas por outros como se o homem não estivesse mais no centro do plano de Deus para fazer o mundo. Até mesmo Martinho Lutero pensava que Copérnico devia estar errado.

Mas, lentamente, as teorias de Copérnico foram aceitas por mais e mais pessoas. Outros cientistas viram que, se a Terra girasse em torno do Sol, os diferentes movimentos das estrelas e dos planetas faziam sentido. Hoje chamamos Copérnico de *Pai da Astronomia*, porque ele foi o primeiro a explicar o movimento dos planetas e das estrelas de uma maneira que fazia sentido.

AS ESTRANHAS NOÇÕES DE GALILEU

Vinte e um anos depois da morte de Copérnico, nasceu na Itália um menino chamado Galileu Galilei. Como Copérnico, Galileu aprendeu grego e latim para poder ler as obras de cientistas antigos. Ele também aprendeu a *lógica* (como argumentar a verdade de uma ideia mostrando como a evidência a sustenta). Na verdade, Galileu não se saiu muito bem na escola porque discutia muito com seus professores. Eles o apelidaram de *O Argumentador* porque ele passou muito tempo discordando deles.

Galileu nunca se contentou em aceitar uma explicação até ter descoberto por si mesmo. Essa curiosidade o levou a fazer todo tipo de perguntas estranhas. Certa vez, ele estava sentado na igreja. Mas, em vez de prestar atenção ao sermão, ele observava o grande lustre acima de sua cabeça. Ele balançava para a frente e para trás, primeiro em movimentos longos e graciosos e depois em movimentos cada vez mais curtos. Por que o candelabro desacelerou? Que força o estava puxando?

    Um dia, Galileu subiu ao topo de uma famosa torre em Pisa, na Itália. A torre inclinava-se para um lado, por isso era chamada Torre Inclinada de Pisa. Ele derrubou dois pesos do topo da torre. Um peso era mais pesado do que o outro e, de acordo com velhas teorias sobre a maneira como o universo funcionava, esse peso mais pesado deveria ter caído primeiro. Mas ambos os pesos chegaram ao mesmo tempo. Por quê?

    Galileu pensou que talvez a mesma força estivesse funcionando no lustre e nos pesos. Ele estava certo. Hoje chamamos essa força de *gravidade*. As experiências de Galileu levaram um cientista posterior, Isaac Newton, a criar uma teoria sobre a gravidade e como ela funciona.

    Galileu passou muito do seu tempo tentando descobrir como as coisas funcionavam. Ele jogou bolas e mediu o quão longe elas voaram. Ele balançava os pêndulos de um lado para o outro e tentava entender que leis os faziam se mover em certas direções. Ele movia objetos de diferentes pesos com alavancas de diferentes comprimentos e media quanta força era necessária para mover cada um deles. Ele atirou balas de canhão e descobriu o ângulo de cada bala de canhão no ar. Ele pingou água de um copo no outro e cronometrou quantos segundos levou para cada gota formar e cair. Ele passou anos experimentando e fazendo instrumentos científicos (como o termômetro, que ele inventou quando tinha 32 anos). Galileu foi um dos primeiros *cientistas modernos*, porque usou o *método experimental* para descobrir como o mundo funcionava. Em vez de tentar decidir se suas ideias estavam ou não alinhadas com a filosofia, Galileu criou teorias sobre o mundo e depois as testou ao fazer experimentos.

– Meça o que é mensurável – ele disse uma vez –, e se algo não puder ser medido, descubra como isso *pode* ser feito.

Em 1609, quando Galileu tinha quase cinquenta anos, descobriu um novo instrumento científico inventado por cientistas holandeses: o telescópio. Os telescópios tinham duas lentes que faziam com que objetos distantes parecessem muito próximos. Assim que Galileu colocou as mãos em um, ele o desmontou e começou a fazer melhorias. Ele criou o telescópio mais poderoso do que qualquer cientista já havia visto até então. Quando olhou para o céu com seus novos telescópios, descobriu centenas de novas estrelas. E, ao redor do planeta Júpiter, ele viu algo que ninguém jamais havia visto antes: pequenas Luas, circulando ao redor do planeta. Isso provou que as teorias de Copérnico poderiam ser verdadeiras. Planetas e estrelas podem girar em torno de algo que não fosse a Terra.

Para dizer ao mundo o que ele descobriu com seu novo telescópio, Galileu escreveu um livro chamado *Mensageiro Sideral*. Ele viajou para Roma para mostrar seu novo telescópio ao papa. Logo, porém, Galileu se viu em apuros. Ele estava sugerindo que Copérnico poderia estar certo. Mas o livro de Copérnico, *Sobre a Revolução das Esferas Celestes*, foi colocado em uma lista de livros que os bons católicos não deveriam ler. A Igreja insistiu que a ideia da Terra girando em torno do Sol negava o lugar do homem no centro da ordem criada por Deus.

Galileu foi ordenado a se arrepender de suas ideias erradas. E ele queria obedecer a Igreja. Então, concordou em dizer que o Sol poderia estar circulando a Terra. Mesmo acreditando que a Igreja estava errada, ele não estava disposto a dizer em público que os líderes de sua fé estavam cometendo um erro. Mas ele escreveu um livro sobre três cientistas imaginários discutindo. Um insistia que a Terra estava no centro do universo. O segundo insistia que o Sol estava no centro. E o terceiro estudioso ouvia os dois e fazia perguntas.

Quando esse livro foi publicado, os líderes da Igreja perguntaram a Galileu:

– Por que você está apoiando a teoria de Copérnico?

Galileu protestou:

– Eu não estou! Eu não disse qual teoria era *verdadeira*. Apenas descrevi cada uma delas!

Mas seu livro também foi adicionado à lista de livros que os católicos não deveriam ler.

Galileu, que amava a Igreja, ficou profundamente entristecido com a condenação de seu livro. Ele não acreditava que suas ideias provassem que qualquer parte da Bíblia era falsa. Em vez disso, ele achava que os sacerdotes que condenavam seus escritos estavam interpretando mal a Bíblia. Então, ele colocou todas as suas ideias em um novo livro chamado *As Duas Ciências*.

Galileu morreu não muito tempo depois que *As Duas Ciências* foi publicado. Ele não viveu para ver suas teorias aceitas pelo mundo. Mas, hoje, suas descobertas fazem parte do estudo da Física. Física é o estudo de por que objetos (como lustres oscilantes, pesos caindo e luas orbitantes) se comportam da maneira que conhecemos. Por causa da curiosidade de Galileu, o grande cientista moderno Albert Einstein chamou Galileu de *Pai da Física Moderna*.

✣

CAPÍTULO

38

A MAIOR RAINHA DA INGLATERRA

A RAINHA QUE QUASE NÃO FOI

Você se lembra de Henrique VIII, o rei inglês que teve seis esposas? Ele continuou se casando porque queria ter um filho. E então, quando sua terceira esposa, Jane Seymour, finalmente deu à luz um menino, ele esperava por outro. Nos primórdios da Renascença, as pessoas frequentemente morriam de doenças que não seriam realmente muito sérias hoje em dia. Então, Henrique VIII queria outro filho para o caso de algo acontecer com seu filho mais velho, o pequeno príncipe Eduardo.

Mas Henrique VIII nunca teve outro filho. Quando ele morreu, o príncipe Eduardo se tornou o rei Eduardo VI da

Inglaterra. Eduardo tinha apenas nove anos, então seus tios o ajudaram a governar a Inglaterra e ele não estava com boa saúde: ficava tossindo e era muito magro.

Conforme Eduardo foi envelhecendo, foi ficando ainda mais fraco. Quando ele tinha dezesseis anos, ele foi forçado a ficar de cama. Os médicos tentaram todas as curas que conheciam. Uma delas era colocar sanguessugas no jovem rei para sugar um pouco do sangue dele. Outra era que ele engolisse uma aranha viva coberta de melaço. Mas nenhuma dessas curas funcionou. Logo, todos sabiam que o rei estava morrendo.

Mas quem governaria a Inglaterra a seguir? Eduardo não tinha irmãos, apenas duas irmãs. Maria, a irmã mais velha, era filha de Henrique VIII e sua primeira esposa, Catarina, a princesa de Aragão. Elizabete, a irmã mais nova, era filha de Henrique VIII e Ana Bolena, que havia sido decapitada. Embora a Inglaterra nunca tivesse tido uma mulher no trono antes, uma dessas duas irmãs teria que se tornar rainha. Seus seguidores discutiram sobre quem deveria ter o trono. Os poderosos defensores de Maria venceram a discussão.

Em 1553, Maria foi declarada a primeira rainha da Inglaterra. Ela cavalgou pelas ruas até a Torre de Londres para ser coroada. E sua irmãzinha Elizabete se ajoelhou e prometeu ser fiel à nova rainha.

Elizabete teve muito cuidado em dizer apenas coisas gentis sobre sua irmã. Em público, Elizabete agiu humilde e amorosamente com Maria. Mas a verdade era que Elizabete estava assustada. Ela e Maria nunca foram boas amigas. Maria fora declarada princesa de Gales, herdeira do trono inglês, quando nasceu. Até a adolescência, Maria fora tratada como uma rainha à espera. Ela tinha seu próprio brasão de armas, seus próprios aposentos particulares e 160 criados para servi-la. Ela viajava em uma liteira de veludo carregada por criados e fazia suas refeições debaixo de um dossel especial que simbolizava o quão importante ela era. Aonde quer que fosse, as pessoas se curvavam para ela e a chamavam de *princesa*.

Mas então seu pai, Henrique VIII, casou-se com Ana Bolena e Elizabete nasceu. No minuto em que Elizabete deu seu primeiro suspiro, um arauto anunciou a todas as pessoas que Elizabete, não Maria, era agora a Princesa de Gales e herdeira do trono. Henrique VIII ordenou que o brasão de Maria fosse retirado de todas as suas roupas e dado a Elizabete. Ele mandou todos os seus criados embora e disse a Maria que ela tinha que ser a dama de honra de sua irmãzinha. Agora o bebê Elizabete era carregado na liteira de veludo. Maria teve de cavalgar ou andar atrás dela. A Elizabete foi dada a equipe de criados, o lugar especial para comer, e roupas bonitas feitas de cetim e seda. Maria teve de comer ao pé da mesa e viver em um quarto desconfortável no palácio.

Como você acha que Maria se sentiu em relação a Elizabete? Seria difícil amar sua irmãzinha se seus pais tomassem tudo o que haviam lhe dado e lhe pertencia, e então lhe dissessem que você tinha que ser a criada dela. Maria se recusou a admitir que Elizabete agora era a princesa.

– Esse é um título que pertence somente a mim! – ela disse ao pai. Mas ele ordenou que ela aceitasse sua nova posição. Elizabete era a princesa de Gales; Maria era apenas uma dama de companhia.

Mas exatamente a mesma coisa aconteceu com Elizabete apenas alguns anos depois. Quando Elizabete tinha quatro anos, o pequeno príncipe Eduardo nasceu. Imediatamente, o arauto anunciou que Eduardo, não Elizabete, era agora o herdeiro do trono. Henrique tirou o brasão de Elizabete, seus criados, sua liteira de veludo e seu lugar especial para comer. Ela foi enviada para morar em uma casa longe do castelo. Sua governanta escreveu uma carta ao palácio, reclamando que a garotinha não tinha recebido dinheiro suficiente para viver.

– Ela nem sequer tem uma camisola ou lenços decentes! – protestou a governanta.

Agora que Elizabete e Maria haviam *ambas* perdido suas posições como princesas, Maria era mais gentil com sua irmãzinha. Mas ela nunca esquecera como Elizabete havia tomado o seu lugar. Quando se tornou rainha, ela aprovou uma lei dizendo que Elizabete nunca fora realmente a princesa de Gales. Então acusou Elizabete de conspirar contra ela. E ordenou que sua irmã fosse aprisionada na Torre de Londres.

Quando os soldados foram prender Elizabete e levá-la embora, Elizabete teve medo de ser morta. Ela gritou:

– Dê-me um minuto para escrever uma carta para minha irmã!

E então ela rabiscou em um pedaço de papel:

– Eu nunca falei ou pensei em nada como tomar o seu trono. Que eu morra uma morte vergonhosa se o fizesse. Não me condenes!

Mas Maria recusou-se a ler a carta.

Elizabete passou meses na Torre de Londres, esperando todas as manhãs que os soldados a arrastassem e a decapitassem. Maria não conseguiu encontrar nenhuma evidência de que Elizabete havia tramado contra ela, no entanto. Então, finalmente, Maria deixou sua irmã ir morar em uma casa pequena e sombria no campo. Ali, Elizabete estava cercada por criados escolhidos por Maria e por soldados que vasculhavam constantemente a casa por quaisquer sinais de traição. Ela sequer foi autorizada a passear sem uma permissão especial de Maria.

Quatro anos após a prisão de Elizabete, ela estava sentada debaixo de uma árvore lendo a Bíblia em grego. Um soldado nas proximidades observava cada movimento dela. Ela ouviu cascos galopantes e levantou a cabeça para observar a estrada. Um mensageiro apareceu, usando as cores reais. Ele estava vindo dizer a seus carcereiros que Maria finalmente a havia condenado à morte? Elizabete levantou-se e observou o homem desmontar de seu cavalo. Mas em vez de falar com o soldado atrás dela, o mensageiro caiu de joelhos na frente de Elizabete.

– Maria, rainha da Inglaterra, está morta – disse ele. – Você é agora a rainha da Inglaterra. Deus salve a rainha!

A BOA RAINHA BESS

Elizabete era agora rainha da Inglaterra. Quando o povo da Inglaterra ouviu que Maria estava morta, eles cantaram e dançaram nas ruas. Maria foi muito impopular. Como rainha, ela queria trazer a Inglaterra de volta à fé católica que seu pai Henrique rejeitara. Então ela enviou homens por toda a Inglaterra, exigindo que seu povo jurasse lealdade à Igreja Católica. Trezentos homens e mulheres que se recusaram foram queimados na fogueira! Os súditos de Maria começaram a chamá-la de *Maria Sangrenta* por causa de sua crueldade.

Então, quando Elizabete entrou em Londres com mil homens atrás dela, as ruas estavam cheias de gente animada. Elizabete chegou ao castelo e assumiu o controle. Ela substituiu todos os criados e damas de companhia de Maria pelos seus e demitiu a maioria dos conselheiros que eram de Maria. E planejou uma grande cerimônia na qual ela seria coroada rainha. Quando chegou o dia, Elizabete foi levada para a Abadia de Westminster, a igreja mais importante de Londres, em uma liteira coberta por um tecido dourado. Seu vestido também era feito de tecido de ouro. Por cima, ela usava uma capa de veludo com pelos de arminho nas bordas e um pesado colar de rubis e pérolas. Uma pesada coroa de ouro foi colocada em sua cabeça. Um ministro colocou óleo sagrado em sua cabeça, e ela recebeu um cetro, um globo com uma cruz (chamado orbe) e um anel especial para mostrar seu poder. Elizabete era agora Elizabete I, rainha da Inglaterra. O ano era 1558.

Elizabete I permaneceria no trono da Inglaterra por 45 anos. Esses anos ficaram conhecidos como a *Era Elisabetana*. Sob Elizabete, a Inglaterra se tornaria pacífica, rica e mais poderosa do que nunca.

Elizabete não queria cometer os mesmos erros que Maria havia cometido. Ela queria que seu povo a amasse, não a abominasse. Então, embora tenha anunciado que a Inglaterra seria novamente um país protestante, ela não forçou seu povo a jurar que eles eram protestantes. Não se permitiam mais cultos católicos, e Elizabete queria que seus conselheiros fossem protestantes. Mas ela não perguntou aos seus súditos o que eles estavam fazendo em privado. Ela disse a seus conselheiros que ela não pretendia criar *janelas para as almas dos homens*.

Esta foi uma atitude incomum para um governante da Renascença tomar. Muitos outros governantes europeus estavam ocupados em assegurar que todos os súditos jurassem lealdade à fé católica ou protestante. Mas Elizabete estava mais interessada em saber se seus súditos eram ou não leais a *ela*.

A Inglaterra de Elizabete

Elizabete também estava determinada a não se casar. Maria havia se casado com um príncipe espanhol que a convenceu a enviar soldados ingleses para ajudar nas batalhas espanholas. Os ingleses não gostavam desse príncipe, cujo nome era Filipe. Eles achavam que ele era arrogante e egoísta, e, acima de tudo, um estrangeiro. Eles não queriam que soldados ingleses lutassem em guerras estrangeiras. E quando Filipe começou a ajudar Maria a criar leis para a Inglaterra, muitos dos súditos de Maria correram pelas ruas gritando:

– Não teremos um estrangeiro como nosso rei!

Todos os conselheiros de Elizabete esperavam que ela se casasse o mais rápido possível. Na verdade, quando Elizabete reuniu seu primeiro *Parlamento* (o grupo de representantes que a ajudariam a aprovar as leis), o Parlamento lhe disse:

– Não podemos falar sobre leis até que tenhamos arranjado um casamento para você.

Mas Elizabete sabia que caso se casasse, seu marido seria o verdadeiro governante da Inglaterra. Naquela época, a maioria das pessoas achava que os homens eram sempre mais sábios, mais inteligentes e mais fortes do que as mulheres. Se Elizabete se casasse com um príncipe, cada vez mais de seu poder iria para ele. Elizabete não tinha intenção de desistir de *seu* poder.

Os parlamentares insistiram. Eles não achavam que uma mulher pudesse fazer um bom trabalho governando a Inglaterra. (Maria certamente não fez!) Elizabete precisava de um homem para ajudá-la. E ela precisava ter filhos. E se ela morresse sem um herdeiro? Quem seria o rei depois dela?

Filipe, viúvo de Maria, ofereceu-se para assumir a tarefa de se casar com Elizabete. Ele tinha gostado do poder que veio com o trono da Inglaterra, e ele o queria de volta. Claro, ele não disse:

– Eu quero casar com Elizabete para que eu possa ser rei da Inglaterra novamente.

Ele colocou em palavras muito mais grandiosas.

"Decidi", escreveu ele ao Parlamento, "prestar este serviço a Deus e oferecer-me para casar com a rainha da Inglaterra.

Seria melhor para ela e seu reino se ela tivesse um consorte (um marido) que pudesse aliviá-la das tarefas que só servem para os homens."

Mas Elizabete bateu o pé no chão. Ela tirou o anel que havia recebido quando fora coroada e o segurou na frente de todos aqueles homens.

– Vejam – ela disse –, essa é a promessa deste meu casamento, e meu casamento é com o meu reino. Cada um de vocês e todos os ingleses são como filhos e parentes para mim.

As palavras de Elizabete significavam que ela era *casada* com a Inglaterra. Ela não tinha espaço para um marido; a tarefa de ser rainha ocuparia todo o seu tempo.

E Elizabete *dedicou* todo o seu tempo para governar a Inglaterra. Ela trabalhou duro, fazendo alianças com outros países, enviando exploradores para reivindicar terras não descobertas para a Inglaterra e defender sua terra contra a invasão.

Trinta anos depois de se tornar rainha, Elizabete encorajou seus soldados antes de uma batalha, gritando:

– Estou decidida, no meio e no calor da batalha, a viver e morrer entre todos vocês; depor-me por meu Deus e por meu reino e meu povo, minha honra e meu sangue, mesmo no pó. Eu sei que tenho apenas o corpo de uma mulher fraca e frágil, mas tenho o coração e o estômago de um rei e ainda de um rei da Inglaterra!

Elizabete estava certa. Ela era a melhor governante que a Inglaterra já teve. Seu povo a amava e lhe deu o apelido de Boa Rainha Bess.

Rainha Elizabete

CAPÍTULO

39

O MAIOR DRAMATURGO DA INGLATERRA

WILLIAM SHAKESPEARE

Elizabete trabalhou duro governando seu país. Mas às vezes tirava uma folga para se divertir. Ela amava a música e mantinha um coro de cinquenta pessoas e uma orquestra completa na corte. Ela pagou compositores para escrever músicas para seu coro, e até cantou, tocando a lira (um instrumento com cordas) como acompanhamento. Elizabete gostava de poesia e escrevia alguns versos. Acima de tudo, ela gostava de ver uma boa peça de teatro – especialmente uma peça escrita por William Shakespeare, o dramaturgo mais famoso da Inglaterra.

Inglaterra

Shakespeare nasceu seis anos depois de Elizabete se tornar rainha. Quando era jovem, atuou em uma companhia itinerante que ia de cidade em cidade, apresentando peças teatrais nos teatros de madeira e nos pátios das pousadas. Quando cresceu um pouco mais, Shakespeare e vários amigos formaram seu próprio grupo de atores. Ele atuava em peças, ajudava a escolher figurinos, executava ensaios, encontrava adereços – e escrevia peças de teatro. Ele escreveu *comédias* (peças engraçadas), como *A Megera Domada*, sobre uma mulher de temperamento quente que teve de se casar com um homem o qual ela não gosta; e *Sonho de uma Noite de Verão*, sobre fadas que pregam peças em pessoas que vagam pelo bosque. Ele escreveu tragédias (peças tristes), como *Hamlet*, sobre um príncipe que deve vingar a morte de seu pai; e *Romeu e Julieta*, sobre um menino e uma menina que se apaixonam apesar de suas famílias se odiarem. E ele escreveu peças históricas baseadas na vida de grandes homens e mulheres do passado. *Ricardo III*, conta a história do rei inglês que tomou o trono dos Príncipes da Torre; *Henrique V* é sobre a Batalha de Agincourt, na França.

Ao todo, Shakespeare escreveu mais de quarenta peças. Elas foram realizadas repetidamente durante os últimos 450 anos! As peças de Shakespeare foram traduzidas para quase todas as línguas. Elas foram transformadas em filmes, comentadas em livros e estudadas em escolas. Algumas das frases mais familiares em inglês vêm de suas peças. Você já ouviu alguém dizer *Algo está podre no Estado da Dinamarca* ou *Ser ou não ser, eis a questão*? Ambas as frases são de *Hamlet*. *Um cavalo, um cavalo! Meu reino por um cavalo!* é de *Ricardo III*. Sua mãe alguma vez já disse: *Devorou-me com a casa e os bens*? Shakespeare usou pela primeira vez essa expressão em *Henrique IV*, parte 2. E se você já ouviu alguém chamar ciúme de *monstro de olhos verdes*, você ouviu uma fala de *Otelo*.

Uma das peças mais famosas de Shakespeare, *Macbeth*, fala sobre um nobre que quer ser rei. Aqui está o começo da história:

William Shakespeare

MACBETH

A Escócia estava em guerra. O rei de cabelos brancos, Duncan, com medo de que um bando de rebeldes o tirasse de seu trono, enviou seu primo Macbeth e Banquo, amigo de confiança de Macbeth, para lutar contra os rebeldes. Ele esperou ansiosamente ouvir o resultado da batalha. Finalmente, um soldado chegou, coberto de sangue, direto da frente de batalha.

– Macbeth enfrentou o inimigo com aço brandido! – o soldado ofegou. – Ele fixou a cabeça de seu líder nas ameias. Ele e Banquo lutaram como canhões sobrecarregados com cargas duplas!

– Primo valente! – gritou o rei Duncan. – Que felicidade!

E ele decretou que Macbeth receberia um título novo e nobre: Thane de Cawdor. (Thane é uma palavra escocesa para um guerreiro que luta pelo rei.)

Enquanto isso, Macbeth e Banquo estavam se arrastando para casa cruzando uma charneca maldita (um campo aberto e árido), através do nevoeiro e do vento. De repente, eles viram três mulheres estranhas, agachadas em volta de uma fogueira.

– Salve! – As mulheres estranhas gargalharam.

– Salve, Macbeth, Thane de Cawdor, que será o rei da Escócia. E salve, Banquo; você não será rei, mas será o *pai de reis*. – E então elas desapareceram.

– Para onde elas foram? – perguntou Banquo. – Nós ficamos loucos? Eu não sou o pai de reis. E por que elas chamam você de Thane de Cawdor e rei da Escócia? Você não é nenhum nem outro! – Mas então, os mensageiros chegaram.

– Macbeth! – eles disseram. – Nós lhe trouxemos notícias do rei Duncan. Ele fez de você Thane de Cawdor.

Quando Macbeth ouviu essa notícia, ficou perturbado. As palavras das mulheres estranhas já começavam a se tornar realidade. Mas como ele poderia se tornar rei da Escócia, assim como Thane de Cawdor? Seu primo Duncan era rei.

Então Macbeth percebeu que ele poderia se tornar rei se ele se tornasse traidor, e ordenasse o assassinato de Duncan. Mas ele espantou o pensamento para longe.

– Não deixe a luz ver meus desejos negros e profundos! – Ele murmurou para si mesmo.

Mas a ideia ficou com ele. Ele escreveu uma carta para sua esposa, Lady Macbeth, que ainda estava em seu castelo em casa. Ele contou a ela sobre as mulheres estranhas e suas palavras. Imediatamente, Lady Macbeth se fixou na ideia da morte de Duncan. Se o marido dela se tornasse rei, ela se tornaria rainha. Mas ela pensou:

– Macbeth está muito cheio do leite da bondade humana para matar seu primo.

Assim que ela terminou de ler a carta do marido, Lady Macbeth ouviu um mensageiro se aproximando do castelo. O mensageiro usava as cores reais.

– O rei vem aqui esta noite! – O mensageiro anunciou, deslizando de seu cavalo. – Macbeth está com ele. Eles estão voltando da frente de batalha. Prepare tudo!

Imediatamente Lady Macbeth decidiu que ela e Macbeth matariam o rei Duncan naquela noite. Ela andava de um lado para o outro no quarto, convencendo-se de que ela era corajosa o suficiente para tal feito.

– Espírito da coragem e ambição, me preencha da coroa ao dedo do pé, cheia de crueldade horrível! – ela resmungou para si mesma. – Engrosse meu sangue. Que nenhum arrependimento ou consciência abale meu propósito.

Ao falar essas palavras horríveis, Macbeth entrou na sala.

– Duncan está comigo – disse ele.

Lady Macbeth colocou a mão no braço dele.

– Ele deve ser atendido – disse ela, com grande significado. Mas, embora Macbeth soubesse o que sua esposa queria dizer, ele se afastou dela. A ideia de se tornar rei era cada vez mais maravilhosa para ele, mas ainda não estava pronto para matar seu primo, o rei Duncan.

Foi então que o próprio rei entrou, com Banquo e outros nobres. De repente, Lady Macbeth ficou sorridente.

– Sua Majestade! – ela exclamou. – Você enche nossa casa com honra. Nossos criados são seus. Venha para o salão, onde um grande banquete foi preparado para você. – E ela trouxe o rei consigo.

Macbeth permaneceu, preocupado consigo mesmo.

– Se eu fosse fazer isso – ele murmurou –, eu precisaria fazer rapidamente, não esperar. Mas que coisa terrível seria! Ele está aqui tanto como meu rei quanto como meu primo. Eu sou seu anfitrião; eu deveria fechar a porta para assassinos, e não segurar a faca eu mesmo. Não tenho determinação suficiente para fazer isso!

Quando Lady Macbeth retornou, tendo levado Duncan e outros ao salão de jantar, Macbeth disse severamente:

– Senhora, não iremos mais adiante com esse plano terrível. Ele acaba de me dar uma grande honra! Como posso fazer isso?

Lady Macbeth retrucou.

– Você está com medo? Você terá de viver com sua covardia pelo resto da vida. Seja um homem! Coloque a sua coragem no lugar certo. Quando Duncan estiver dormindo, eu darei a seus guardas vinho com sonífero, para que eles durmam como porcos. E então diremos que seus guardas são os responsáveis.

– Mas eles vão acreditar em nós? – Macbeth perguntou nervosamente.

– Claro que sim – disse Lady Macbeth. – Nós vamos chorar tanto pela morte de Duncan que eles nunca irão suspeitar de nós.

O que você acha que Macbeth decidirá fazer quando a história continuar?

A DECISÃO DE MACBETH

Em outra parte do castelo, Banquo estava se preparando para dormir. Ele tirou a espada e a entregou ao seu criado, e então olhou para a noite sem estrelas.

– Há boa limpeza no céu – ele murmurou sozinho. – Todas as suas velas foram apagadas! Eu deveria apagar minha também, mas estou muito inquieto. Eu sinto que algo terrível pode acontecer hoje à noite.

Quando ele disse essas palavras, Macbeth bateu na porta.

– Você tem tudo o que precisa? – ele perguntou.

– Sim – disse Banquo –, mas estou muito inquieto para dormir. Eu tenho pensado sobre as palavras das mulheres estranhas. Elas disseram que você seria Thane de Cawdor, e você é. Mas quando disseram que você seria rei...

– Vamos conversar sobre isso depois – Macbeth interrompeu –, quando você tiver tempo. Por esta noite, durma bem.

Enquanto Macbeth e Banquo conversavam, Lady Macbeth levou vinho com sonífero aos guardas de Duncan. Logo eles estavam caídos do lado de fora da porta do rei, roncando. Ela tirou os punhais suavemente dos cintos deles e entrou no quarto do rei. Duncan também dormia. Mas quando Lady Macbeth olhou para ele, ela percebeu que ele parecia com seu pai.

– Eu não posso fazer isso! – ela sussurrou, recuando para fora do quarto. Mas ela colocou os punhais em frente à porta. – Macbeth vai vê-los quando ele vier – ela pensou –, e talvez ele faça a tarefa.

Depois que Macbeth deixou Banquo, ele subiu e desceu o corredor em um frenesi de incerteza. Ao ficar mais frenético, começou a ver coisas.

– Acho que vejo uma adaga, pendurada diante de mim no ar! – exclamou. – É minha imaginação? É uma visão me dizendo para realizar essa tarefa terrível? Aqui tenho uma verdadeira adaga no meu cinto. Vou segurá-la? Sim, eu vou. Já me decidi! Duncan, esta noite você irá para o céu ou para o inferno.

E ele foi em direção às escadas.

Lady Macbeth esperava pelo marido em seus aposentos. Quando ouviu o passo dele, ela abriu a porta. Lá estava ele com o rosto branco.

– Está feito – ele sussurrou. – Mas acho que nunca mais vou dormir. Eu pensei ter ouvido uma voz lamentar: *Não dormirás! Macbeth matou o sono! Macbeth nunca mais dormirá.*

– Componha-se! – Lady Macbeth disse a ele. – Vá lavar as mãos. Coloque suas roupas de dormir, e vamos dizer a todos que estávamos dormindo quando isso aconteceu.

Quando os guardas de Duncan descobriram que o rei estava morto, Macbeth e sua esposa saíram do quarto, fingindo estarem chocados e horrorizados. Lady Macbeth até desmaiou. Eles interpretaram tão bem que os seguidores de Duncan decidiram fazer Macbeth, primo do rei morto, o próximo rei da Escócia. Mas, apesar de Macbeth ter escapado do assassinato, ele temia que Banquo fosse o próximo a conspirar pelo o trono. As mulheres estranhas não disseram que Banquo seria o pai de reis? Talvez Banquo estivesse planejando colocar seus filhos no trono no lugar de Macbeth.

Então, Macbeth contratou três assassinos para seguir Banquo em seu passeio matinal e matá-lo. Agora Macbeth estava realmente seguro. Mas quando ele se sentou para jantar, naquela noite, viu o fantasma de Duncan. Ele gritou: *Vá, sombra horrível!* – assustando seus outros convidados, que não viam nada.

Com o passar do tempo, Macbeth e Lady Macbeth se sentiram cada vez mais culpados. Eles tinham pesadelos.

– Nós dormimos na aflição desses terríveis sonhos que nos perturbam todas as noites – queixou-se Macbeth. – Duncan dorme pacificamente em seu túmulo. Ele está melhor do que nós.

E Lady Macbeth começou a andar sonâmbula, esfregando as mãos repetidas vezes como se as lavasse.

– Fora, fora, mancha sangrenta! – Ela sussurrava, até que alguém a acordasse.

Finalmente, Macbeth decidiu encontrar novamente as três mulheres estranhas e perguntar-lhes se seu trono estava seguro. Ele as descobriu em uma caverna, amontoadas ao redor de um caldeirão, cantando:

– Mais dores para a barrela, mais fogo para a panela!

Uma das mulheres, ouvindo Macbeth aproximar-se, disse:

— Meu dedão está coçando, algo maligno vem andando!
E entrou Macbeth.

— Responda-me esta pergunta — disse ele. — Quanto tempo serei rei?

— Até a floresta chegar ao seu castelo — responderam as mulheres.

Mais dores para a barrela, mais fogo para a panela!

— Isso nunca acontecerá! — exclamou Macbeth. — Quem poderia comandar as árvores a arrancar suas raízes da terra? — E ele foi para casa, consolado.

Mas quando ele chegou ao seu portão, viu seus servos chorando.

— Sua senhora está morta! — disseram-lhe.

Lady Macbeth morreu de consciência culpada. E o

pior estava por vir. Os vigias de Macbeth começaram a gritar que podiam ver uma floresta aproximando-se do castelo. Quando Macbeth correu até a parede, ele viu um enorme exército se movendo em direção ao seu castelo, cada homem carregando na frente dele um ramo cortado da floresta para que os defensores do castelo não soubessem exatamente quantos soldados estavam chegando. Os parentes de Duncan estavam na frente do ataque, prontos para lutar pelo trono. Logo o exército vingador invadiu o castelo. Homens armados correram até Macbeth.

Macbeth percebeu que sua vida terminara. Ele gritou:

– Apague, apague, breve vela! A vida é apenas uma sombra ambulante, um pobre ator que se arrasta e desperdiça a sua hora no palco, e depois não é mais ouvido. É uma história contada por um idiota, cheio de som e fúria, significando nada.

E então ele desembainhou a espada, se atirou na batalha, e foi morto.

Macbeth é uma tragédia. No final, Macbeth, Lady Macbeth e vários outros personagens estão todos mortos. Mas a rainha Elizabete provavelmente gostou dessa peça. Afinal, mostrou que um nobre que tramasse trair um governante chegaria a um final ruim.

❖

CAPÍTULO

40

NOVOS EMPREENDIMENTOS PARA AS AMÉRICAS

WALTER RALEIGH E O NOVO MUNDO

Durante o reinado de Elizabete, os espanhóis estavam ocupados construindo um império. Em 1556, Filipe, o príncipe espanhol que se casara com Maria (e que se oferecera para se casar com Elizabete), herdara o trono da Espanha. Ele governava não apenas sobre a própria Espanha, mas sobre partes da Itália e da Europa. E o império da Espanha se estendia até as Américas também. Colonos espanhóis construíram colônias na América Central e do Sul. Agora, os espanhóis estavam começando a se mudar para a América do Norte também. Dois aventureiros espanhóis, Hernando de Soto e Francisco

Vásquez de Coronado, já haviam explorado partes do que hoje são os Estados Unidos. E uma colônia espanhola foi construída na terra que agora pertence à Flórida.

Se os espanhóis dominassem a América do Norte e do Sul, o Império Espanhol se tornaria o maior e mais poderoso do mundo. Elizabete não queria que a Espanha se tornasse mais importante que a Inglaterra. Por isso, deu permissão aos piratas ingleses para atacarem navios espanhóis destinados ao Novo Mundo. E ela começou a planejar expedições inglesas para a América do Norte. A Inglaterra precisava construir suas próprias colônias na América do Norte antes que a Espanha reivindicasse tudo.

Quem ficaria encarregado da tentativa inglesa de explorar a América do Norte? Elizabete decidiu dar essa tarefa a um de seus cavaleiros favoritos, Sir Walter Raleigh.

Walter Raleigh era um homem alto, bonito e de temperamento quente, sempre se envolvendo em brigas e discussões na taverna. Mas ele também era um poeta que jurou devoção eterna à rainha. Uma história nos diz que Raleigh estava andando com a rainha quando os dois chegaram a um lugar lamacento na estrada. Raleigh tirou a capa de veludo, jogou-a na lama com um floreio e convidou a rainha a passar por cima dela.

Esse tipo de comportamento encantou a rainha. Ela deu terra a Raleigh, dinheiro e uma posição especial na corte. E ela lhe que ele poderia organizar a expedição para a América do Norte. Isso significava que Raleigh providenciaria navios, provisões e marinheiros. Em troca, Elizabete prometeu dar a Walter Raleigh muitas terras na América do Norte.

Raleigh tentara chegar à América do Norte antes. Quando era jovem, tinha ido com seu irmão em uma tentativa de

Sir Walter Raleigh

chegar ao Novo Mundo. Mas seus navios nunca chegaram ao oceano. Primeiro, uma frota espanhola os atacou e os levou de volta. E então uma tempestade os forçou a retornar à terra. Mais tarde, o irmão de Raleigh tentou atravessar o Atlântico novamente. Mas sua nau se perdeu no mar, e ele nunca mais foi visto. Desta vez, Elizabete ordenou que Raleigh ficasse na Inglaterra enquanto os navios tentavam chegar à América do Norte. Ela não queria que seu cavaleiro favorito se afogasse ou fosse morto pelos espanhóis.

Em 1584, Raleigh encheu dois navios com provisões e homens e os mandou zarpar. Os marinheiros tinham ordens para explorar a costa da América do Norte, encontrar o melhor lugar para uma colônia se estabelecer e depois retornar. Os navios se foram por mais de um ano – um longo ano para Sir Walter Raleigh. Finalmente, os navios foram avistados no horizonte. Eles haviam retornado em segurança.

Raleigh correu para as docas para ouvir as notícias. Quando os capitães do navio desciam as pranchas, estavam cheios de histórias e entusiasmo. Eles desembarcaram na costa leste da América do Norte e encontraram terras férteis e ricas, perfeitas para o cultivo. Os índios nativos eram amistosos; dois até concordaram em voltar para a Inglaterra nos navios ingleses. Os marinheiros haviam trazido de volta pérolas, peles lindas de animais e duas novas plantas: batatas e tabaco. Eles disseram a Raleigh que os índios colocavam tabaco em cachimbos de barro, acendiam-no e sopravam fumaça de suas bocas. Eles nunca tinham visto ninguém fumar antes.

Raleigh decidiu experimentar este novo tabaco. Uma noite, ele se sentou em seus aposentos, tentando descobrir como seu novo cachimbo funcionava. Ele soprou, tossiu e sufocou. Finalmente, ele conseguiu respirar a fumaça em seus pulmões. Nesse momento, seu criado entrou no quarto. Quando ele viu fumaça saindo do nariz de Raleigh, pensou que Raleigh estava pegando fogo! Gritando por ajuda, o criado pegou um balde de água fria e jogou na cabeça de Raleigh.

Agora Raleigh tinha de encontrar colonos que estivessem dispostos a construir uma nova cidade no Novo Mundo. Logo, 107 homens e mulheres concordaram em ir para a América. Raleigh encheu seus navios com sementes, sal, gado e ferramentas de construção e os mandou embora. Ele lhes disse para nomear sua nova colônia, *Virgínia*, em homenagem a Elizabete, que era conhecida como a *Rainha Virgem*.

Em 1585, os colonos desembarcaram com segurança na Virgínia e começaram a construir casas, cercas e jardins. Mas depois de um ano, imploraram para serem autorizados a voltar para a Inglaterra. Os invernos da Virgínia eram muito rígidos. O solo não era tão fértil quanto os primeiros exploradores lhes haviam dito; eles tinham tão pouca comida que tinham sido forçados a comer seus cães. E os índios estavam ficando cada vez mais hostis. Finalmente, um navio trouxe os infelizes colonos para casa.

Walter Raleigh estava determinado a tentar novamente. Ele enviou outro navio cheio de colonos para a Virgínia, mas essa tentativa falhou também. E nesse meio-tempo, Raleigh começou a ter problemas próprios na Inglaterra. Ele havia se apaixonado por uma das damas de honra de Elizabete, uma linda garota chamada Bess Throckmorton. Mas ele sabia que Elizabete ficaria zangada se descobrisse. Ela queria que Raleigh se dedicasse apenas ao seu serviço. Então ele e Bess

Throckmorton se casaram em segredo, e Bess continuou vivendo no palácio.

Mas então Bess descobriu que ela teria um bebê. Quando a rainha descobriu o que havia acontecido, prendeu os dois e os jogou na Torre de Londres. Ela não gostava de segredos em sua corte.

Depois de um mês, Elizabete deixou os dois prisioneiros saírem. Mas ela os baniu de sua corte e pediu que fossem embora, para o interior da Inglaterra. No ano seguinte à sua libertação, Raleigh escreveu um poema que começava assim:

"Como sonhos sem sentido, minhas alegrias acabaram." E continuava: "Minhas delícias perdidas... me deixaram sozinho de maneiras desconhecidas...". Os dias de Walter Raleigh como o favorito da rainha haviam acabado.

Embora Raleigh tenha vivido por muitos anos e tenha tido muitas aventuras, sua história termina com tristeza. Ele nunca enviou outra expedição para a América do Norte. Quando Elizabete morreu, ainda não havia colônia inglesa no Novo Mundo. E o rei que herdou seu trono acusou Raleigh de traição e o jogou na Torre de Londres por doze anos. Finalmente, o rei deixou Raleigh sair e disse-lhe que ele poderia ir livre, desde que ele fosse para a América do Sul e encontrasse ouro para a Inglaterra. Raleigh tentou, mas ao voltar de mãos vazias, foi decapitado.

A COLÔNIA PERDIDA

Você se lembra dos primeiros colonos da Virgínia, que ficaram tão famintos que imploraram para voltar para casa? Eles haviam se estabelecido em uma ilha chamada Ilha Roanoke. (Hoje, essa ilha faz parte da Carolina do Norte.) Tempestades marítimas geralmente sopravam pela ilha, e os nativos americanos começaram a ameaçar os colonos ingleses. Assim, quando os colonos voltaram para a Inglaterra, deixaram quinze soldados para trás para proteger sua pequena cidade.

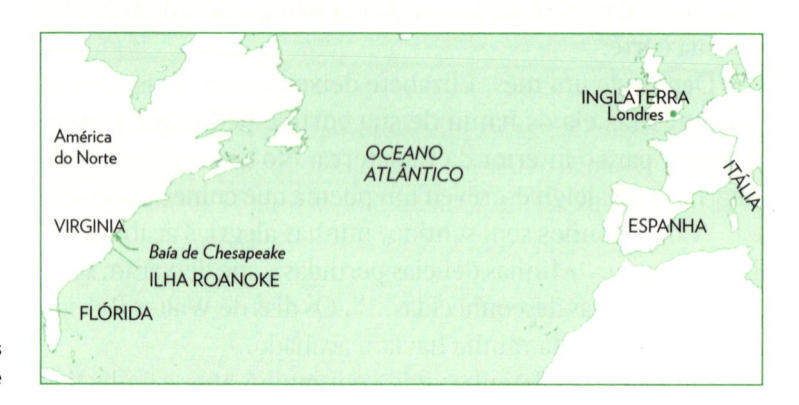

Assentamentos ingleses na América do Norte

Quando o segundo bando de colonizadores de Raleigh partiu para a Virgínia, eles decidiram abandonar a Ilha Roanoke. Em vez disso, planejaram desembarcar mais ao norte, perto da Baía de Chesapeake. Mas eles convenceram o comandante de seus navios a parar na Ilha Roanoke para pegar os quinze soldados que ficaram para trás. Os navios ancoraram nas proximidades e os colonos remaram para a ilha em pequenos barcos. Mas os quinze soldados haviam desaparecido! O assentamento estava deserto, as casas cobertas de vinhas e ervas daninhas. Veados vagueavam pela aldeia, enfiando a cabeça nas janelas. Os colonos procuraram, mas encontraram apenas o esqueleto de um único soldado.

– Todos eles foram mortos pelos índios! – os colonos murmuraram. – Vamos sair daqui!

Mas o comandante que estava no comando dos navios dos colonos estava cansado de ter os colonos a bordo. Eles ficavam enjoados o tempo todo, e eles se queixavam do quão desconfortáveis eram os navios. E o comandante já havia discutido com John White, o líder da colônia. Então ele ordenou que os navios deixassem os colonos na Ilha Roanoke e voltassem para a Inglaterra.

Os colonos ficaram horrorizados. Eles tinham apenas alguns barcos, então não poderiam sair da ilha. Era julho na Virgínia, e estava quente e muito abafado. Havia insetos por toda parte, e o assentamento caía aos pedaços ao redor deles.

Mas os colonos fizeram o melhor que puderam. Eles limparam as casas abandonadas e cercaram os jardins abandonados. Tentaram fazer amizade com os nativos americanos novamente, e, por um tempo, os nativos americanos amistosos os ajudaram a pescar e cultivar milho e feijão. Menos de um mês depois de os colonos ficarem presos em Roanoke, a filha de John White, Eleanor, teve uma menina. Ela e o marido, Ananias Dare, deram o nome de Virginia à garotinha. Virginia Dare foi o primeiro bebê inglês nascido no Novo Mundo. Por um tempo, parecia que a colônia da Ilha Roanoke poderia sobreviver.

Mas então os colonos atacaram um grupo de nativos americanos amistosos porque achavam que os nativos americanos eram perigosos. Eles estavam errados. Mas depois desse erro desastroso, os índios se recusaram a ajudar os colonos a encontrar mais comida. Os colonos tinham medo de morrer de fome quando o inverno chegasse.

Então a colônia votou para enviar John White de volta à Inglaterra em um dos pequenos barcos. Se conseguisse voltar vivo, poderia conseguir ajuda: comida, suprimentos e mais navios. Se ele fosse embora imediatamente, talvez pudesse voltar antes que o inverno acabasse. Então os colonos poderiam ir para a Baía de Chesapeake, como haviam planejado originalmente.

John White não queria deixar sua filha e neta na Ilha de Roanoke. Mas os outros colonos insistiram. Assim, em 1587, John White iniciou a longa e difícil jornada de volta pelo Oceano Atlântico. Três meses depois, ele chegou em Londres. Imediatamente, ele pediu para ver Sir Walter Raleigh e contou ao grande homem o que havia acontecido.

Raleigh começou a juntar suprimentos e navios para ajudar os colonos. Mas seus esforços demoraram. O inverno chegou lentamente. Finalmente, no início da primavera, os navios estavam prontos para navegar. John White só podia esperar que os colonos tivessem sobrevivido ao inverno.

Mas então o desastre aconteceu. Inglaterra e Espanha declararam guerra entre si. Navios espanhóis navegavam para cima e para baixo no Atlântico, ameaçando qualquer navio inglês que passasse. E a rainha Elizabete tomou os navios de Raleigh para ajudar a combater os espanhóis. John White não pôde voltar para sua colônia por mais três anos!

Finalmente, ele implorou para ser levado a bordo de um navio de guerra que estava indo para a América do Sul para atacar colônias espanholas. John White passou meses neste navio, esperando que ele seguisse para o norte. Finalmente, o navio subiu até a costa da Virgínia, até a Ilha de Roanoke.

John White esperava ser recebido pelos colonos na costa. Mas a ilha estava vazia e deserta. Ele caminhou cautelosamente ao longo dos caminhos cheios de mato, em direção ao assentamento. Mas ao chegar lá, encontrou apenas jardins cheios de ervas daninhas e as fundações das casas. A madeira, as janelas e as portas tinham desaparecido completamente. A colônia havia desaparecido.

John White estava frenético de preocupação. Mas ele não viu sinais de luta, nem ossos ou corpos. E, como não havia ruínas, parecia claro que os colonos haviam derrubado as casas e se mudado para outro lugar. Se planejassem construir um novo assentamento, precisariam dos materiais de suas antigas casas. Mas onde eles estavam?

John White vasculhou toda a ilha. Ele havia dito aos colonos para esculpir uma cruz em uma árvore, se eles começassem a ter problemas, para servir como uma mensagem. Mas não havia cruz em qualquer lugar. Por fim, ele encontrou sua única pista: a palavra *Croatoan*, entalhada no tronco grosso de uma árvore na borda do assentamento. Talvez os colonos tivessem ido para a Ilha Croatoan, usando seus pequenos barcos para atravessar a água, alguns de cada vez. Mas a Ilha Croatoan era pequena demais para toda a colônia, e quando seu navio passou por lá poucos dias antes, ele não tinha visto nenhum sinal de vida.

Ainda assim, John White planejava ir procurar na Ilha Croatoan. Mas quando seu navio partiu para a ilha, um furacão eclodiu do sul e quase afogou todos a bordo. Durante dias, vento e chuva açoitaram o navio, que quase afundou. Quando o vento finalmente cessou, o capitão insistiu em voltar imediatamente para a Inglaterra.

De volta à Inglaterra, John White tentou convencer Walter Raleigh a enviar outra expedição para descobrir o que havia acontecido. Mas Raleigh não conseguiu encontrar ninguém disposto a ir. Demorou vinte anos para que outro inglês pusesse os pés na Ilha de Roanoke. Mas os vestígios do assentamento já estavam desaparecendo e a Ilha Croatoan estava vazia.

Muitos anos depois, outros colonos ingleses ouviram histórias diferentes das tribos próximas à Ilha de Roanoke. Alguns disseram que os colonos haviam sido mortos (embora nenhum corpo tivesse sido encontrado). Outros alegaram que tinham ido morar com nativos americanos próximos. Começaram os rumores de que uma criança de cabelos loiros havia sido vista morando com uma tribo perto da Baía de Chesapeake. Mas ninguém jamais resolveu esse mistério com certeza. A *Colônia Perdida* sempre será um mistério.

❖

CAPÍTULO

41

EXPLORAÇÕES NO NORTE

A TERRA NOVA

Depois que Colombo e Américo Vespúcio atravessaram o Atlântico, outros europeus os seguiram. Os espanhóis e portugueses formaram suas colônias na América Central e do Sul. Os ingleses fizeram o melhor que puderam para se estabelecer na Virgínia. E mais ao norte da América do Norte, outra colônia começou a se formar na Ilha de Terra Nova. Essa colônia não era espanhola, portuguesa ou inglesa. Estava cheia de colonos de várias nações diferentes! Tinha muitos nomes diferentes, em muitas línguas diferentes, mas como no inglês *New-found-land*, esses nomes todos significam *nova terra descoberta*. Hoje, Terra Nova é parte do Canadá.

Terra Nova

A colônia de Terra Nova (que muitas vezes era conhecida por seu nome francês, Terre-Neuve) começou quando um comerciante chamado John Cabot partiu da Inglaterra para o norte e esbarrou na costa norte-americana. John Cabot era um pouco como as pessoas que o seguiriam até Terra Nova, ele era de vários países diferentes. Ele nasceu na Itália, tentou viver na Espanha e depois foi para a Inglaterra. Lá, ele convenceu os ingleses a ajudá-lo a pagar por uma jornada de exploração. Como Colombo, John Cabot queria encontrar uma maneira rápida de chegar à Índia. Ele pensou que, se navegasse para o norte, poderia encontrar a rota mais rápida possível para o leste.

No ano de 1497, cinco anos após Colombo desembarcar na América, John Cabot iniciou sua própria jornada pelo Atlântico Norte. Ele tinha apenas vinte homens e um único pequeno navio, o Matthew. Mas sua jornada foi ainda menor do que ele esperava. Em apenas algumas semanas, Cabot avistou terra à sua frente. Uma ilha, rochosa e envolta em nevoeiro, erguia-se do oceano. Cabot navegou pelas margens da ilha e descobriu que, além dela, havia uma imensa massa de terra. Ele podia vislumbrar prados relvados além das praias. Riachos prateados escorriam pelos prados até o mar.

Enquanto o navio de Cabot percorria essa nova costa, seus homens se inclinaram sobre a amurada do navio, com a boca aberta de espanto. A água estava cheia de peixes grandes, saltando ao redor da proa do navio.

– Rápido! – disse um deles. – Abaixe uma cesta.

Eles amarraram uma corda a uma cesta de vime próxima e a arrastaram pela água ao lado do navio. Quando a puxaram, estava cheia de bacalhau, perfeito para comer. Essa foi a pesca mais fácil que já tinham feito.

John Cabot ancorou seu navio, pulou na terra e anunciou:

– Eu reivindico esta terra para a Inglaterra!

Então ele voltou para a Inglaterra e relatou:

– Eu encontrei o caminho mais curto para a costa nordeste da Ásia. Há tantos peixes na água que os pescadores da Inglaterra poderiam alimentar o país inteiro. Agora quero voltar com mais navios e procurar as especiarias do oriente.

Claro, John Cabot não tinha alcançado a Ásia. Ele havia desembarcado na parte norte da América do Norte. Mas ele tinha certeza de que havia realizado seu objetivo. Na primavera seguinte, ele deixou a Inglaterra com cinco navios, pronto para terminar sua jornada para o leste.

Uma estátua de John Cabot encontrada em Terra Nova

Meses depois, um dos navios navegou de volta à Inglaterra, açoitado pelas tempestades. Nunca chegara à América do Norte. Os ventos o haviam desviado do curso e seu capitão decidira desistir da jornada. John Cabot e os outros quatro navios haviam desaparecido por completo. Ninguém jamais viu ou ouviu falar deles novamente.

Provavelmente os navios afundaram no Atlântico Norte. Mas mesmo que Cabot nunca tenha voltado para sua Terra Nova, pescadores ingleses ouviram histórias sobre os cardumes de peixes na terra recém-descoberta de Cabot. Eles partiram com seus próprios barcos para seguir a rota de John Cabot.

Quando esses pescadores voltaram com os porões de seus navios cheios de peixes, a notícia se espalhou rapidamente. Outros pescadores da França, Espanha, Portugal e outros países europeus os seguiram. Eles pescavam ao redor da Ilha de Terra Nova e até se aventuravam nos rios que atravessavam a vasta extensão de terra que ficava logo depois da ilha. Muitos pescadores construíram cabanas na Ilha de Terra Nova e por lá ficaram durante todo o verão. Eles construíram plataformas de madeira chamadas flocos onde salgavam e secavam o peixe para que suas capturas não estragassem. Pequenas aldeias de pescadores surgiram em torno do melhor porto de Terra Nova. Comerciantes chegavam à Terra Nova para vender comida, cordas, ganchos de ferro e arpões, roupas, sapatos e remédios para os pescadores. Esse assentamento de pesca ficou conhecido como St. John's. Foi a primeira colônia europeia no país que agora chamamos de Canadá.

Mas a colônia de St. John não era exatamente como as outras colônias na América do Norte e do Sul. Os pescadores que viviam em St. John's só ficaram em sua colônia durante a primavera e o verão. Quando as brisas que sopravam através da ilha começavam a esfriar, os colonos de St. John's começavam a empacotar seus peixes, suas ferramentas e roupas, e todos os seus equipamentos de pesca em seus navios para a viagem de volta para casa. Ninguém tentava ficar durante todo o inverno na Ilha de Terra Nova! Ventos gelados sopravam em St. John's, sugando o calor das pequenas cabanas de madeira. Névoa descia sobre o assentamento, tão espessa que um colono não conseguia ver outro do outro lado da rua. A neve cobria as casas, os flocos e as lojas dos mercadores. As noites ficavam cada vez mais longas. Tempestades enormes e imprevisíveis desciam do norte e cobriam a ilha, atacando os portos e as praias. Blocos de gelo se formavam nas águas ao redor de Terra Nova. Navios ainda ancorados na costa de Terra Nova ficariam congelados na água.

St. John's era um lugar fantástico para pescar, mas não para viver. Por muitos anos, ninguém ficaria nesta ilha do norte durante o ano todo. O primeiro assentamento no Canadá continuaria sendo uma colônia de clima quente.

AS DESCOBERTAS DE JACQUES CARTIER

Espanha, Portugal e Inglaterra estavam construindo colônias nas Américas. O rei da França decidiu que ele não queria ficar de fora. Quando soube das águas cheias de peixes ao redor de Terra Nova, ordenou que um explorador francês chamado Jacques Cartier fosse descobrir mais sobre essa nova terra.

Em 1534, Jacques Cartier partiu para reivindicar um pouco da *Nova Terra* para a França. Mas Cartier também tinha outro plano em mente: ainda queria encontrar um caminho para a China. Ele esperava poder navegar pelo norte do Oceano Atlântico, encontrar um rio que cortasse todo o continente da América do Norte, sair do outro lado e depois navegar diretamente para a costa chinesa.

Cartier teve um bom começo para sua aventura. Sua jornada para a América do Norte levou menos de três semanas. Quando chegou à Terra Nova, navegou pela ilha e desenhou um mapa dela. Então ele explorou e mapeou as ilhas menores próximas. Agora era hora de procurar o rio que cruzaria todo o continente.

Cartier passou pela Terra Nova e entrou nas águas que agora chamamos de Golfo de São Lourenço. Ele descobriu que essas águas terminavam em um rio que parecia ir direto para a América do Norte. Poderia esse ser o rio que fluía pelo continente? Talvez fosse.

Mas antes que Cartier pudesse explorar esse rio, ele teve de fazer amizade com os nativos americanos que moravam nas proximidades. Ele não queria navegar pelo seu rio recém-descoberto com tribos hostis em ambas as margens, pronto para atacá-lo assim que desembarcasse.

Então Cartier e seus homens desembarcaram na costa norte-americana e fizeram amizade com as pessoas que moravam lá, os micmacs. Os micmacs aprenderam a sobreviver aos invernos frios do norte. Eles viviam em *wigwams*, cabanas em forma de cone feitas de peles de animais estendidas sobre postes de madeira. Essas cabanas podiam ser desmontadas e movidas. Assim, durante os verões quentes, os micmacs mudavam suas aldeias para a costa, onde pescavam e nadavam nas águas. No outono, quando o vento começava a esfriar, os micmacs desmontavam seus wigwams e voltaram para a floresta densa, longe do oceano. Ali, as árvores os protegiam dos ventos frios do norte.

Quando Cartier perguntou aos micmacs *Como essa terra é chamada?*, eles acharam que ele estava perguntando a eles o nome de seu pequeno assentamento de verão na costa.

– Nós chamamos de *a aldeia*! – responderam-lhe.

Na língua micmac, *a aldeia* soa como *Canadá*. Então Cartier chamou toda a vasta extensão de terra perante si de *Canadá*. Nós ainda a chamamos de Canadá hoje.

Como Cartier explorou a terra micmac, ele conheceu um grupo de caça de outra tribo que vivia mais longe, ao longo do rio que Cartier esperava que o levasse para a China. Esta tribo era chamada de hurons. O chefe deles, Donnacona, e seus dois filhos faziam parte do grupo de caça. Quando eles descreveram sua casa para Cartier, ele queria navegar pelo rio imediatamente para vê-la!

Mas o inverno estava chegando e Cartier sabia que seus homens poderiam não sobreviver ao frio canadense. Decidiu, com relutância, que voltariam para a França e retornariam para ali na primavera. Mas ele queria mostrar suas novas descobertas ao rei francês. Então ele perguntou a Donnacona:

– Posso levar seus filhos de volta para a França comigo?

Donnacona não queria que seus dois filhos desaparecessem nas águas misteriosas além da Terra Nova. Mas finalmente ele concordou em deixar seus filhos irem embora. Eles se despediram do pai e embarcaram no navio de Cartier, que partiu e desapareceu no horizonte.

Donnacona esperou e esperou. Um ano inteiro passou sem sinal de seus garotos. Seus filhos voltariam?

Finalmente, Donnacona ouviu relatos de que os estrangeiros haviam desembarcado novamente na costa do Canadá. Ele reuniu um grupo de guerreiros com ele e correu em direção aos navios. Quando os hurons chegaram, viram Cartier e seus homens preparando-se para viajar pelo Canadá ao longo do rio. E eles também viram os filhos de Donnacona. Eles estavam mais altos e fortes.

– Os franceses querem navegar rio abaixo, em direção a nossa terra natal – disseram ao pai.

Donnacona ficou grato por ter seus filhos de volta. Ele deu boas-vindas a Cartier e tratou-o como um amigo. Então Cartier e seus homens começaram sua jornada pelo rio, que agora chamamos de Rio São Lourenço. Eles navegaram cada vez mais abaixo do Rio São Lourenço, cada vez mais perto da terra dos hurons. E logo Donnacona começou a ficar nervoso. Até onde esses estranhos iriam? O que eles fariam ao povo huroniano quando desembarcassem? Quando Cartier desembarcou na vila dos hurons, onde Donnacona vivia, e anunciou *Eu reivindico esta terra para a França!*, Donnacona concluiu que eles tinham ido longe demais.

– Não mais – ele ordenou. – Eu sou o rei desta terra, e eu ordeno que você pare aqui.

E havia três dos sacerdotes de Donnacona, ou *curandeiros*, vestidos como demônios para assustar Cartier.

– Não siga além! – eles avisaram. – Ou o desastre cairá sobre você.

Cartier ignorou Donnacona e seus sacerdotes. Ele embarcou em seus navios novamente e continuou. Mas logo o rio começou a ficar mais raso e estreito. Cartier observou as costas nervosamente. Se o São Lourenço fosse até o Pacífico, ele se tornaria mais amplo e profundo novamente! Em pouco tempo, Cartier viu as corredeiras à frente – locais no rio onde o fundo é tão raso que enormes rochas projetam-se no ar através da água. A água borbulhava e espumava ao redor dessas pedras. Cartier sabia que o rio estava chegando ao fim. O São Lourenço não o levaria para a China.

Mas ele não queria voltar para a França de mãos vazias. E ele ouviu os hurons contarem histórias sobre uma terra rica cheia de ouro e joias, mais ao norte. Então Cartier voltou para a aldeia de Donnacona e sequestrou o rei dos hurons. Ele o levou de volta para a França para contar essas histórias de tesouros ao rei francês. Donnacona morreu na França sem nunca mais ver seu país natal.

Quando o rei francês ouviu as histórias de uma rica e misteriosa terra do norte, ele enviou Cartier de volta para uma terceira viagem. Desta vez, Cartier encontrou outro rio, cheio de pedras cintilantes ao longo de suas margens. Ele tinha certeza de ter descoberto a terra das joias.

Mas quando ele chegou na França com seu barco de *tesouro*, os franceses riram dele. As pedras eram inúteis, quartzo comum. E as histórias dos hurons acabaram se tornando contos de fadas.

Cartier, repugnado, nunca mais voltou ao Canadá. Mas suas viagens ao Canadá mostraram a outros exploradores e comerciantes que havia muito mais terra para descobrir além do Golfo de São Lourenço. Logo os comerciantes canadenses estavam fazendo viagens regulares ao Canadá, negociando com os índios peles luxuosas e outros bens. Setenta anos depois, os franceses estabeleceram a primeira colônia anual no Canadá. Hoje, muitas pessoas que moram no Canadá falam francês, por causa dos colonos de língua francesa que vieram morar nessa nova terra.

❖

CAPÍTULO

42

IMPÉRIOS COLIDEM

A GUERRA ENTRE ESPANHA E INGLATERRA

Agora, quatro países reivindicaram terras nas Américas. A França reivindicou parte do Canadá. Inglaterra reivindicou a costa do que é agora os Estados Unidos. Portugal tinha colônias ao longo da costa da América do Sul.

Mas a Espanha tinha mais assentamentos nas Américas do que qualquer outro povo. Cidades espanholas foram construídas por toda a América do Sul e América Central. Exploradores espanhóis já haviam viajado pela América do Norte. Um aventureiro, chamado Hernando de Soto, explorou o Rio Mississippi. Outro explorador, Francisco Vásquez de Coronado, descobriu o Grand Canyon. Enquanto ingleses e franceses lutavam para construir pequenas aldeias na América do Norte, a Espanha estava construindo um enorme império. A Espanha era tão grande e poderosa que se chamava *Senhora do Mundo e Rainha do Oceano*.

Mas a Espanha tinha um problema: os aventureiros ingleses ficavam sempre no caminho. E logo esse problema levaria a uma das batalhas navais mais famosas de todos os tempos.

Espanha e Inglaterra

Filipe, o rei da Espanha, fora o rei da Inglaterra. Você se lembra dele? Quando ele ainda era apenas um príncipe, casou-se com a irmã mais velha de Elizabete, Maria, e se tornou rei da Inglaterra. Dois anos depois, Filipe também herdou o trono da Espanha. Por um breve período, Filipe foi rei da Inglaterra e rei da Espanha.

Mas então Maria morreu. Elizabete herdou a coroa inglesa. E Filipe perdeu o título de *rei da Inglaterra*. Ele se ofereceu para casar com Elizabete para recuperar o trono, mas quando ela disse não, Filipe percebeu que ele teria de aprender a viver sem sua coroa inglesa.

Filipe não precisava de uma coroa inglesa. Seu império era grande o suficiente – tanto que ele já estava tendo problemas para governá-lo corretamente. Mas Filipe ficou cada vez mais irritado com os navios ingleses que insistiam em navegar nas águas espanholas. Comerciantes ingleses estavam ganhando dinheiro vendendo escravos para as Índias Ocidentais. Exploradores ingleses tentavam estabelecer terras na América do Norte que Filipe queria para si. E, às vezes, navios ingleses detinham navios espanhóis carregados de ouro e os roubavam. Finalmente, Filipe enviou a Elizabete uma mensagem:

"Mantenha seus navios ingleses longe das águas espanholas ou a Espanha declarará guerra à Inglaterra!"

Elizabete não queria arriscar uma guerra com a Espanha. Ela não tinha certeza se a Inglaterra era forte o suficiente para derrotar os espanhóis. Então enviou a Filipe uma mensagem pacífica e humilde em troca. Ela prometeu que os ingleses deixariam o território espanhol e os navios espanhóis em paz.

Mas secretamente, Elizabete deu permissão aos marinheiros para continuarem roubando os espanhóis. Os piratas ingleses sabiam que podiam roubar o tesouro espanhol e afundar navios espanhóis sem medo de punição da rainha. Enquanto isso, Elizabete continuou enviando navios ingleses em jornadas de exploração. A Inglaterra ficou cada vez mais rica, cada vez mais forte.

Logo Filipe percebeu que a promessa de Elizabete tinha sido uma grande mentira. Decidiu que era hora de provar, de uma vez por todas, que a Espanha – não a Inglaterra – era o país mais poderoso do mundo.

Filipe começou a construir a maior frota de navios de guerra de todos os tempos. Construtores navais trabalhavam em enormes galeras (navios de guerra remados por remadores na barriga do navio) e galeões (enormes navios a vela, cheios de homens e suprimentos). Filipe planejava esmagar a marinha inglesa com esses enormes navios. Então eles poderiam desembarcar seus soldados nas costas da Inglaterra. Navios menores e mais rápidos também foram construídos; Filipe planejava enviar esses navios para o interior, pelos rios da Inglaterra. Uma vez que a Inglaterra estivesse cheia de soldados espanhóis, Filipe poderia forçar a Inglaterra a ficar fora do Novo Mundo.

E Filipe tinha outro motivo para invadir a Inglaterra. Filipe era um rei católico e sabia que os católicos não podiam rezar abertamente na Inglaterra. Depois de conquistar a Inglaterra, ele planejava tornar a Inglaterra um país católico novamente. Ele acreditava que sua conquista da Inglaterra seria um grande serviço para Deus!

Finalmente, Filipe reuniu mais de 130 navios em um grande exército flutuante chamado Armada Espanhola. Quando a Armada estava pronta para navegar para a Inglaterra, os comandantes espanhóis deram ordens muito estritas aos seus soldados. Eles deveriam agir de maneira cristã em todos os momentos. Padres católicos acompanhavam todos os navios e realizavam serviços religiosos a bordo. Todos os marinheiros deveriam comparecer! E os soldados não podiam xingar, mesmo enquanto lutavam. Filipe queria que sua Armada fosse um exército sagrado, tomando a Inglaterra de volta para a Igreja Católica.

Enquanto isso, os ingleses estavam se preparando freneticamente para a invasão! A rainha Elizabete colocou seu primo, Lorde Howard, no comando da marinha inglesa, mas ela fez com que seu marinheiro mais experiente, Sir Francis Drake, fosse o segundo no comando. A princípio, Howard e Drake decidiram que os navios ingleses deveriam navegar para o sul e atacar a Armada Espanhola antes que ela pudesse sair do porto espanhol. Mas fortes ventos sopraram a marinha inglesa de volta ao norte. Os navios ancoraram em Plymouth, na costa sul da Inglaterra, e esperaram pela Armada.

Rei Filipe construiu a Armada Espanhola

A enorme frota de Filipe navegou lentamente para o norte. Finalmente, um pequeno navio inglês vigiando no Canal da Mancha vislumbrou os mastros de galeões espanhóis no horizonte. Seu capitão disparou de volta ao Porto de Plymouth, saltou de seu navio e correu para encontrar os comandantes da frota.

Sir Howard e Sir Francis Drake estavam fazendo um amistoso jogo de boliche no gramado, em um campo perto do porto. Drake estava se preparando para aremessar sua bola quando o capitão chegou.

– Sir Francis! – o capitão ofegou. – Venha já! Os espanhóis estão à vista!

Sir Francis Drake apontou a bola na grama lisa.

– Não se preocupe – disse ele. – Há muito tempo de sobra para terminar o jogo e vencer os espanhóis também.

Mas Drake e Howard não gastaram muito tempo terminando seu jogo. Eles ordenaram que os navios ingleses navegassem até o Canal da Mancha e esperassem a Armada Espanhola por lá. Quando os navios espanhóis chegaram, encontraram a marinha inglesa pronta para lutar. A batalha pela Inglaterra estava prestes a começar.

Os navios espanhóis eram enormes e cheios de soldados, porque os espanhóis planejavam ganhar *agarrando e embarcando*. Um navio espanhol navegava ao lado de um navio inglês, jogava ganchos no convés e puxava os dois navios juntos. Então soldados espanhóis viriam para o navio inglês e assumiriam o controle. Mas os ingleses tinham uma estratégia diferente em mente. Seus navios eram pequenos e rápidos, com armas ao longo de cada lado. Em vez de embarcar nos navios espanhóis, os ingleses só tentaram atirar neles e fazer vários buracos para que não pudessem mais lutar.

A estratégia inglesa funcionou. Embora a marinha espanhola fosse duas vezes maior, os ingleses venceram. Setenta navios espanhóis foram destruídos. Vinte mil soldados espanhóis foram mortos. A Espanha, a *Senhora dos Mares*, fora derrotada em uma batalha no mar.

A derrota da Armada Espanhola aconteceu em 1588 e mudou a Espanha e a Inglaterra para sempre. A Espanha continuaria a ser um país poderoso, mas nunca seria tão forte novamente. A partir de então, o Império Inglês começaria a crescer. Logo a Inglaterra, não a Espanha, governaria um império que se estenderia por todo o mundo.

O MUNDO NO FINAL DO SÉCULO XVI

No começo deste livro, você fingiu estar montando em um tapete voador que o levou por todo o Império Romano. Os romanos pensavam que eles governavam o mundo inteiro. Eles nem sabiam sobre a América do Norte e do Sul, ou sobre a Austrália ou Nova Zelândia, ou sobre o Japão. Seu tapete voador não levou você a nenhum desses países. Talvez fosse um tapete romano e não soubesse mais que isso!

A Armada Espanhola tentou invadir a Inglaterra 1.100 anos após a queda de Roma. Nesses 1.100 anos, o mundo mudou. Parece muito diferente do que nos dias do antigo Império Romano. Então vamos fazer outra pequena viagem ao redor do mundo e ver o quão diferente ficou.

Mas você não precisará mais de um tapete voador. Você pode embarcar em um veleiro rápido e navegar ao redor do mundo por mar.

Vamos zarpar de Plymouth, onde a marinha inglesa acabou de derrotar os espanhóis. Um bom vento pega suas velas e manda você para o sul. Ao passar pela França, você atravessa o caminho de um navio mercante para a América do Norte. Seu dono espera obter peles luxuosas e macias dos nativos americanos do Canadá e trazê-las de volta para as francesas vestirem! Enquanto você continua para o sul, você também passa por um grupo de navios espanhóis derrotados, navegando de volta ao porto depois de sua humilhante derrota pela Inglaterra. Os marinheiros estão bombeando água para fora dos porões dos navios. Os galeões espanhóis estão vazando, porque a marinha inglesa os esburacou com tiros.

Você poderia virar para o leste agora e navegar através do Estreito de Gibraltar, para o Mar Mediterrâneo. Mas você decide continuar navegando pela costa da África. Você sabe que pode navegar pelo extremo sul da África e virar para a Índia, o Vasco da Gama já o fez quase cem anos antes.

Ao navegar pela costa da África, você vê navios portugueses, espanhóis e ingleses ancorados nos portos africanos. Alguns desses navios estão carregando ouro. Alguns estão enchendo seus porões com marfim. Mas você também ouve lamentos e choro. Cativos africanos estão sendo conduzidos em navios negreiros para começar a longa viagem através do Atlântico. Eles trabalharão no Novo Mundo e nunca mais voltarão para casa.

Você segue na sua rota ao sul. Logo os navios mercantes estão atrás de você. A costa da África Austral é larga, verde e misteriosa. Passando pela costa, no coração do continente africano, tribos vagam pelas pastagens e florestas, caçando e pescando. Você não sabe muito sobre essas tribos; o resto do mundo ainda não explorou o centro da África!

Você contorna a ponta da África, o Cabo da Boa Esperança, e vai para o norte. Agora você está no Oceano Índico. E depois de centenas de quilômetros de oceano terem passado por baixo do seu navio, você vê a Península Arábica à sua frente. O Império Otomano, que capturou Constantinopla e mudou seu nome para Istambul, governou grande parte da Arábia – até poucos anos atrás, quando seu grande imperador Solimão, o Magnífico, morreu. Agora o Império Otomano está começando a encolher, e seu povo está lançando um olhar cauteloso para o leste, para os persas que vivem entre a Arábia e a Índia. Parece que a guerra pode irromper entre os persas e os otomanos. Você não quer se deparar com nenhuma luta, então você fica em segurança no mar. Você dirige seu navio para o leste, e logo verá a costa da Índia.

Você não está mais sozinho. Outros navios também se dirigem para portos indianos. Navios portugueses, espanhóis e ingleses esperam fazer comércio em troca de especiarias indianas. A Índia, governada por um forte imperador mogol, está em paz; hindus e muçulmanos vivem lado a lado, e o país inteiro prospera por causa do comércio com a Europa. Você está levemente tentado a ancorar e ir à praia, a ver os belos edifícios indianos e a cheirar o rico aroma de especiarias nos portos, mas você decide continuar.

Você segue o seu caminho cuidadosamente pelo labirinto de ilhas no Mar do Sul da China. Ao sul fica a imensa ilha da Austrália, onde os nômades aborígenes caçam cangurus, escavam rãs de água do solo e contam suas histórias da dimensão do sonho. Ainda mais ao sul ficam as ilhas menores da Nova Zelândia, onde os maoris navegam as águas costeiras em suas canoas de pesca. Mas os exploradores ainda não chegaram a essas ilhas e, assim, você vira para o norte, em direção à China, e navega ao longo da costa leste desse país enorme e misterioso. Uma vez, a China tinha seus próprios navios e negociava com o mundo exterior. Mas agora a Dinastia Ming governa a China. Os imperadores ming proibiram os marinheiros de entrar no oceano. Eles construíram um palácio secreto no centro da capital da China, onde vive o imperador, longe dos olhos estrangeiros. Você gostaria de desembarcar e explorar, mas tem medo de não ser bem-vindo.

Então você navega. Ao norte, estão as ilhas do Japão, onde os samurais estão lutando entre si pelo controle de seu país. O imperador não é forte o suficiente para impedi-los. O famoso guerreiro samurai Oda Nobunaga acaba de capturar a capital do Japão. Por enquanto, ele é o líder mais forte de lá.

Você vira a nau para a direita e vai para o leste novamente, para o Oceano Pacífico. Você sabe que desde que a Terra é redonda, você acabará encontrando a costa oeste da América do Norte. E depois de meses de viagem, a terra finalmente aparece. Ainda não há colônias nessa costa, mas quando você vira e navega para o sul, descendo ao longo da costa da América Central, começa a ver os assentamentos espanhóis onde as cidades astecas existiram. Passando pela América Central, ao longo da costa sul-americana, você vê as ruínas dos templos incas e as amplas estradas incas, no alto das montanhas que se erguem das praias da América do Sul. O vento fica mais forte. Você está chegando ao extremo sul da América do Sul.

Você pode pegar um atalho pelo Estreito de Magalhães, mas tem medo de que seu navio encalhe naquela água rápida e irregular. Então você vai até o Cabo Horn, navega e volta para o norte. Agora você começa a ver os assentamentos portugueses e precisa sair rapidamente do caminho quando um navio português navega à sua esquerda, atirando em um navio espanhol se aproximando à sua direita. Os portugueses e espanhóis ainda estão discutindo sobre a terra sul-americana!

Então, você navega pela parte mais ampla da América do Sul e sobe pelo Caribe, em direção à América do Norte. As colônias espanholas pontilham a Flórida, mas à medida que você continua velejando para o norte ao longo da costa, a terra se torna mais selvagem. Você vislumbra um grupo de caça de nativos americanos, silenciosamente perseguindo uma manada de veados, mas quando eles veem sua nau eles desaparecem na floresta. Ao chegar ao meio do continente, você passa por uma ilha varrida pelo vento, um pouco distante da costa. Um par de tábuas encharcadas de água encontra-se na praia. Quando você comprime os olhos, consegue ver as ruínas de uma cerca, com veados pastando alegremente por entre as melancias que crescem em um antigo jardim, coberto de ervas daninhas. Os restos da Colônia Perdida ainda estão na Ilha Roanoke.

Você desliza pela costa, sentindo o ar ficar mais frio. No extremo norte, você vê uma ilha à sua frente, com um agitado assentamento de pesca em suas margens. Navios de pesca franceses, ingleses, portugueses, italianos, espanhóis e holandeses circundam a ilha, arrastando redes de pesca atrás. A fumaça sobe das chaminés de dezenas de pequenas casas. Os peixes de secagem encontram-se em suportes ao longo da costa. É o auge da temporada de pesca em Terra Nova e a colônia de St. John's está ocupada. No outono, os navios terão desaparecido e a ilha estará vazia.

É hora de voltar para o leste mais uma vez e navegar de volta para a Inglaterra, onde você começou sua viagem. Você conseguiu fazer uma viagem ao redor do mundo e voltar novamente.

❖

APÊNDICE 1

Datas no Volume 2
A fim de manter a narrativa coerente, em alguns momentos contei a história de uma cultura ou um país antes de voltar no tempo para começar outra história.

Ano	Evento	Capítulo
200	(a.C./EC) Início das Grutas de Ajanta	5
70	(AD/EC) O templo em Jerusalém é destruído por Roma	20
286	Diocleciano divide o Império Romano	1
300	Dinastia de Yamato estabelecida no Japão	9
300	O começo aproximado do período dos Três Reinos na Coreia	9
320	Início da Dinastia Gupta da Índia	5
395	O Império Romano se divide permanentemente em dois	1
410	Roma saqueada e queimada pelos visigodos	1
447	Meroveu torna-se líder dos francos	11
449	Invasão anglo-saxônica da Inglaterra	2
455	Início do reinado de Scandagupta	5
467	Fim do reinado de Scandagupta	5
c. 481	Clóvis começa seu reinado sobre os francos	11
510	Clóvis termina seu reinado sobre os francos	11

UMA CRONOLOGIA DA IDADE MÉDIA

Ano	Evento	Capítulo
527	Justiniano sobe ao trono bizantino	4
c. 550	Fim da Dinastia Gupta da Índia	5
565	Justiniano morre no Império Bizantino	4
570	Nasce Maomé	6
581	Início da Dinastia Sui na China	8
590	Yang Chien conclui a unificação da China	8
596	Agostinho inicia sua missão cristã na Inglaterra	3
597	Agostinho chega à Inglaterra	3
600	Pico da civilização maia clássica	32
618	Fim da Dinastia Sui e início da Dinastia Tang na China	8
622	Maomé foge para Medina (o Hégira)	6
624	A batalha de Badr	6
632	Morre Maomé	6
650	Grutas Ajanta abandonadas	5
690	Nasce Carlos Martel	13
710	Rodrigo se torna rei dos visigodos	12
711	Tárique invade a Espanha	12
732	Batalha de Tours (Batalha de Poitiers)	13

Ano	Evento	Capítulo
741	Morre Carlos Martel	13
771	Carlos Magno chega ao poder	13
790	Ataques vikings na Europa começam	14
800	Carlos Magno é coroado imperador	13
800	Maoris chegam na Nova Zelândia	10
814	Carlos Magno morre	13
860	Os rus cercam Constantinopla	23
866	O "grande exército" chega à Inglaterra	15
871	Alfredo, o Grande, sobe ao trono inglês	15
899	Alfredo, o Grande, morre	15
906	Fim da Dinastia Tang na China	8
978	Almançor torna-se vizir da Espanha	18
980	Vladimir torna-se governante de Kiev	23
c. 1000	Leivo Ericsson navega para a América do Norte	14
1000	O reino de Gana (700-1200) prospera	29
1013	Etelredo é derrotado por Sueno Barba Bifurcada	15
1031	A Reconquista da Espanha começa	18
1054	O Grande Cisma do Oriente (nota 2)	4
1066	A Batalha de Hastings	15
1068	Albacri publica o seu *Livro das Estradas e Reinos*	29
1094	El Cid conquista Valência	18
1095	O papa pede a Primeira Cruzada	18
1096	A Primeira Cruzada começa	18
1099	Jerusalém é capturada pelos cruzados	18
1144	Sarracenos tomam Edessa	18
1167	Gengis Khan nasce	21
1187	Saladino retoma Jerusalém	18
1189	Ricardo Coração de Leão sobe ao trono inglês	19

Ano	Evento	Capítulo
1199	Ricardo Coração de Leão morre	19
1215	Rei João assina a Magna Carta em Runnymede	19
1215	Gengis Khan conquista Pequim	21
1227	Gengis Khan morre	21
1250	Os turco-otomanos se estabelecem na Ásia Menor	24
1271	Marco Polo inicia sua jornada para a China	22
1274	Primeira invasão do Japão por Kublai Khan	21
1279	Kublai Khan torna-se imperador da China	21
1281	Segunda invasão do Japão por Kublai Khan	21
1290	Os judeus são expulsos da Inglaterra	20
1294	Kublai Khan morre	21
1295	Marco Polo volta para casa	22
1300	Os turco-otomanos estabelecem-se na borda do Império Bizantino	24
1306	Os judeus são expulsos da França	20
1320	A peste começa no Oriente	25
1324	Mansa Musa do Mali inicia sua peregrinação	29
1325	Tenochtitlán é construída na América Central	32
1347	A peste chega na Europa	25
1351	O fim da fase ativa da peste	25
1352	Ibne Batuta visita o Mali	29
1368	A Dinastia Yuan na China, fundada por Kublai Khan, termina	21
1413	Henrique V se torna rei da Inglaterra	26
1415	A Batalha de Agincourt	26
1419	Henrique o Navegador começa a patrocinar a exploração	28
1421	Yongle começa a construir a Cidade Proibida na China	22
1422	Henrique V morre	26
1422	Henrique VI torna-se rei da Inglaterra	27
1429	Joana d'Arc encontra o Delfim	26

Ano	Evento	Capítulo
1431	Joana d'Arc é queimada na fogueira	26
1434	Gil Eanes navega pela costa da África Ocidental	28
1444	Mehmed, o Conquistador, torna-se sultão	28
1453	Os turco-otomanos conquistam Constantinopla em 29 de maio	24
1455-6	Gutenberg imprime a Bíblia em sua prensa	35
1461	Eduardo IV torna-se rei da Inglaterra	27
1462	Ivan, o Grande, torna-se rei da Rússia	23
1464	Henrique, o Navegador, morre	28
1469	Fernando e Isabel se casam	28
1470	O Império Songai começa a se expandir sob Zuni Ali	29
1479	Fernando sobe ao trono de Aragão	28
1483	Ricardo III torna-se rei da Inglaterra	27
1485	Henrique VII torna-se rei da Inglaterra	27
1485	Batalha de Bosworth	27
1492	Fernando e Isabel expulsam os judeus da Espanha	28
1492	Colombo navega para o oeste para encontrar a Ásia	31
1493	Huayna Capac sobe ao trono inca	32
1497	Vasco da Gama navega o Cabo da Boa Esperança	31
1497	John Cabot parte para Terra Nova	41
1505	Ivan, o Grande, da Rússia, morre	23
1509	Henrique VIII se torna rei da Inglaterra	34
1517	Martinho Lutero une as *Noventa e Cinco Teses* à porta da igreja de Wittenberg	34
1519	Cortés conquista os incas	33
1520	Solimão, o Legislador, torna-se sultão do Império Otomano	24
1520	Magalhães navega pelo Estreito de Magalhães	31
1525	Huayna Capac morre	32
1526	Leo, o Africano, escreve sobre sua jornada por Songai	29

Ano	Evento	Capítulo
1526	Babur, o Tigre, invade a Índia	30
1530	Babur, o Tigre, morre	30
1533	Ivan, o Terrível, torna-se czar da Rússia	23
1534	Jacques Cartier inicia sua exploração da América do Norte	41
1539	Hernando de Soto começa sua exploração da América do Norte	40
1543	Copérnico publica *Sobre a Revolução das Esferas Celestes*	37
1545	Primeira reunião do Concílio de Trento	36
1547	Eduardo VI torna-se rei da Inglaterra	38
1553	Eduardo VI morre	38
1553	Maria I torna-se rainha da Inglaterra	38
1556	Akbar torna-se imperador da Índia	30
1556	Filipe II torna-se rei da Espanha	40
1558	Maria I da Inglaterra morre	38
1558	Elizabete I torna-se rainha da Inglaterra	38
1560	Oda Nobunaga ganha poder no Japão	17
1564	William Shakespeare nasce	39
1566	Solimão, o Legislador, morre	24
1584	Ivan, o Terrível, morre	23
1585	Walter Raleigh funda a primeira colônia da Virgínia	40
1587	John White deixa a colônia de Roanoke para a Inglaterra	40
1588	Derrota da Armada Espanhola	42
1603	Elizabete I morre	38
1607	Primeiro assentamento inglês permanente na América	40
1608	O primeiro assentamento francês no Canadá é estabelecido em Quebec	41
1609	Galileu inventa o telescópio	37
1616	William Shakespeare morre	39
1924	O último imperador chinês deixa a Cidade Proibida	22

APÊNDICE 2

Uma Lista de Mapas do Volume 2

O mundo, **14**
O Império Romano dividido, **20**
Os sete reinos anglo-saxônicos, **32**
De Roma à Cantuária, **42**
O Império Bizantino durante a época de Justiniano, **51**
O Império Gupta sob Chandragupta II, **65**
O local do início do islã, **72**
A propagação do islã, **84**
A China e o Grande Canal, **97**
Coreia, China e Japão, **104**
Austrália e Nova Zelândia, **117**
O Império Franco sob Clóvis, **124**
O Império Islâmico em seu auge, **131**
O Império de Carlos Magno, **138**
Terras vikings, **142**
Inglaterra e Normandia, **158**
A Inglaterra após a conquista, **172**
Da Inglaterra ao Japão, **188**
O mundo na época das Cruzadas, **194**
Ricardo e as Cruzadas, **210**

A GEOGRAFIA DA IDADE MÉDIA

A dispersão dos judeus, **223**

O Império Mongol no seu auge, **233**

A Dinastia Ming e a Rota da Seda, **238**

Os primeiros russos, **246**

O Império Otomano, **256**

A Europa durante a Peste Negra, **270**

Inglaterra e França, **276**

A Inglaterra na época da Guerra das Rosas, **289**

Espanha e Portugal, **296**

Fronteiras aproximadas dos reinos da África Ocidental, **306**

A Dinastia Mogol na Índia, **319**

Rotas dos Exploradores, **328**

Os impérios Maia, Asteca e Inca, **338**

Os impérios da Espanha e de Portugal, **350**

A Europa na era de Martinho Lutero e Henrique VIII, **361**

A Europa na época da Renascença, **371**

Reforma e Contrarreforma na Europa, **383**

Polônia e Itália, **388**

A Inglaterra de Elizabete, **401**

Inglaterra, **406**

Assentamentos ingleses na América do Norte, **422**

Terra Nova, **428**

Espanha e Inglaterra, **438**

APÊNDICE 3

Um Guia de Pronúncia dos Povos, Locais e Eventos do Volume 2

Abade Guiberto – abade guiberto
Abadia de Hyde – abadia de aidi
Abadia de Leicester –
    abadia de léchter
Agincourt – ajincort
Ajanta (cavernas) – adjanta
Akbar – akbár
Aljama – aldjama
Almansor – almãnsur
Amaterasu – amaterásu
Ananias Dare – ananías dar
Asgard – azgár
Asteca – astéca
Babur, o Tigre – báber, o tigre
Beowulf – biwoulfe
Bjarni – biárni
Blondel – blóndãl

Buda – búda
Shahada – chaháda
Chandragupta – chãndrãgúpta
Chifres de Hatim – chifres de atím
Coliseu – colizêu
Constantinopla – constântinópla
Craith – kráif
Critobulos – kritobúlos
Czar – kzar
Deli – déli
Deserto de Thar – dezerto de táar
Diáspora – diáspôra
Emu – êmú
Flagelo – flagélo
Fresco – frêsco
Frigg – frígue
Ganges – gângis

A PRONÚNCIA DOS NOMES DA IDADE MÉDIA

Garderobe – gárdêroube
Ghengis Khan – djengis kán
Ghazi – gázi
Giovanni Boccaccio – djiováni bokatchio
Grendel – grêndel
Hagia Sophia – aia sôfia
Haicai – raicái
Hajj – ráj
Haldane – raldeine
Hidromel – idromél
Himalaia – imaláia
Honing – rowning
Huayna Capac – uáina kapák
Humaium – umaium
Hunos – unos
Ibn Altair – íbên álter
Ibn Batuta – íbên bátuta
Ilha de Roanoke – ilha de rôuanóke
Inti – ínti
Isabel – ízabel
Jane Seymour – jeine simur
Johannes Gutenberg – joeines gutembergue
John Cabot – djon kábot
Kamikaze – kâmikáze
Katana – katâna
Khans – kâns
Kiev – kiév
Kublai Khan – kublai kân
Lago de Texcoco – téckscôco
Leo, o Africano – léo, o Africano
Li Yuan – li iuân
Macbeth – makbef
Mali – máli
Manco Capac – mânko kapak
Mansa Musa – manssa muza
Maori – maôri
Marrocos – marrócos
Maximiliano – makssimiliano

Meca – méka
Mehmed, o Conquistador – mémed, o konkistador
Micmacs – mikmáks
Ming – míng
Mogol – mogól
Montezuma – montezúma
Niccolò – nicôló
Niña – nínha
Nottingham – nótingam
Oasis – oásis
Oda Nobunaga – ôda nôbunága
Onsen – ónssen
Ookuninushi – ókuninushi
Ortodoxo – ortodókso
Ostrogodo – ostrogôdo
Otelo – otélo
Otomano – otomâno
Pachamama – patchamâma
Paekche – pékchã
Kofuku-ji – káfuku-dji
Pax romana – paks româna
Pedro Girón – pedro girôn
Ptolomeu – pêtolomeu
Quetzalcoatl – ketzá-cóeltel
Ram Bagh – ráam bág
Ramadan – ramadã
Reims – raims
Robin de Locksley – róbin de lókslei
Roc – rók

Runa – rúna
Runnymede – rãnimid
Rurik – rurik
Saum – sãum
Scandagupta – skandágútã
Scriptorium – scriptórium
Seppuku – sépucúu
Serpente Midgard – serpente midegard
Skraelings – ssekreilings
Skymer – skaimer
Tapeçaria de Bayeux – tapeçaria de báiã
Tárique bin Ziade – tárik bin ziád
Te Ika-a-Maui – *tê ika amáui*
Tenochtitlán – tenotch-titlã
Terre-Neuve – térr-nãvê
Tessela – tesséla
Thane de Cawdor – têine de káudãr
Thialfi – tiálfi
Thor – tór
Troia – tróia
Tyr – tir
Valhala – vaurrála
Visigodo – visigôdo
Vortigerno – vortigérno
Wani – uâni
Wessex – uésseks
Wigwam – uiguam
William Caxton – uilliam cakston

Wittenberg – vitenbérgue
Woden – uôden
Xian – chiân
Yakka – iáca
Yang Chien – iâng tchién
Yangtzé – iângtzê
Yochanan ben Zakai –
    iokénéen bén zékai

ÍNDICE

Os sufixos após alguns números do índice indicam se o item é uma ilustração (i), um mapa (m) ou uma nota aos pais (n).

A

Abadia de Leicester, 270n
aborígenes, 114, 117, 122, 445
Abubacar, 76-78, 85-86
afrescos, 68-69
África,
    propagação do islã, 129-32
    reinos primitivos, 305-12
Agincourt, Batalha de (1415), 275-84
    veja também Guerra dos Cem Anos
Agostinho, 17, 39, 41-43, 43n, 46, 158, 171
Akbar, 322-25
Al-Amin (ver Maomé)
Al-Andaluz (ver Espanha)
alamano, 124-28
Albacri, 309
Alcorão, 78-80, 83, 201, 254, 310
    veja também islã; Maomé

Alcuíno, 136, 159,
Afonso, 205-06
Alfredo, o Grande, 160-65
Almagesto, 389
Almançor, 205, 205n, 450
Amaterasu, 105, 107-08
Américas, 338m
    Central e Sul, 337-45, 353
    colonização europeia, 417-26, 422m
    descoberta viking, 148-49
    exploração de, 327-36, 337-48
    Índias Ocidentais, 349, 353
    influência da Espanha e
        Portugal, 349-56, 350m
    reinos primitivos, 337-45
Ana de Cleves, 367-68
Anglo-saxões, 33, 43-44, 46, 159, 164, 171
antimônio, 377

A HISTÓRIA DO MUNDO: VOLUME 2

Aotearoa, 119
aprendiz, 272, 314
Aragão (*ver* Espanha)
Armada Espanhola, 440-43, 453
árvores de laca, 100
astecas, 341-45, 350-51, 353-57
astrolábio, 301, 302i
astronomia, 53, 66, 387, 391
Austrália, 14m, 16, 113-20, 122, 443
    veja também Nova Zelândia

B

Babur, o Tigre, 318-22, 319n
Badr, Batalha de (624), 83
Bagdá, 84, 86
Barba Bifurcada, Sueno, 164
bárbaros, 24, 26, 31-37, 49, 53, 66-67,
    117, 121-26, 129, 136, 141, 169
    veja também góticos; hunos;
        ostrogodos; rus; vândalos; vikings;
barcos longos, 143

bardos visigodos, 28
Basílica de San Vitale (Ravenna), 58n
Beda, São, 43n
beduínos, 72-74
Beowulf, 33-37, 117, 170
berberes, 130
Birbal, 322-25
bispos, 383-85
Blondel, 211-12, 218
Boccaccio, Giovanni, 266, 459
Bolena, Ana, 365, 367-68, 396-97
borgonheses, 281-84
Bosworth, Batalha de (1485), 289-90,
    294, 452
budistas, 109-10
bússola, 301

C

Cabot, John, 428-30, 429i, 452, 459
Caffa (Teodosia, Ucrânia), 266-68
    veja também peste bubônica

califa, 85-87, 263
camponeses, 175
Canadá, exploração do, 431-37
Cantuária, 43
captura de Constantinopla, A, 257-60
Carlos Magno, 136-39, 141-44, 160, 450, 454
Carlos Martel, o Martelo, 133-36, 449-50
Carlos VI, 277, 280
Carlos VII, 283-84
Carlos, o Grande (ver Carlos Magno)
Cartier, Jacques, 431-35, 453
Castela (ver Espanha)
castelos (ingleses), 168, 177-81, 183, 213
catanas, 190
Catarina de Aragão, 368
Catarina, 277, 280
   veja também Henrique V
católicos romanos (ver Cristianismo)
cavalaria, 183-91
   veja também cavaleiros
cavaleiros, 174-77, 183-86, 189
   veja também Inglaterra
Grutas de Ajanta, 68-69, 448
Caxton, William, 377, 460
celas, 67
celtas, 22, 27-33, 157-59, 171
Chacado (Fé), 79
Chandragupta, 66, 317, 454, 458

China
   conquista mongol, 233-36
   contato precoce com os europeus, 237-44
   grandes dinastias, 95-101
   Ming, 238m, 241-44
   Sui, 96-99
   Tang, 99-101, 449-50
   Yuan, 234, 451
   veja também Japão; Coreia
chocolate, 62, 343-44, 362
Cidade Proibida (China), 241-45
cinco pilares (ver islã)
clãs, 104-08, 230
Clotilde, 125
Clóvis, 121-28, 136, 448, 454
Código de Justiniano, 54
Colombo, Cristóvão, 327-32
Colônia Perdida (ver Ilha Roanoke)
colônias, 353-54, 359, 417-18, 424, 427-31, 437, 446
Confissão de Augsburg, 381
confissão, 381
conquistadores, 130, 350, 353
Conselho dos protestantes
   (ver cristianismo)
consorte, 403
Constantinopla, 49-51, 246m, 256m
   captura pelos turcos, 249n, 251n, 256-60, 452
   invasão do Rus, 245-49, 449

veja também continentes
   do império bizantino
Continente Negro (ver África)
Contrarreforma (ver Reforma
   Protestante)
Contrarreforma, 379-85
   veja também Lutero, Martinho;
      Trento, Copérnico, Nicolau,
Coreia, 16, 104m, 108-11
   veja também China; Japão
coroação, 291, 293
Cortés, Hernán, 354
Craith, 28-31
cristandade
   Católicos Romanos, 60
   e a Grã-Bretanha, 39-48, 173
   Igreja Católica, 359-67, 379-85, 390
   Ortodoxa Oriental, 251n, 371
   protestantes, 381
   veja também Reforma Protestante;
      Trento, Conselho de
Criado Azarado, O, 323-25
Critobulos, 260
Crônica Anglo-Saxônica, 159
Cruzadas,
   Cruzada Popular (1096), 197-98
   Primeira Cruzada (1096-1099),
      198-200
   Segunda Cruzada (1145-1149), 201
   Terceira Cruzada (1189-1192), 204
Cumaragupta, 66

curandeiros, 434
Cuzco (Peru), 338m, 347
czar, 251-52

D

da Gama, Vasco, 444
Daimiôs, 189
Dare, Virginia, 423
de Coronado, Francisco
   Vásquez, 437-38
de Soto, Hernando, 417, 437
de Vivar, Rodrigo Díaz (ver O Cid)
Decameron, 266
deputados, 216
Dias, Bartolomeu, 328n
Diáspora, 221-28
   veja também judeus
Dinastia Gupta, 66-67, 106, 113, 117, 318
Dinastia Ming, 238m, 241, 445
Dinastia Sui, 96, 99, 103
Dinastia Tang, 99-101
Dinastia Yamato, 103-08
Dinastia Yuan, 234
dinastia, 66, 96
Diocleciano, 25-26
Donnacona, 433-35
Drake, Francis, 441-42
Duas Ciências, As, 394

E

Eanes, Gil, 303

Edessa, 201
Eduardo, o Confessor, 165-66
Eduardo IV, 287-91
Eduardo V, 288-90, 290i, 292
Eduardo VI (Tudor), 295
Eduardo, 395-98
El Cid, 204-07, 450
Elizabete I (Tudor), 400
Era de Descoberta/
 Exploração, 328m, 359
Era Elisabetana, 400
Érico, o Vermelho, 145-46
Ericsson, Leivo, 147, 333
Escandinávia, 142, 145, 159, 173, 271
 veja também vikings
escorbuto, 331
escrita, 51, 109
escudeiro, 184-86
esmolas, 202, 312
Espanha, 295-303, 296m
 reconquista cristã, 204-07, 295
 e o Novo Mundo, 349-56, 350m
 e a propagação do islã, 129-32
 guerra com a Inglaterra, 437-47
 veja também Portugal
estrado, 165
Estreito de Magalhães, 335, 446
 veja também Magalhães, Fernando
Etelredo, o Despreparado, 164
Europa, 388m, 438m
 a propagação do cristianismo, 42m
 durante a Reforma
  Protestante, 361m, 383m
 durante a Renascença, 371m

F

Fernando, 295-99, 313, 329-33
 veja também Isabel
feudalismo, 175
 e a peste bubônica, 268
Filipe II, 453
Filipe, 439-41
física, 394
flocos, 430-31
França, 125, 276m
 e os francos, 121-28, 124m
 grandes reis, 133-39, 1338m
 guerra com a Inglaterra, 275-84
Francos (*ver* França)

G

Gália (*ver* França)
Galilei, Galileu, 391
Gana, 305-15, 351
garderobe, 459
Gengis Khan, 229-33, 231i
ghazi, 255
Giron, Pedro, 296-97
Gongdi, 98
godos, 24
Grã-Bretanha, 158m, 172m, 401m,
 e o cristianismo, 39-48

primeiros dias, 27-37
  veja também Inglaterra
Granada (*ver* Espanha)
Grande Canal (China), 97-99, 97m
Grande Palácio (Istambul), 58n
Grandes Crônicas da França, As, 125
gravidade, 392
Groenlândia, 146-48, 157
Guarda Varegue, 248
guerra civil, 281, 285, 366
Guerra dos Cem Anos, 276, 280, 295
  veja também Agincourt, Batalha de
Guerra das Rosas, 285-90
Guiberto, abade, 197-98
Guilherme, o Conquistador, 168-69, 173-74, 178, 189, 292
Gutenberg, Johannes, 374-78, 452
Gutrum, 161-63
Guy, 202-03

H

Hagia Sophia, 52, 57-59, 196, 260-61
haicai, 190
Hajj (peregrinação), 80, 311
Haldano, 160-61
Hamlet, 407
haraquiri, 190
Horoldo, o Infeliz, 165-68
Hastings, Batalha de (1066), 164-68, 175, 450
Hégira, 77, 449

Henrique, o Navegador, 299-303
Henrique IV, parte 2, 407
Henrique V (peça), 407
Henrique V, 275-84, 451
Henrique VI, 280-88, 451
Henrique VII (Tudor), 294, 366-68, 395-97, 452
Henrique VIII, 364-68, 382, 395-97, 452
Henrique, 277-80
hereges, 381
Hindustão (*ver* Índia)
Hipódromo, 55
História e Descrição da África e as Coisas Notáveis Contidas Nelas, 314
Honinigi, 107-08
Howard, Catarina, 368
Howard, Charles (Sir), 441-42
Huayna Capac, 347-48, 452
Humaium, 322
Hunos, 25, 66-67, 124, 318
Hurons, 433-35
Hyde, Abadia de, 163

I

Ibne Abu Amir (*ver* Almançor)
Ibne Alatir, 232
Ibne Batuta, 310, 451
idioma inglês, 34, 170
Igreja Católica (*ver* cristianismo)
Ilha de Roanoke (Virgínia), 424-26
Império Bizantino, 49-62, 51m

conquistas na África e na Europa, 52
veja também Constantinopla
Império Otomano, 252-64, 256m
Império Romano, 19-26, 20m
incas, 345-48
Índia, 63-67
    Dinastia Gupta, 65m, 65-67, 437-39
    sob a Lei Mogol, 317-25, 319m
    veja também mogols
Índias Ocidentais, 350-57, 439
índios americanos (*ver* nativos americanos)
indulgências, 363, 366, 379-80
Inglaterra, 276m, 289m
    depois da conquista Normanda, 71-80
    guerra com a Espanha, 437-47
    guerra com a França, 275-84
    guerra pelo trono, 285-94
    Invasão viking, 157-60
    primeiros reis, 157-68
    veja também Grã-Bretanha
Inquisição Espanhola, 299n
Inti, 345-47
Iorque, 285-89
Isabel (da Espanha), 295-303
    veja também Fernando
Isabel (da França), 277
    veja também Henrique V
Islã, 72m

África e Europa, 129-32
ascensão e propagação, 71-80, 84m, 84-86
como império, 81-94, 131m
e as Cruzadas, 193-207
veja também Alcorão; Maomé
Istambul (*ver* Constantinopla)
Ivan, o Grande, 249-252
Ivan, o Terrível, 249-252
Ivar, o Desossado, 160

J

Jabal Tárique (Gibraltar), 132
Japão, 103-11, 104m, 188m, 448
    veja também China; Coreia
Jerusalém, 193-07, 209-11, 221-24, 263
Joana d'Arc, 280-84
João Sem-Terra, 213-16
    veja também Magna Carta
Judeus, 450-51
    diáspora, 221-28, 223m
    forçados a sair da Espanha, 298-99
    veja também Torá
Justiniano, 52-55, 259, 262, 449

K

Kamikaze, 235
khan, 230
Knighton, Henrique, 270n
Kremlin, 250-52, 250i
Kublai Khan, 233-36, 238-41, 259

L

Leis Sálicas, 127
leis
  Magna Carta , 213-16
  Código de Justiniano, 53-54
  Lei Sálica, 127
Lencastres, 285
Leo, o Africano, 313-15, 319, 452
Li Yuan, 99
  idiomas
  celta, 170
  inglês, 34, 170
Livro das Estradas e Reinos, 450
livros
  impressão, 374-78
  escrita, 46-48
lógica, 391
Lutécia Parisiense (Paris), 124, 126
Lutero, Martinho, 359-68
  veja também Reforma Protestante

M

Macbeth, 407-15
Magalhães, Fernando, 333-36, 446
Magna Carta, 213,16
maias, 337-44
Mali, 307-14, 451
Mansa Musa, 310-15, 311i, 451
Maomé (Al-Amin), 71-80, 84-86
  em Medina, 74-77
  luta por Meca, 81-84
  veja também islã; Alcorão
maori, 117-21, 445
máquinas de cerco, 199
Maria I (Tudor), 453
Matthew, 429
Matsuo Bashô, 190
Maui, 119-20
Maximiano, 25
Meca, 72m, 81-94
Medina, 72m, 74-77, 81-94
Megera Domada, A, 406
Mehmed, o Conquistador, 257-60, 452
Melâncton, Filipe, 381
Mensageiro Sideral, 393
mercenários, 257
Meroveu, 124-25, 448
método científico, 373
método experimental (*ver* método científico)
Micmacs, 432-33
Mil e Uma Noites, As, 87
mitologia nórdica, 149-55
Mogols, 317-25, 319m
  veja também Índia
Mosteiros, 43-46, 159, 183, 360, 374-75
  budistas, 67-69
  veja também Cristandade
Mongóis, 229-35, 238, 241, 245, 249-50, 253-54, 265Montezuma, 353-57
Morte Negra (*ver* peste bubônica)

Mouros, 132, 204-07, 225
   veja também mosaicos do islã
Muçulmanos (*ver* islamismo)

N

nativos americanos, 337, 350, 422-26, 432, 443, 446
   veja também astecas; hurons; incas; maias; micmacs
navegação, 301
Niña, 329-30
nobres, 174-76
   veja também feudalismo
nômades, 114, 187, 229, 253-54, 307, 445
nórdicos (*ver* vikings)
Normandia, 145, 157, 158m
normandos (*ver* vikings)
Nova Zelândia, 117m, 443, 445, 450
   veja também Austrália
Noventa e Cinco Teses, As, 363-64, 379, 382, 452
   veja também Lutero, Martinho
Novo Mundo (*ver* Américas)

O

oásis, 71, 237
Oda Nobunaga, 191, 446, 453
Odin, 149, 173
Onsen, 188
Ookuninushi, 107

Ortodoxa, Oriental, 60n, 251n, 371
   cornos de Hatim, Os, 203
ostrogodos, 25

P

Paekche, 109-10
   veja também Coreia
pai da Astronomia (*ver* Copérnico, Nicolau)
pai da Física Moderna (*ver* Galilei, Galileu)
pajem, 184
papel, 40, 46
Parlamento, 216, 402
Parr, Catarina, 368
Passagem do Meio, 352
   veja também tráfico de escravos
patriarcas, 60
Pax Romana, 22-23, 139
Pedro, o Eremita, 197-98
Península Arábica, 71-72, 84, 187-88, 194, 444
penínsulas, 108, 123
penitência, 363, 379
Pequeno Comentário sobre o Movimento dos Orbes Celestes, 390
peregrinos, 195, 203, 263, 312
pergaminho, 46-47, 371
peste (*ver* peste bubônica)
peste bubônica, 268
Pinta, 329-30

Planície de Salisbury, Batalha da (c. 870), 163
poços, 198, 261, 308
Poitiers, Batalha de (*ver* Tours, Batalha de)
política, 382
Polo, Marco, 237-44, 240i, 451
Polo, Niccolò, 239, 241
pólvora, 100, 234, 257
porta levadiça, 179-80
Portão do Leão (Istambul), 264, 264i
porto, 258
Portugal, 295-303, 296m
  e o Novo Mundo, 349-57, 350m
  veja também Espanha
prensa de impressão, 377, 452
procuração, 364
protetor, 286, 291

Q
Quetzalcoatl, 355

R
Rabino Esperto de Córdoba, O, 225-28
  veja também Diáspora
rabinos, 223
Rainha Bess (*ver* Elizabete I)
Rainha Virgem (*ver* Elizabete I)
Raleigh, Walter, 417-21, 418i
Ramadã, 79
realista, 372

Reforma (*ver* Reforma Protestante)
Reforma Protestante, 359-68
  Contrarreforma, 379-85
  ver também Lutero, Martinho; Trento, Concílio de
reformadores, 380
relíquias, 166
Renascença, 369-78, 371m
Ricardo Coração de Leão, 209-20, 450-51
Ricardo III (peça), 407
Ricardo III, 288, 290, 293, 452
ritos, 60
Robin Hood, 216-20, 218i
Rochas-Ovelhas, As, 254
Rodrigo, 129, 131, 449
Romeu e Julieta, 407
Rota da Seda, 237-39, 238m, 241, 268,
runas, 149
Rurik, 246, 249, 252
Rus (russos), 245-52, 246m, 450

S
Salá (oração), 79
Saladino, 200-04
Samudragupta, 66
samurai, 183-91
  veja também Japão
Santa María, 329-330, 330i
Santo Agostinho, 43n
santo, 62

St. John's (Terra Nova), 428m, 430-31
São Nicolau, 62
sapé, 175
sarracenos, 198-203, 450
Saum (jejum), 79
Saxões (*ver* anglo-saxões)
Scandagupta, 63-67
scriptoria, 47
seminário, 385
senhores, 175
servos, 175
   veja também feudalismo
Seymour, Jane, 367-68, 395
Shakespeare, William, 405-15, 407i
   e Henrique V, 276-79
Simbad, 87-88, 91-94
sinagogas, 223
Skraelings, 148
Sobre as Revoluções das Esferas Celestes, 390-91
Solimão, 261-64
Songai, 312-15
Sonho de uma Noite de Verão, 406-07
sultão, 256
Susanoo, 105-08, 106i

T
Tárique ibne Ziade, 130, 240
telescópio, 393, 453
Tenochtitlán, 341-45
Teodora, 55-57, 55i

Terceira Roma (Moscou), 251, 251n
Terra Nova (Canadá), 427-30, 428m
Terre-Neuve (*ver* Terra Nova)
tesselas, 58
Thor, 149-55
Throckmorton, Bess, 420-21
Torá, 222-24
   veja também judeus
Torre de Londres, 292-94, 396-98, 421
Tours, Batalha de (732), 134-35, 449
tráfico de escravos, 353, 353n
Trento, Concílio de (1545), 382-86, 453
   veja também Reforma Protestante
tributo, 250, 314
Tudor, Artur, 364-65
Tudor, Eduardo (*ver* Eduardo VI)
Tudor, Elizabete (*ver* Elizabete I)
Tudor, Harry (*ver* Henrique VIII)
Tudor, Henrique (*ver* Henrique VII)
Tudor, Maria (*ver* Maria I)
turco-otomanos (*ver* turcos)
turcos, 253-64, 451
   captura de Constantinopla, 257-61, 451

U
urbanização, 271

V
vândalos, 25
Vespúcio, Américo, 333-37, 349

Viagens de Marco Polo, As, 239
vikings, 141-55, 142m
   Grande Exército, 160-62, 450
   invasão da Europa, 141-55
   invasão da Inglaterra, 157-68, 450
   veja também Américas
Vinlândia, 148
Virgínia, 420
visigodos, 25, 129, 132, 204
vizir, 201
Vladimir, 248-49, 450
Vortigerno, 31-21

Z
Zakat (caridade), 79
Zelotes, 222
Zuni Ali, 452

X
xerife, 174

W
Wani, 110
Wessex (*ver* Grã-Bretanha)
White, John, 423-25, 453
wigwams, 432
Woodville, Elizabete, 287-90
   veja também Eduardo IV

Y
Yakka, 230
Yang Chien, 95-99, 449
Yangdi, 97-99
Yochanan ben Zakai, 222-23
Yongle, 242-44, 451